KB142896

헬렌을 위한 경제학

분산 사회로 가는 길

힐레어 벨록 | 이희재 옮김

교양인
GYOYANGIN

헬렌을 위한 경제학

1부 경제 원리

1장 재부란 무엇인가 • 11

2장 재부의 생산 요소 – 토지, 노동, 자본 • 17

3장 재부의 생산 과정 • 28

4장 재부의 분배 – 생계, 이자, 지대 • 34

5장 교환의 세 가지 특성 • 52

6장 무역에 관한 오래된 논쟁 – 자유주의와 보호주의 • 61

7장 돈의 탄생과 발전 • 66

2부 현실 경제

8장 재산이란 무엇인가 • 91

9장 노예 국가 – 인간 존엄성의 상실 • 104

10장 자본주의 국가 – 노예 국가의 다른 이름 • 110

11장 분산 국가 – 작은 소유자들의 나라 • 118

12장 사회주의는 왜 자본주의를 극복할 수 없는가 • 125

13장 국제 거래의 네 가지 특성 • 134

14장 자유무역과 보호무역의 정치적 문제들 • 142

15장 은행이란 무엇인가 • 158

16장 세금을 걷는 방법 – 국채와 조세 • 178

17장 돈의 사회적 가치 • 189

18장 고리 대금 – 생산적인 대출과 비생산적인 대출 • 202

19장 경제 허수 – 허상의 경제적 가치를 계산하다 • 214

재산 복구론

머리말 · 227

1장 경제적 자유는 좋은 것인가 · 234

2장 재산 복구의 두 가지 원칙 · 256

3장 작은 소유자를 되살리는 길 · 277

4장 독점 해체하기 · 294

5장 경제 개혁의 본질 – 토지 재산의 복구 · 312

6장 세금과 분산 소유 경제 · 327

7장 작은 묘목으로 숲을 이루다 · 339

옮긴이 후기 · 351

일러두기

1. 이 책은 힐레어 벨록의 두 편의 저술 *Economics for Helen*(1924), *An Essay on the Restoration of Property*(1936)를 묶은 것이다.
2. 본문의 각주 중 저자 주는 따로 표시했으며 별도로 표시하지 않은 것은 옮긴이와 편집자 주이다.

헬렌을 위한 경제학

1부

—

경제 원리

1장

재부란 무엇인가

경제학은 '재부'*를 따지는 공부에 사람들이 붙인 이름이란다. 우리는 경제학에서 재부가 어떻게 생산되는지, 어떻게 소비되는지, 어떻게 사람들에게 분산되는지 배운다. 경제학은 아주 중요한 공부야. 나라 전체를 더 가난하게 만드느냐 풍족하게 만드느냐, 국민을 더 행복하게 만드느냐 불행하게 만드느냐 여부가 우리가 경제학을 제대로 아느냐 모르느냐에 달려 있을 때가 많아서 그래.

경제학은 재부를 따지는 공부니까 먼저 '재부'가 뭔지 짚고 넘어가볼까?

재부를 경제학적으로 정의하는 일은 까다롭고 골치 아프지만 재부는 이런 거다 하고 처음부터 정확하게 정의하고 머릿

---

* 'wealth'를 흔히 '부'로 옮기지만 이 책에서는 '재부'로 옮긴다.

속에 단단히 집어넣는 건 우리가 이제부터 하려는 경제학 공부에서 꼭 필요하단다. 경제학에서 빚어지는 실수는 대개 재부를 뒤죽박죽 정의한 채로 논의를 펼치는 바람에 생겨나거든.

먼저, 재부라고 볼 수 '없는' 게 뭔지 분명히 해 두자.

누구나 쉽게 재부를 잘 정의할 수 있다면 우리가 굳이 경제학 공부를 할 이유는 없겠지. 가령 한 사람의 재부는 그 사람이 지닌 돈이라고 흔히들 말하겠지만 이건 밀도 안 돼. 왜냐하면 설령 돈을 들이지 않더라도 농부의 소유물은 그대로 있을 테니까. 그리고 어떤 농부가 집과 소와 말을 소유하고 있다면 그 농부의 거처에 돈이 들어가지 않았다고 해서 그 농부가 가난하다고 볼 수는 없거든.

"재부는 한 사람의 소유물이다." 더 낫긴 해도 역시 틀린 답이야.

다시 농부를 예로 들어보자. 농부의 집, 가축, 가구, 농기구는 그 농부의 이른바 '재부'다. 일상 대화에서는 이런 답변으로도 충분해. 하지만 경제학이라는 엄밀한 학문의 답변으로는 모자라. 정확하지가 않거든.

구체적으로 말해서 농부가 지닌 재부가 가령 회색 말이라고 치자. 재부에 관한 정의를 잘 생각해보면 농부의 재부를 이루는 건 말 그 자체가 아니라 우리가 말에 '부가하는' 어떤 것, 다시 말해서 말에 영향을 주고 말에 이른바 '가치'를 안기는 특질이나 정황임을 알아차릴 거야. 재부는 말이 아니라 바로 가치라서 그래. 자, 그럼 지금부터 말은 그대로 있는데 가치가 어떻게 변하는지 한번 따져볼까?

한 이웃이 어느 때에 가서 말을 넘겨받는 대가로 말 주인에게 밀 20포대에서 25포대, 아니면 양 10마리, 또는 장작 50수레를 줄 용의가 있었다고 치자. 그런데 말들이 너무 많이 죽어나가서 살아남은 말이 몇 마리 안 되는 거야. 그럼 농사에 쓸 생각으로 너도나도 말을 확보하려고 들겠지. 그렇게 되면 이웃들은 말 주인에게 밀 20포대에서 25포대보다 훨씬 많이 주겠다고 나설 거야. 밀 50포대, 아니면 양 20마리, 아니면 장작 100수레까지 내겠다고 할지도 모르지. 말은 그대로인데 말 주인의 재부는 늘어난 거야. 즉 농부의 말이 '값어치가 더' 나가게 된 거지. **경제학에서 말하는 진짜 재부는 바로 이 '값어치', 다시 말해서 교환을 통해 다른 재부를 얻는 이런 능력을 의미해.**

재부가 뭔지 이해하기가 아주 어려울 거라고, 경제학 공부에서 제일 큰 난관을 초반에 만나게 될 거라고 내가 말했지. 하지만 이보다 더 간단한 설명 방식은 없단다. 아무리 어렵더라도 이 개념을 내 것으로 만들어서 거기에 익숙해져야지 다른 길은 없거든. **재부는 우리가 소유한 대상에 있지 않고 우리가 그 대상에 부가하는 경제적 가치에 있다.**

우리는 한 사람의 재부, 한 나라의 재부, 또는 온 세상의 재부에 대해 말하면서, 동시에 수많은 구체적 사물에 대해서도 말하지. 가옥과 선박, 그림과 가구, 음식 따위에 대해서 말이야. 하지만 우리가 공부하려는 경제학에서 말하는 재부는 그런 '사물'과 똑같지 않아. 재부는 그런 사물에 부가되는 '가치'의 총계란다.

이게 가장 중요한 첫째 요점이야.

둘째 요점은 뭐냐, **경제학에서 말하는 재부는 사람의 행위를 통해 물적 대상에 부가되는 가치, 즉 다른 가치와 교환될 수 있는 가치에 국한된다는 거야.**

무슨 뜻이냐고?

자, 사람은 적고 천지에 물이 넘쳐나는 산악 지대가 있다고 하자. 그곳에서 물은 그 땅에서 살아가는 사람들의 경제 재부를 조금도 만들어내지 못한다. 모두가 물 덕분에 이득을 얻지만 아무도 물 덕분에 '재부'를 얻진 않지. 물은 사람들이 살아가는 데 꼭 필요하지만 그곳에서는 물 때문에 뭔가를 주려는 사람은 아무도 없을 거야. 누구나 쉽게 물을 얻을 수 있으니까. 그래서 물은 '교환 가치'가 없어. 그렇지만 아주 고생해서 물을 끌어와야 하고 물의 양도 부족한 도시에서는 물이 교환 가치를 얻지. 다시 말해서 뭔가를 내놓아야 물을 얻을 수 있단다. 그래서 시골에서는 보통 물이 '경제 재부'를 만들지 못하지만 현대 도시에서는 물이 경제 재부를 만든다고 말하는 거야.

그런데 조심할 건, 이렇게 정의되는 재부는 복리(well-being)와 똑같지 '않다'는 거야. 경제학이라는 학문의 오류 중 절반은 복리와 경제 재부는 별개인데 뒤섞어 써서 생겨난단다. 사람들은 '재부'라는 단어와 복리라는 개념을 혼동해. 그래서 이렇게 들 말하지. "분명히 사람은 물이 적을 때보다 물이 많을 때 더 잘사니까, 풍부한 물을 공짜로 얻을 수 있는 조건은 물을 얻으려면 그만한 값을 치러야 하는 조건보다 '더 많은 재부'를 지니는 조건이라 할 수 있다. 사람은 물을 얻느라 값을 치러야 할 때보다 물을 그냥 얻을 때 더 많은 재부를 누린다."

그렇지 않아. 경제 재부는 복리와 별개거든. 국민의 복리 전반이 내려가도 경제 재부는 얼마든지 올라갈 수 있어. 국민의 복리 전반이 제자리걸음이어도 경제 재부가 올라가지 말란 법도 없고.

경제학이라는 학문은 진정한 행복을 다루지 않을뿐더러 물적 대상을 통해 사람이 누리는 복리조차 다루지 않는단다. 경제학은 '경제 재부'라고 불리는 아주 제한된 분야를 다루지. 그래서 그 영역에서 벗어나면 일이 어그러질 수 있어. 경제학은 사람을 최대한 행복하게 만드는 일을 할 수 있는 척 굴지만 솔직히 그런 일은 경제학의 본령을 훌쩍 넘어선단다. 경제학은 물질을 가지고 어떻게 사람을 유복하게 만들 수 있는지 그 요령조차 너한테 가르쳐주지 못해. 그렇지만 교환 가능한 재부가 어떻게 생산되고 그렇게 생산된 재부에 무슨 일이 생기는지는 가르쳐주지. 이런 걸 가르쳐주니까 경제학이 유익한 도구가 되는 거고.

이게 우리가 경제학을 공부할 때 초반에 마주치는 어려움의 둘째 요점이란다. **경제 재부는 '교환 가능한' 가치에 있지 결코 다른 데 있지 않다.**

첫째 요점을 숙지한 것처럼 이 둘째 요점도 분명히 해 두고 넘어가야 해. 안 그러면 경제학 공부에서 한 걸음도 앞으로 나아갈 수 없어. 둘 다 낯선 개념이라서 자꾸자꾸 곱씹어봐야만 제대로 머리에 들어올 거야. 하지만 이 요점은 경제학에서 그야말로 없어서는 안 될 핵심이란다.

우리 주제의 기초가 될 이 첫 부분을 간추려서, 가슴에 아로새길 수 있도록 '공식'화하자. 여기서 공식은 간단명료한 정의라 할 수 있어.

자, 여기 공식 두 개를 쓴다.

1. 재부는 사물로 이루어지는 것이 아니라 사물에 부가되는 경제적 가치로 이루어진다.
2. 경제학에서 재부는 교환 가치만을 뜻한다. 즉, 다른 가치와 맞바꿀 수 있는 가치를 뜻한다.

2장

재부의 생산 요소
- 토지, 노동, 자본

가만 보면 모든 생명체는 자기 주위에 있는 사물을 자기한테 '덜' 유용한 상태에서 '더' 유용한 상태로 바꾸는 데 하나같이 몰두한단다.

사람도 생명체인지라 늘 이런 일을 하지. 안 그랬다간 살 수가 없을 테니까.

사람이 공기를 허파 속으로 들여보낸다는 건, 공기를 사람에게 쓸모없는 상태에서 사람을 살아 있게 하는 상태로 바꾼다는 뜻이란다. 사람이 씨를 뿌리고 멀리서 식량을 가져오고 그 식량을 요리해서 먹는 것도 같은 원리야. 비바람을 피하려고 진흙으로 벽돌을 빚어서 하나하나 쌓아 집을 짓는 것도 그렇지. 몸을 녹이려고 장작을 패서 화로에 집어넣는다든가 갱도를 뚫고 들어가 석탄을 캐내는 것도 다 같은 이치고.

사람은 주변 사물을 자기에게 '덜' 유용한 상태에서 '더' 유용한 상태로 끊임없이 바꾼다.

사람이 그런 일을 할 때마다 우리는 인간 재부를 만들어낸다고, 인간 재부를 더한다고 말해. 이 인간 재부 가운데 일부가 경제학 연구의 대상으로 삼기에 알맞은 재부, 곧 '경제 재부'야.

그러므로 재부란 사람과 관련된 측면에서는 사물을 사람에게 유용하도록 바꾸는 과정의 결과인 셈이지. 바로 그렇기 때문에 이 과정의 본질을 찬찬히 살펴야만, 그 과정에서 무엇이 필요하고 무엇이 가로막는지 그리고 어떻게 그 과정의 결과가 사람들 사이에서 나뉘는지 이해할 수 있단다.

지금부터 재부가 '어떻게' 생산되는지 살펴보려고 해. 여기에 대해선 앞에서 대강 언급했어. 재부는 인간이 주변 사물을 자기 용도에 맞게 의식적으로 바꾸면서 만들어진다고 말이야. 그렇게 바뀌는 게 다 진정한 '경제 재부'로 받아들여지는 건 아니지만(가령 공기를 들이마신다고 해서 '경제 재부'가 생산되는 건 아니잖아) '경제 재부'는 예외 없이 이런 일반적 과정을 거쳐 생산되는 건 맞아.

재부의 생산을 살펴보면 서로 다른 세 개의 큰 힘이 작용한다는 걸 알 수 있어. 이 세 개의 힘을 편의상 '토지', '노동', '자본'으로 부르자고.

경제 재부의 생산이 어떻게 이루어지는지는 구체적 사례로 알아보려고 해. 이를테면 밀 100포대가 생산되는 경우를 따져 볼까?

토지

한 사람에게 어지간한 넓이의 땅이 있고 이제 그 사람이 밀 100포대를 생산하려고 나선다면 그 사람이 처한 조건은 이래.

그 사람은 자연의 힘(자연력)을 쓰지 못하면 밀을 못 길러. 흙은 웬만큼 기름져야 하고 비도 충분히 내려야 씨앗에서 싹이 틀 수 있겠지.

이 모든 자연력은 그 사람에게 당연히 필요하단다. 사람이 재부를 '만들어낸다'고 말하지만 사실 사람은 하나도 못 만들어내. 사람이 하는 일이라곤 자기가 아는 특정한 자연력을 이용하고 결합하는 거야. 어느 철에 씨를 뿌리면 싹이 잘 트는지, 어떻게 땅을 고르면 최선의 결과가 나오는지 따위를 안 거지. 이 자연의 힘이야말로 세상만사의 토대란다.

말하기 번거로우니까 (재부를 만드는 첫 번째 핵심 요소인) 이 자연의 힘을 뭉뚱그려서 '토지'라고 부른단다. '토지'는 경제학에서 관행적으로 쓰는 용어야. 사실 토지와는 아무 상관이 없는 것, 가령 물의 힘, 바람의 힘, 씨앗의 번식력, 전기력을 비롯한 수많은 자연의 힘이 있어. 이렇게 복잡하니까 모든 자연력을 아우르는 짤막하고 간단한 말이 필요했고, '토지'가 경제학에서 관용어로 자리 잡은 거지. 이제는 이 말이 워낙 유용하고 간결하다 보니 자연력 전반을 가리키는 말로 늘 쓰이는데, 그 이유를 생각해보면, 흙 곧 토지가 사람에게 꼭 필요한 것 중에서도 가장 중요한 식량을 생산하는 데 필수적인 첫 번째 요소

이자, 사람이 그 밖의 온갖 자연력을 이용하는 '터전'이라서 그러지 않았을까 싶네.

정리하면 재부의 생산에 첫 번째로 필요한 건 이 세상의 자연력 곧 토지라고 말할 수 있단다.

노동

하시만 자연력이 있고, 자연력이 어떻게 작동하는지 알고, 자연력을 결합할 줄 안다고 해서 그것만으로 재부가 생산되는 건 '아니란다'.

흙이 기름지다, 씨앗이 양질이다 같은 지식을 그저 안다는 데 만족하고 가만히 있으면 농부는 거둘 게 없겠지. 앞에서 말한 대로 농부는 땅을 고르고 씨앗을 뿌려야만 자기가 한 일의 결과물인 수확을 기대할 수 있어. 이렇게 사람이 쏟아부어, 수확으로 귀결되는 에너지의 작용을 '노동'이라고 불러. 노동은 자연력에 적용된 인간력이야. 자연력 곧 토지 없이 재부가 생산될 수 있는 조건은 애당초 있을 수 없어. 물론 인간력의 이용, 다시 말해 노동 없이 재부가 생산될 수 있는 조건 또한 애당초 있을 수 없지. 어떤 사람이 나무에서 식량을 얻을 수 있는 처지라 하더라도 식량을 얻으려면 여전히 품이 들어가잖아. 그래서 **모든 재부는 토지와 노동, 곧 자연력과 인간력의 결합에서 온다고 말할 수 있단다.**

자본

얼핏 보면 토지와 노동 이 두 요소만으로 충분해 보일 수 있어. 하지만 더 깊이 따지지 않고 결론으로 껑충 뛰는 사람들 때문에 세상에는 탈이 많이 나요.

문제를 찬찬히 들여다보면 웬만한 양의 재부를 생산하기 위해서는 토지와 노동만으로는 충분하지 '않다'는 걸 알 수 있어. 사람이 어떤 특별한 방식으로 웬만한 수준까지 재부를 생산하기 시작하는 순간 다른 두 요소만큼이나 중요한 세 번째 요소가 꼭 필요해지는데 이 제3의 요소를 '자본'이라고 부른단다.

'자본'이 무슨 뜻인지 알아볼까?

여기 생산에 필요한 지식과 자연력을 모두 갖춘 농부가 있다고 해보자. 본인의 육체 노동과 지혜를 토지에 적용할 능력도 의지도 있고 밀 100포대를 생산하기에 충분한 넓이의 좋은 땅도 마련되어 있어. 하지만 밀이 자라는 여러 달 동안 농부가 살아남아야 하잖아. 따라서 모아 둔 식량이 없다면 일을 시작한들 소용이 없겠지. 곳간이 비어 있으면 추수도 하기 전에 굶어 죽을 테니까. 그뿐인가, 씨앗도 있어야 하잖아. 여러 달이 지나서 밀 100포대를 거두려면 씨앗이 넉넉해야겠지. 그러니까 이 실제 생산 사례를 보면 농부 주변의 자연력과 농부 자신의 인간력은 씨도 뿌리고 먹기도 할 요량으로 마련해 둔 여분의 밀이라는 제3의 물자가 없을 경우, 밀을 생산하는 데 털끝만큼도 도움이 안 된다는 걸 알 수 있어.

이게 다가 아니야. 농부는 비바람도 피해야 돼. 그러니 옷도 입어야 하고 집도 있어야지. 안 그랬다간 추수도 하기 전에 몸이 상해버릴 테니까. 그뿐인가, 그리 넓지 않은 땅 적당한 곳에 씨를 뿌려 아주 적은 양의 밀을 기른다 하더라도 특별한 도구가 없으면 땀 흘려 일해도 추수다운 추수를 할 수 없을 거야. 농부는 쟁기로 땅을 갈아야 하니 쟁기가 있어야겠지. 쟁기를 끌려면 말도 있어야 하고. 다음 추수를 할 때까지 말이 일을 하려면 말도 먹여 살려야겠지. 그러자면 말을 먹일 귀리도 마련해 두어야 하겠고.

말하자면 꽤 많은 재부를 미리 쌓아 두어야만 풍작을 기대할 수 있다는 뜻이야. 한 해 동안 옷, 집, 식량, 쟁기, 말 따위를 유지할 수 있는 재부가 있어야 한단다.

대개 사람이 특정한 재부를 생산하겠다고 나설 때 그 사람에게는 자신의 노동력과 그가 쓸 수 있는 자연력에다 반드시 제3의 요소가 필요한데, 그건 '과거에 마련해 쌓아 둔 어느 정도의 재부', 곧 식량, 의복, 연장 따위의 축적을 가리켜. 이게 없으면 생산 과정은 진행될 수가 없지. 따라서 이전에 준비한 재부의 축적은 생산에 꼭 필요한데 이걸 '자본'이라고 부른단다.

자본은 재부를 더 많이 생산할 목적으로 사람이 쓰는 온갖 유형의 재부를 통틀어 말해. 그것 없이는 재부를 더 생산할 수 없는 온갖 유형의 재부를 아우르는 말이지. 자본이라는 비축분 없이 생산 과정은 실행되지 못해. 나중에 우리는 이 사실이 얼마나 중요한지 알게 될 거야. 건강한 사람은 모두 힘을 쓸 수 있고 자연력도 누구에게나 열려 있지만 '자본'은 아주 소수만 차지할 때가 있거든. 그 소수가 자기 수중의 자본이 쓰이는 걸 허락하지 않는다면 나머지 사람들은 재부를 생산할 수가 없어. 그러다 보니 자신의 노동으로 재부를 생산하는 사람들은 자본을 소유한 소수에 의해 아주 힘든 처지로 내몰릴지도 모른단다. 재부라는 걸 생산하려면 소수의 허락이 떨어져야 하니까 말이지.

하지만 이 모든 내용은 나중에 살펴보기로 하자. 지금 당장 머릿속에 분명히 새겨 둬야 할 내용은 다음 세 가지, (1) 자연력 (2) 인간력 (3) 축적된 재고와 도구, 다시 말해서 번거로움을 피하느라 보통은 '토지', '노동', '자본'이라고 부르는 거야. 이 세 가지 중 어느 하나만 없어도 재부의 생산은 불가능해. 셋 다 있어야 돼. 이 셋이 결합해야만 경제 재부를 생산하는 과정이 가능해져.

자본의 세 가지 핵심

자본에 관해서 기억해야 할 세 가지 중요한 점이 있단다.

1. 특정한 재부의 품목을 자본으로 만드는 건 경제 가치가 부가되는 대상이 무엇이냐가 아니라 그 대상을 통제하는 사람이 그 대상을 자본으로 쓰겠다고 마음먹는 '의도'라는 점이야. 다시 말해서 그 대상을 '미래의 재부 생산'에 쓰겠다는 의도가 있어야 하는 거지. 우리는 거의 모든 대상을 자본으로 쓸 수 있지만, 어떤

대상을 자본으로 쓰겠다는 의도가 없다면, 아무리 그런 목적에 합당해 보인다 해도 그 대상은 자본이 될 수 없어. 가령 공장에서 돌아가는 엔진은 언제나 자본이라고 생각할지도 모르지. 엔진에 부가되는 경제 가치는 엔진을 엔진답게 만들어주고 거의 언제나 미래의 재부를 생산하는 데 쓰이니, 엔진은 엔진이라는 이유만으로 자본일 수밖에 없다고 생각하기 마련이야. 공장 건물을 비롯해서 망치, 톱 같은 온갖 공구와 온갖 기계도 똑같이 생각하기 쉽지.

하지만 이런 물자는 '그 자체로는' 자본이 아니란다. 미래의 재부를 생산하는 데 쓰지 않으면 더는 자본이 아니야. 가령 네가 그 엔진을 박물관에 들여보낸다든가 망치를 사용하지 않고 누군가를 기억하려고 보관만 한다면 그건 자본이 아니겠지.

반대의 경우도 마찬가지야. 가령 다이아몬드 반지를 보면 넌 대번에 그건 자본일 수 없다고 말하겠지. 값비싼 장신구일 뿐이니까. 하지만 네가 창문을 수리하려고 유리를 자르는 데 단단한 다이아몬드를 쓰면 다이아몬드는 그런 목적에서는 합당한 자본이 돼.

2. **자본에 관해 기억해야 할 또 하나 중요한 점은 어차피 재부인 이상 자본은 다른 모든 재부와 마찬가지로 결국은 '소비된다'는 사실이야.** 자본은 더 많은 재부를 만드는 데 쓰이는 과정에서 소비되고, 소비되기에 채워져야 해. 안 그러면 생산 과정이 망가지겠지. 방금 예로 든 농부의 경우를 생각해볼까? 농부는 말,

쟁기, 여분의 밀과 귀리 등 많은 자본을 갖고 생산을 시작했고 이 자본을 이용한 덕분에 연말에 밀 100포대를 수확할 수 있었지. 하지만 농부가 해마다 밀을 생산하기로 마음먹는다면 자본의 소모분도 해마다 채워야 해. 식량과 씨앗으로 쓴 밀의 재고분은 그해에 벌써 사라졌을 테고 말을 먹이는 데 쓴 여분의 건초와 귀리도 사라졌을 테니까. 쟁기도 약간 닳아서 손을 봐야 할 테고 말도 세월이 흐르면 늙으니까 새 말로 바꿔야겠지. 그러니까 생산이 이어져서 해마다 수확을 하려면, 적어도 생산 과정에서 발생하는 자본의 모든 소모분을 채우기에 충분한 수확이 제때제때 이루어져야 한다는 소리야.

3. **자본에 대해 기억해야 할 세 번째 사실은 자본은 언제나 '절약의 결과'라는 점이다.** 다시 말해서 자본을 얻을 수 있는 유일한 길은 당장의 즐거움을 위해 재화를 쓰지 않고 따로 챙겨 두어서 미래의 재부를 만들어내는 데 쓰는 것뿐이야. 너무나도 자명한 이 사실을 사람들은 자꾸 까먹어. 자본을 '통제하는' 사람이 자본을 '실제로 축적한' 사람과 판이하게 다를 때가 너무나 많기 때문이야. 자본 소유자는 절약 따위는 생각조차 않는 경우가 대단히 많단다. 그렇더라도 절약은 과거에 '누군가'에 의해 이루어졌고 앞으로도 변함없이 이루어져야 돼. 안 그랬으면 자본은 생겨나지 않았을 테고 일단 생겨났다 하더라도 지속되지 않을 테니까.

가령 어떤 사람이 한 증기선 회사의 1만 파운드*에 해당하는 투자 자본을 상속받았다고 해보자.

이 말은 그 사람이 선체, 엔진, 석탄과 식량 재고, 승무원이 입을 옷을 비롯해서 증기선이 바다를 누비며 재부를 만들어내기까지 제공해야 할 무수히 많은 품목의 지분을 가졌다는 뜻이야.

모든 자본은 누군가에 의해 절약된 거야. 상속받은 사람이 절약한 건 아니지. 그 사람은 누군가가 쌓은 재부를 물려받았을 뿐이니까.

그 사람의 아버지였건 그 누구였건 간에 처음 자본을 마련한 누군가가 어느 시점에 당장의 즐거움을 접고 미래의 생산을 위해 재부를 챙겨 두지 않았다면 자본은 생겨날 수 없었겠지. 예컨대, 최초의 자본 축적자가 여행을 즐길 셈으로 요트를 구입하는 데 자기 재부를 썼다면 요트 생산에 들어간 노동과 자연력은 재부가 당장의 즐거움으로 소비되도록 만들었을 테고 화물선처럼 미래의 생산에 쓰이지 않았을 거야.

마찬가지로 화물선이나 석탄 재고 같은 형태로 존재하는 자본도 이후에 절약해서 끊임없이 다시 채우지 않는다면 금세 사라지겠지. 그렇지만 증기선 회사의 주식을 물려받은 사람이 자

---

* 이 책이 쓰인 1923년 당시의 1만 파운드는 지금으로 치면 54만 파운드에 해당한다. 1파운드를 원화 1500원으로 환산할 때 1923년의 1만 파운드는 현재 원화 가치로 8억 원이 넘는다.

본 출자 시점의 수준을 유지할 수 있도록 해마다 의식적으로 절약하는 건 아니란다.

그 일을 하는 사람들은 따로 있어. 회사 이사회가 총 수입에서 배를 수리하고 석탄 재고를 채워 넣기에 충분한 액수를 따로 떼어 두어서 새 자본을 줄기차게 축적하는 방식인데, 소비된 헌 자본과 맞바꾸지. 모든 자본은 '어딘가'에서 '누군가'에 의해 절약된 결과라는 말이 얼마나 맞는 소리인지는 절약을 많이 하는 나라와 절약을 적게 하는 나라의 차이에서 알 수 있단다. 선진 문명 사람들과 후진 문명 사람들은 이 점에서 아주 많이 다르단다. 후진 문명 사람들은 손 안에 쥔 것을 바로 즐기고 싶어 하고 앞날을 위해서는 최소한만, 계속 굴러갈 수 있을 정도만 챙겨 두지. 하지만 선진 문명 사람들은 자꾸자꾸 자본을 절약해서 자꾸자꾸 재부를 생산할 수 있어.

이제 지금까지 배운 걸 다시 공식으로 간추려볼까?

1. 재부를 생산하려면 세 가지가 필요하다. 자연력, 인간력, 과거에 만들어졌지만 미래에 이루어질 생산에 쓰일 자본의 축적.

2. 이 세 가지를 편의상, '토지', '노동', '자본'이라고 부른다.

3. 이 중에서 자본은 사용자의 의도에 따라 그 성격이 정해진다, 생산을 통해 소비된다, 언제나 절약의 결과다.

3장

재부의 생산 과정

토지, 노동, 자본 이 셋의 결합으로 어떻게 재부가 생산되는지 알아보았고 그렇게 생산된 재부가 대상 자체에 있는 것이 아니라 그 대상에 부가되는 경제적 가치에 있다는 점도 알아보았다.

이제 사례를 통해 재부가 실제로 어떻게 작동하고 재부의 생산이 얼마나 다양한 형태로 이루어지는지 알아보자.

앞서 이야기했듯이 재부는 우리 주변의 사물을 우리에게 덜 유용한 상태에서 더 유용한 상태로 바꿀 때 생겨나지.

땅 속 몇백 미터 깊이에 석탄 1톤이 있는데 그걸 캐낼 방법이 없다고 치자. 그럼 그 석탄 1톤을 소유한 사람은 재부가 없는 셈이야. 땅 속에 묻힌 석탄에는 어떤 경제적 가치도 부가되지 않아. 그 석탄은 사람의 요구를 궁극적으로 만족시키는 과정에 아직 들어가지 않았거든.

갱도를 뚫어서 일단 문제의 석탄까지 다다르면 바야흐로 그때 경제적 가치가 처음 그 석탄에 부가되기 시작한다. 그다음 석탄을 캐고 지상까지 올리는 작업에 추가로 노동, 자본, 자연력이 들어가지. 이 말은 1톤의 석탄에 더 많은 경제적 가치가 부가된다는 소리야. 그래서 가령 탄광 바닥에서 막 캐낸 석탄 1톤의 값은 0.75파운드라고 말하고 나중에 갱도 입구로 실어 올린 석탄 1톤의 값은 1파운드라고 말하지. 하지만 재부의 생산 과정은 아직 완성되지 않았어. 석탄은 우리가 집에서 몸을 녹이는 데 필요한 건데 우리들 집은 갱도 입구에서 아주 멀잖아. 갱도 입구에서 집까지 석탄을 실어 와야 하는데 이 운반에 다시 노동, 자연력, 자본이 들어가고 이때 석탄에 경제적 가치가 더해진단다.

이렇게 (집까지) 배달된 석탄 1톤의 값은 갱도 입구에서 매긴 1파운드가 아니라 아마도 1.5파운드라고 말해야겠지. 이 예에서 우리는 운송도 다른 일 못지않게 재부를 생산하는 일임을 알 수 있어. 아울러 재부는 대상 자체가 아니라 대상에 부가되는 가치에 있다는 말이 옳음을 또다시 증명하기도 하지. 집 지하실에 있는 석탄 1톤은 기약 없이 땅 속 몇백 미터 깊이에 묻혀 있던 석탄과 (부숴졌다는 사실 말고는) 똑같아. 하지만 지하실에 있는 석탄은 재부에 해당해. 우리가 그 석탄을 소유했다는 건 1.5파운드에 상응하는 재부를 소유했다는 뜻이야. 우린 그걸 1.5파운드에 해당하는 가치를 지닌 다른 것, 가령 밀과 맞바꿀 수 있어. 하지만 우리가 그렇게 소유하는 재부는 실제의 석탄이 아니라 석탄에 부가되는 가치야. 이 경제적 가치는 바로 생산 과정의 시작부터 소비가 시작되는 과정까지 차곡차곡 쌓인단다.

여기 또 다른 예가 있어. 물건 자체가 딱히 달라지지 않았는데도 어떻게 생산 과정에서 가치가 부가되는지 보여주지.

한 섬이 있는데 지표 가까이에 소금이 풍부한 광산들이 있지만 목초지는 아주 적고 빈약하다고 치자. 땅은 대부분 척박하고 기후도 안 좋아. 그런데 섬에서 하루거리인 육지는 땅이 기름지고 목초지도 있고 기후도 좋지만 소금이 없어. 소금은 인간의 삶에서 으뜸가는 필수품이지. 게다가 소금은 쓰이는 곳이 많잖아. 따라서 육지 사람들에게는 소금이 높은 가치가 있겠지. 육지에서는 소금이 안 나니까. 반면 섬 사람들에게는 소금의 가치가 낮을 테고. 힘을 별로 안 들여도 원하는 만큼 얼마든지 얻을 수 있으니까. 한편 섬 사람들에게는 고기가 아주 높은 가치를 지니겠지. 땅이 척박한 섬에서는 고기를 얻기가 어렵잖아. 반대로 육지 사람들에게는 고기의 가치가 훨씬 낮단다. 좋은 목초지와 기후 덕분에 고기가 풍부하니까. 자, 섬에 소금 100톤이 있고 육지에 고기 100톤이 있다고 치자. 소금 100톤을 배에 실어 섬에서 육지로 실어 나르고 돌아오는 길에 육지의 고기 100톤을 섬으로 실어 온다. 위치만 달라졌을 뿐이지 물품 자체가 달라진 건 아닌데 여기서는 양쪽 모두에 재부가 만들어졌어. 섬 사람들도 육지 사람들도 거래를 통해 더 부유해져. '교환'이 재부의 직접적 생산자이고 교환을 실현하는 운송도 재부의 생산자라는 걸 말해주는 예지.

엄격히 말해서 어떤 대상이 소비되기 시작하는 순간까지 그 대상의 유용성을 끌어올리는 데 들어가는 모든 것은 재부를 생산하는 과정의 일부가 된다. 가령 밀이 씨앗으로 땅에 뿌려지는 순간부터 빵으로 구워져서 입에 들어오는 순간까지 재부는 계속 생산되고 있단다. 빵으로 표현되는 재부, 다시 말해서 빵에 부가되는 가치는, 씨앗이 뿌려지는 최초의 순간부터 여러 가치가 덧붙여지는 모든 과정의 집적체야. 네가 6펜스*짜리 빵을 먹을 때 넌 밀을 씨앗으로 뿌려 키워서 거두고 빻아서 밀가루를 반죽하고 빵으로 굽는 데서 생겨난 모든 가치, 그리고 추수한 밀단을 수레에 실어 한 곳에 모으고 타작한 밀을 방앗간으로 실어 나르고 밀가루를 빵집에 배송하고 구워진 빵을 네 집까지 배달하는 그 모든 운반 과정을 거쳐 생겨난 모든 가치를 소비하는 거야. 이 모든 행위 하나하나가 재부를 생산하는 과정에 들어가는 거고.

재부의 생산 과정을 보면 특성이 하나 드러나는데 어떤 경우에는 그것이 쉽게 눈에 들어오지만 어떤 경우는 그렇지 않단다. 앞에서 자본을 설명하는 부분에서 거론한 적이 있어. **바로**

---

* 지금은 1파운드가 100펜스지만 당시에는 240펜스였다. 따라서 당시의 6펜스는 0.025파운드고 지금의 원화 가치로는 2천 원이 조금 넘는다.

'모든 재부는 소비된다'는 거야.

이건 모든 재부에 적용돼. 비록 소비되는 속도는 경우마다 많이 다르지만.

자연의 목적은 사람의 목적과 달라. 사람은 자연의 목적에 맞서 줄기차게 노력을 기울여야만 재부를 만들어낼 수 있단다. 그리고 사람이 노력을 멈추는 순간 자연은 사람이 만들어낸 것을 더 유용한 상태에서 덜 유용한 상태로 끌어내리기 마련이고.

어떤 유형의 재부는 그 과정이 아주 신속해. 가령 연료를 소모한다든가 더운 날 얼음이 녹는 경우가 그렇지. 사람은 자기 힘과 머리를 자연력에 적용하고 자본을 써서 더운 여름날 자연 상태에서는 있을 수 없는 얼음이 존재하도록 만들었어.

아주 멀리 떨어진 추운 고지대에서 얼음을 가져오거나 얼음 창고를 만들어서 겨울철 얼음을 운반해 죽 보관해 두거나 모터를 써서 얼음을 만든 거지. 하지만 사람이 노력을 멈추는 순간 자연력은 늘 얼음을 녹이려든단다.

사람이 노력을 멈추는 순간 바로 '현존하는 재부의 소비'가 시작돼. 아주 완만하게 이루어지는 소비에도 똑같이 적용되는 이야기야. 우리가 화강암으로 건물을 짓는다 하더라도 그 건물은 영원하지 않아. 아주아주 느리긴 해도 건물도 소비돼. 소비가 (화로에서 타는 연료처럼) 사람을 위해 일어나든 (방치되어 노후화하는 건물처럼) 소홀함 탓에 일어나든 엄연히 '경제 소비'란다.

다시 공식으로 간추려볼까?

1. 운송과 교환도 물품을 만드는 데 실제로 들어간 수고만큼 재부의 생산 과정에 포함된다.

2. 모든 재부는 궁극적으로 소비된다. 다시 말해서 사람에 의해 사람에게 덜 유용한 상태에서 더 유용한 상태로 바꾼 것은 사람에게 더 유용한 상태에서 덜 유용한 상태로 돌아간다.

4장

재부의 분배
- 생계, 이자, 지대

이제 경제학에서 인간 사회에 가장 큰 영향을 끼치며 정치를 건전하게 만들려면 꼭 알아야 하는 대목에 왔다. 이해하기 어려운 내용은 아니야. 딱 하나 어려운 점이라면 **경제 법칙, 다시 말해서 재부를 생산하는 데 따르는 필연적인 결과와 도덕 원칙, 다시 말해서 재부를 쓰고 나눌 때의 옳고 그름의 문제를 확실히 구분해야 한다는 거지.**

어떤 사람들은 경제 법칙이 도덕 원칙과 다르다는 데 충격을 받은 나머지 경제 법칙을 부정하려고 해. 또 어떤 사람들은 논리 부재에 짜증이 난 나머지 경제 법칙으로 도덕 원칙을 뭉개는 오류에 빠져들지.

이 두 가지 오류를 모두 조심하며 지대, 이익, 생계라는 주제를 다뤄야 해. 이 세 가지를 이해한다면 비로소 경제 법칙과 도덕 원칙의 적나라한 충돌로 다시 돌아올 수 있단다. 지금 영국에서 하루빨리 풀고 넘어가야 할 그 중차대한 사안 말이지.

생산의 동기는 사람의 요구를 만족시키는 거고, 가장 단순한 생산의 사례를 꼽으라면 그건 사람이 새로운 터전에 자리를 잡고 자신과 가족을 위해서 일하는 게 아닐까. 나무를 베어서 나무가 필요한 곳으로 가져와. 가져온 나무로 오두막을 짓고 다리를 만들어. 차곡차곡 쌓아 올린 뒤 땔감으로 써. 이렇게 사람이 노동을 통해 생산한 부는 본인과 가족에게 가지. 그런데 생산 과정에서 그 사람에게 가장 기억에 남는 건 자신이 투입한 '노동'이니까 사람은 노동의 결과로 생산된 재부를 '나의 노동으로 생산된 재부'라고 흔히 말하지. 자신의 노동이 모든 걸 해낸 요소라고 생각해. '사람'이 바로 주된 요소라는 거지. 하지만 알다시피 다른 요소가 둘 더 있잖아. 자연력(토지)과 자본이 없으면 사람의 노동(다시 말해서 사람이 쓰는 머리와 근육)만으로는 단 한푼의 재부도 생산하지 못해. 사람은 자기가 생산하는 재부를 하나로 보지만 실은 세 부분으로 나뉜다는 사실, 다시 말해서 재부를 생산하는 세 요소 각각에 돌아갈 몫이 있음을 깨달아야 한단다.

자기 땅과 자기 도구를 가지고 스스로 삶을 꾸려나가는 사람은 자기가 생산하는 걸 다 통제한다고 생각하지, 재부가 셋으로 쪼개진다는 걸 알아차리지 못해. 하지만 생산된 재부는 어디서든 세 부분으로 쪼개지며 **이 세 부분은 사람이 자신의 노동 결과에 관해 던지는 도덕적 주장과 일치하지 않아.** 경제 법칙이 작동해 생산된 부분들은 우리를 둘러싼 자연의 일상적 힘과 마찬가지로 옳고 그른 문제에는 초연하고 무관심하지.

재부의 세 부분을 '생계', '이자'(또는 '이익'), '지대'라고 부르는데, 어떻게 이 세 부분이 생기는지를 알려면 각각을 차근차근 따져봐야 해.

생계

어느 문명에나 사람에게 이것만큼은 일정한 양이 꼭 주어져야 한다는 필수품이 있단다. 어느 문명에나 사람이 일정한 수준 밑으로 떨어지도록 방치해서는 안 된다는 생각이 있기에, 일정한 양식을 갖춘 일정한 양의 옷, 일정한 양의 연료와 얼마의 공간, 일정한 양의 특정한 음식이 최소한은 있어야 사람이 살아갈 수 있다고 믿어. 아무리 가난한 사람도 그 기준 밑으로 떨어지도록 내버려 두지는 않는다는 거지. 어떤 사람도 굶어 죽거나 난방이 불충분하여 얼어 죽는 일이 전혀 없다는 소리는 아니야. 여기서 말하려는 건, 어떤 문명이든 (가령 영국이든 중국이든) 그렇게 사느니 차라리 죽게 내버려 두는 게 낫다고 여기는 최소한의 불문율이 있다는 소리야. 아무리 가난하더라도 사람의 생계가 그 이하로 떨어지도록 방치해서는 안 되는 이 '일정한 양'을 우리는 '생계 기준'이라고 부른단다.

이런 말을 하면 사람들은 동서고금을 막론하고 세계 어디에서나 사람에게 절대적으로 꼭 필요하겠다 싶은 아주 적은 양의 필수품을 말하는구나 생각하겠지. 하지만 그렇지 않아. 여기서 말하는 기준은 목숨을 겨우 부지하는 데 필요하겠다 싶은 수준보다 언제나 높아.

일례로 영국에서는 제법 복잡한 양식의 옷가지를 필수 의복 기준에 포함하지. 아무리 가난한 사람도 담요만 뒤집어쓰고 돌아다니게 해서는 안 된다고 생각하고. 만드는 데 품과 재료가 많이 들어가는 신발도 신어야 해. 그렇지 않은 나라도 있지만 영국에서는 아무리 가난한 사람도 맨발로 돌아다니게 두어서는 안 돼. 심지어 샌들 바람도 곤란하지. 그건 영국 관습이 아니거든. 부실한 가죽 구두를 신어 발이 망가지고 양식만 복잡하지 천이 얇고 부실한 옷을 입어 죽을지도 모르지만, 나막신을 신는다거나 맨발로 걷는다거나 담요 바람으로 돌아다녀서는 안 되는 거야.

그뿐인가, 영국 사람은 뭐든 막 먹어서는 안 되고 요리된 고기, 또 밀이라 불리는 특별한 종류의 곡물을 먹어야 하지. 밀보다 훨씬 싼 곡물도 있지만 영국 관습은 아무리 가난한 사람에게도 밀을 요구해. 밀이 충분하지 않으면 기근이 들지만 영국 사회는 밀이라는 기준을 포기하기보다는 기근을 선호하지. 또한 아무리 가난한 사람이더라도 일정한 기준을 갖춘 가옥에 살며 비바람으로부터 어느 정도 보호를 받아야 한다고 고집해. 영국은 국민이 구덩이나 움막에서 사는 걸 용인하지 않아.

아무리 가난해도 적용되는 이런저런 생계 기준이 있어. **그리**

고 역사 속의 모든 공동체는 언제나 최소 생계 기준을 의식하며 살았단다. 생계 기준을 포기하기보다는 크나큰 불편을 감수할 만큼, 심지어는 앞에서 말한 대로 기아조차 무릅쓰면서까지 이 의식은 강해. 사람들이 너무 가난해서 우리가 생각하는 최소한의 필수품을 못 누릴 때는 실업 수당이라든가 할인 혜택이라든가 그에 준하는 것을 제공하려는 노력을 기울일지언정 그 기준을 저버리진 않는단다.

그러니까 생산된 재부의 첫 번째 부분이 바로 이 '최소 생계 기준'이야. 물론 자기 땅을 갈고 자기 몫의 자본도 있어서 여유가 넘치는 사람은 생계 기준이 가까스로 허용하는 것보다 훨씬 많이 소비하지. 자기 문명에서 단순한 생계 기준이 요구하는 것보다 더 좋은 음식, 옷, 방, 연료 따위를 더 많이 누리지. 그렇지만 그 경우에도 생계 기준은 작동해. 그건 일이 꼬였을 때 그 사람이 그 이하로 떨어지지 않으려고 하는 최저선이야. 그 밑으로 떨어지라고 해도 그렇게는 안 할 거야. 어떤 식으로든 그 최소한을 생산하려고 애쓸 테고 만약 그러지 못하면 죽으려고 하겠지.

모든 문명에서 다양한 모습으로 발견되는 생계 기준을 '노동의 존재 이유'라 부를 수도 있을 거야. 노동자가 생계 기준조차 달성하지 못한다면 인간의 노동력은 생기지 않을 테고 일도 되지 않을 테니까. 지금 영국에서 한 가족의 생계 기준은 주당 1.75파운드에서 2파운드 선이야. 주택 수당이라든가 초과 근무

수당을 이래저래 따지면 아무리 가난한 노동자라도 그 정도는 받아. 그 정도도 못 받으면 노동을 멈추겠지. 영국 문명은 이 최저선 밑으로 내려가기보다는 차라리 기아와 질병을 받아들일 거야.

다른 식으로도 표현할 수 있어. 영국이라는 문명 사회의 생계 기준에 따르자면 사람은 가령 일주일에 '평균' 1.75파운드 이상의 경제적 가치를 생산해야 해. 안 그러면 살아가기도 어렵거든.

나는 방금 '평균'이라고 말했어. 물론 아무것도 생산하지 않는 사람도 아주 많아. 그렇지만 사회가 그저 노동의 측면에서, 다시 말해서 인간의 노역과 두뇌의 측면에서 굴러가려면, 평균적으로 그 정도는 생산해야 해. 물론 실제로 평균 생산량은 훨씬 많지. 하지만 이보다 '덜' 생산되면 부의 생산은 서서히 끝날 거야.

경제학에서 이 원칙을 깨닫는 건 아주 중요하단다. 이 원칙은 번번이 오해되기 쉬워서 사회 문제를 판단하는 데 큰 착오를 일으키기 때문이지. 사람이 살아남기에 충분한 양의 음식과 난방이 있다면 이 사회에서 나와 같이 살아가는 사람들의 생계는 어떤 수준으로 내려가도 괜찮은 것처럼 말하는 사람을 자주 접하는데, 그렇지 않아. 모든 사회는 나름의 기준이 있어서, 그 밑으로 떨어지는 걸 허용하기보다 차라리 이민을 가게 하거나 죽게 할 거야. 그 기준이 바로 생산의 기본이야. **그게 만족되**

어야만 생산이 중단되지 않는단다.

이자

노동의 존재 이유(생계)가 우리가 고려해야 하는 것의 전부라면 문제는 더없이 간단하겠지. 불행하게도 우리가 벗어날 수 없는 또 하나의 '존재 이유'가 있는데 이게 바로 생산된 재부의 두 번째 부분에 해낭한단다. '자본의 존재 이유' 또는 '이익' 내지 '이자'라고 부르는 거야.

'돈에 붙는 이자', 줄여서 '이자'라는 말을 통상적 의미로 쓰는 경우와 순전히 경제학적 의미에서 쓰는 경우를 혼동하지 않도록 조심해야 해. 돈에 붙는 이자는 실제로는 존재하지 않아. 이자라는 것은 '실제 자본'(기계, 점포 등)에 붙는 것이고 돈은 상징에 불과하거든. 그렇지 않은 이자는 고리대금이야. 다시 말해서 실제로는 이자가 없는데 이자를 주장하는 거지. 고리대금이 뭔지는 나중에(18장) 알아보기로 하자. 여기서 기억해야할 건 경제학에서는 돈에 붙는 이자 따위는 '없다'는 사실이야.

앞에서 누군가 절약하지 않으면 자본은 생겨날 수 없다고 말했잖아. 자본은 늘 소비되고 채워져야 하니까 (자본을 필요로 하는) 재부의 생산이 지속되려면 절약도 계속 이어져야 한다는 사실도 확인했고.

자, 그런데 곧 알게 되겠지만, 자본은 어떤 동기가 없고서는 축적되지 않아. 우리는 어떤 순간에 누릴 수도 있었을 즐거움을 참고 그걸 미래의 시간으로 미루어야만 자본을 축적할 수 있어. 재부를 더 생산하는 데 쓰느라고 재부를 당장 즐기지 않는 거지. 그건 자제와 희생을 뜻하고.

하지만 자제와 희생을 하려면 뭔가 동기가 있어야겠지. 희생이 미래의 이익을 낳지 않는다면 한 사람 또는 한 사회가 어떻게 눈앞의 즐거움에 연연하지 않을 수 있겠어.

이치를 따져볼까? 한 사람이 말해. "지금 내 자본으로는 이만큼의 재부를 생산할 수 있다. 자본을 좀 더 축적하면 장기적으로는 수입이 늘어날 거다. 그래서 난 지금의 즐거움을 포기하련다. 지금 절제해서 자본을 키우고 미래의 수입을 늘리련다." 또는 이렇게도 말하지. "생산에서 소비되는 걸 채우려고 계속 절약해서 자본을 불려 나가지 않으면 서서히 수입도 줄어들 거다."

여기서 '수확 체감의 법칙'이라고 부르는 아주 중요한 경제학 법칙이 끼어든단다. 일정한 시점 이후로는 자본이 늘어나도 늘어난 자본에 '상응하는' 재부가 추가로 생산되지 않는다는 거야. 약간은 더 생산되지만 비율로 보면 적은 양이지. 가령 많은 쟁기와 말을 동원해서 밭을 구석구석 갈면 그만큼의 수확을 얻을 거야. 자본을 대량으로 투입하여 더 많은 일꾼을 먹이고 더 많이 경작해 밭이 정원처럼 보일 정도로 알뜰히 가꾼다면, 밭에서 더 많은 재부를 생산할 거야. 하지만 자본을 배로 늘린다 하더라도 수입이 배로 늘어나진 않아. 수입은 아마 절반 정도 더 늘어났을 거야. 다시 자본을 배로 늘려서 원래의 네 배가 된 자본으로 더 많은 일꾼을 먹이고 더 많은 농구를 쓰면 생산도 분명 늘어날 테지만 원래 양의 아마 두 배에 불과할 거야. 자본의 양은 원래의 '네 배'인데 수입은 원래의 '두 배'에 그치는 거지.

이 공식은 재부를 생산하는 모든 형식에 똑같이 적용되고 어김없이 들어맞아. **자본을 늘려서 얻는 수확은, 생산 방법이 달라지지 않는다면 양은 더 늘어나겠지만 투입한 전체 자본 대비 비율에서는 줄어든다.**

여기 일정한 크기의 자연력을 개발하는 사람이 있다고 해보자. 만약 그 사람이 자본을 '똑같은 크기'의 자연력에다 '똑같은 방식'으로 적용하면, 자본이 작을 때는 10퍼센트, 자본이 좀 더 클 때는 5퍼센트, 자본이 더욱더 클 때는 2.5퍼센트의 수확을 얻는단다.

사람이 당장의 즐거움을 피하고 자본을 투입해서 얻는 이득은 이렇게 계량할 수가 있어.

자기 소유의 농장이 있고 그걸 손수 경작하는 사람이 1천 포대의 밀을 수확한다고 치자. 이 결과를 얻으려면 그 사람은 해마다 연초에 쟁기, 말, 곡식을 비롯해서 모두 밀 1만 포대어치의 자본이 있어야 돼. 그 사람의 수입으로 돌아오는 밀은 전체 자본의 10분의 1이야. 열 포대의 자본이 매년 그 사람에게 한 포대의 수입을 안겨주는 거지. 그 사람은 이런 생각을 해. "땅을 좀 더 알차게 갈고 인과 광물을 더 많이 투입하고 성능이 좋은 새 농기계를 마련하면 1년에 50포대는 더 생길 거 같은데, 그러자면 여기에 필요한 자본을 마련해야겠구나."

그 사람은 수확을 알뜰살뜰 챙겨서 새 자본을 마련하는 데 필요한 것들을 밀과 바꾸지. 그래서 몇 년 뒤에는 농기계, 인, 광물, 땅 등 일체의 보유 자본이 전보다 크게 늘어나.

이 사람의 자본은 이제 1천 포대가 아니라 2천 포대이고, 당장의 즐거움을 안 누리고 아낀 덕분에 더 많은 수확이라는 보상을 받아. 하지만 자본을 두 배로 늘렸다고 해서 수입도 두 배로 불어나진 않지. 전에는 밀 100포대를 얻었다면 지금은 밀 150포대를 얻어. 수입은 전보다 늘어났지만 그 수입이 전체 자본에서 차지하는 '비율'은 감소했어. 예전에는 밀 1천 포대의 자본으로 밀 100포대를 수확했지만 지금은 2천 포대의 자본으로 겨우 150포대를 수확했거든. (요즘 식으로 말하자면) 전에는 수입이 자본의 10퍼센트였지만 지금은 7.5퍼센트에 불과해. 수입은 많아졌지만 투자한 자본에 견주면 비율은 작아진 거지.

자본 2천 포대를 투자해서 들어오는 수입은 자본 1천 포대를 투자했을 때 수입보다 비율로는 줄었지만 그 사람은 그래도 그만한 가치가 있다고 생각할 거야. 어쨌든 들어오는 '수입'이 100포대가 아니라 150포대로 더 많으니까. 하지만 계속 절약할 만한 가치가 없다고 생각하는 순간이 올 수밖에 없겠지. 가령 그 사람이 아끼고 아껴서 밀 1만 포대의 가치를 지닌 자본을 땅에다 들였는데 겨우 200포대를 얻었다고 치자. 그렇게 아껴서 해마다 얻는 보상이 2퍼센트란 소리인데, 그 사람은 이게 미흡하다고 생각할 거고 그럼 절약을 중단할 거야. 보상이 그 밑으로 내려가면 더는 절약할 가치가 없다고 판단하고 절약을 멈추는 지점이 바로 '자본의 최저이익점'이야. 물론 가능하다면야 최저이익점보다 이익을 '더' 얻으면 신나겠지. 하지만 핵심은 그보다 '덜' 얻으려고 하지는 않는다는 거야. 자본에 견주었을 때 일정 비율 이하의 수입을 얻느니 차라리 절약을 멈추고 가진 걸 모두 눈앞의 즐거움에 쏟아부으리라는 거지.

이 명백한 이치로 인해서 재부의 생산에는 '생계' 말고도 다른 몫이 생겨. 노동을 계속하려면 충분히 생산해야 한다고 말했잖아. 그 말은 우리가 살아가는 사회의 생계 기준을 만족시키기에 충분할 만큼 생산해야 한다는 뜻이지. **하지만 우리는 자본이 계속해서 축적되기에 충분할 만큼도 생산해야 해.** 특정한 사회에서 자본을 축적했을 때 얻는 이익의 양이 얼마나 되건(지금 영국의 경우는 약 5퍼센트야) 우리는 생계를 웃도는 수준으로 생산해야 해.

'이익' 또는 '이자'라고 불리는 이 두 번째 부분은, 누가 자본을 소유하고 통제하는지, 누가 이익을 얻는지와 무관하게 항상 존재해야 한다는 걸 명심하는 게 아주 중요하단다.

어떤 사람들은 만약 지금 자본의 대부분을 소유한 부자들한테 자본을 빼앗아서 정치인들에게 주고 만인을 위해 관리하라고 하면 이익이라는 이 두 번째 부분이 사라질 거라고 생각하는데 그렇지 않아. 자본을 관리하는 정치인들은 유권자들에게 생산된 재부를 마음 내키는 대로 소비할 수는 없고 일정한 양은 남겨 둬야 한다고 말해야 할 테고, 국민은 당장의 희생에 대한 보상으로 미래에 이득을 보는 조건으로만 일정한 양을 남겨 두는 데 동의할 거야. 국민 여론 따위는 아랑곳하지 않는 폭군이 나라의 꼭대기에 앉아 있다 하더라도 이익은 명백히 존재해. 미래에 맛볼 보상을 생산하는 것도 아닌데 자신과 국민의 엄청난 희생을 감수하면서 자본을 축적하는 건 낭비에 불과할 테니까.

폭군이 이렇게 말한다고 하자. "올해는 여가와 수입을 평소의 반으로 줄이고 극장 요금과 맥주 값은 배로 내야 한다. 그래야만 내년에 여가와 오락을 100분의 1 더 누릴 수 있을 거다." 이런 소리를 듣고 가만히 있을 국민은 없겠지.

결국 이런 거야. 생산 과정에는 언제나 자본과 노동 두 요소가 있어. 그리고 각각은 어떤 식으로든 '존재 이유'가 있어야 해. 안 그러면 돌아가지 않으니까. 우리는 '노동의 존재 이유'를 만족시켜야 하고 '자본의 존재 이유'도 만족시켜야 해. 그걸 만족시키지 못하면 노동은 일을 멈추고 자본도 축적을 멈추어 전체 생산 활동이 망가지거든.

(물론 개인이 투자를 늘려 가는 경우와 자연력이라는 불변의 영역에 들이는 자본이 전반적으로 증가하는 것은 잘 구분해야겠지. 존 스미스

라는 사람이 1000파운드를 투자해서 5퍼센트의 이익을 보고 다시 1000파운드, 또 다시 1000파운드 이런 식으로 계속 투자해서 여전히 5퍼센트의 이익을 얻을 수는 있을 거야. 하지만 그건 남들은 쓰는데 스미스는 아끼기에 가능한 일이란다. 다른 식으로 말하자면 이 사람의 저축액이 전체 사회 자본에서 차지하는 비율이 워낙 작아서 이렇다 할 영향을 끼치지 않는 거야. 만일 전체 사회 자본이 그런 식으로 계속 늘어난다년 수확 체감의 법칙이 어김없이 작동하겠지.)

지대

재부의 세 번째 부분인 '지대' 차례가 왔구나.

노동의 존재 이유와 자본의 존재 이유를 간신히 맞출 수 있지만 딱 그 정도지 그 이상은 어려운 상황이 있어. 그런 상황에서는 생산이 일어나지만 그보다 어려워지면 생산은 멈추게 되지.

가령 황야에 인접한 곳에 모래 성분이 아주 적은 땅이 있는데 어떤 사람이 이 땅 40만 제곱미터에 1000파운드의 자본을 들여 겨우 생계 수준의 생산을 하고 덤으로 50파운드어치의 생산물을 얻는다고 치자. 자본 대비 5퍼센트의 이익이야. 이 땅은 간신히 제값을 하는 수준이지. 그런데 이 사람은 황야에서 더 멀리 떨어진 지역에 모래 성분이 더 많은 땅이 또 있어. 만일 부지런히 1000파운드를 더 모아서 토질이 더 안 좋은 이 40만 제곱미터의 땅에다 농사를 지으면 들인 노동만큼의 생계 수준은 수확할 수 있겠지만 여분의 생산량은 10파운드에 불과해. 새로 들인 자본의 수익률이 겨우 1퍼센트란 소리지. 그러면 이 사람은 "그만한 값어치가 없다."고 결론지을 테고, 토질이 더 안 좋은 이 모래땅은 경작되지 않겠지.

투입한 자본과 노동이 더는 존재 가치를 얻지 못하는 조건을 '생산한계점'이라고 불러. 특정한 사회에서 살아가는 사람이 그런 조건을 밑도는 상황에서는 재부를 생산하겠다고 나서지 않으리란 뜻이지. 생산한계점보다 열악한 조건에 밀어 넣으면 사람들은 생산을 하지 않을 거야.

자, 생산한계점이 재부의 세 번째 부분을 만들어내는데, 이것을 '지대'라고 부른다.

지대는 전체 생산물 중에서 노동과 자본이 요구하는 최소한의 몫을 뺀 잉여분이야. ('이자'의 경우도 그랬지만 순전히 경제학적 의미의 지대와 '임대료'를 뜻하는 통상적 의미의 지대는 잘 구분해야 해. 집에 붙는 '임대료'의 일부가 진정한 의미의 경제 지대가 맞지만, 다른 일부는 절약된 재부의 축적분, 곧 벽돌, 모르타르, 건물이라는 '자본'에 붙는 이자야.)

석탄층을 예로 들어볼게. 석탄층의 한쪽 끝은 지표면과 맞닿아 있고 거기서 반경 2킬로미터 나아가면 지표면에서 300미터쯤 내려간 곳에 석탄층이 있다고 하자. 그런데 반경 30킬로미터로 나아가면 지표면에서 3000미터는 내려가야 석탄층과 만날 수 있다고 하고.

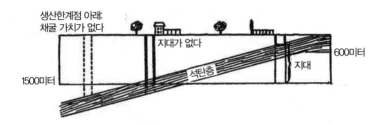

생산한계점 아래:
채굴 가치가 없다

지대가 없다

석탄층

지대

600미터

1500미터

　석탄을 캐는 사회의 여건과 채굴 기술이 도달한 수준을 감안할 때 지표면에서 1500미터 지점이 채탄할 때 수지 타산이 '겨우' 맞는 수준으로 판명됐어. 다시 말해서 갱도를 뚫어서 광부들을 작업 현장으로 내렸다가 올리고, 석탄을 지표면으로 끌어올리고, 일하는 광부들의 생계가 유지될 수 있도록 축적되어야 하는 최소한의 자본이 그 수준이야. 그 수준보다 조금이라도 낮으면 자본을 투입할 만한 가치가 없는 거지.

　예를 들어 1500미터 깊이까지 갱도를 뚫는 데 기계와 보관 비용으로 1만 파운드가 든다고 치자. 그리고 석탄을 지상으로 올리면 노동자의 생계 기준 비용을 치르고도 자본 대비 500파운드의 이익이 난다고 하자. 즉 5퍼센트의 이익이야. 5퍼센트보다 밑으로 내려가면 자본은 축적되지 않겠지. 노동은 노동대로 생계 기준을 밑도는 조건에서는 작업에 나서지 않을 테고. 따라서 석탄층 중에서 1500미터보다 밑에 있는 석탄은 건드리지 않고 그냥 두겠지. 거기까지 갱도를 뚫어 캐낼 만한 값어치가 없으니까. '생산한계점 아래'에 있어서 그래.

지표면에 가까운 쪽에 있는 석탄은 어떻게 될까? 지하 1500 미터에서 갱도를 뚫었을 때보다 실속이 있는 건 명백하지. 석탄 자체를 광맥에서 캐내는 데는 1500미터 아래든 600미터 아래든 똑같은 노동량이 들어가지만 갱도를 뚫고 석탄을 지상으로 끌어올리고 광부들을 내리고 올리는 데는 훨씬 적은 자본과 노동이 들어가. 따라서 흑자가 나겠지. 가령 갱도를 600미터까지 뚫는 데는 5000파운드의 자본이 들고 여기서 캐낸 석탄으로 노동자의 생계 기준 비용을 부담하고도 500파운드가 남는다고 치자. 5000파운드의 5퍼센트는 250파운드니까 이 경우 자본과 노동의 몫을 만족시키고도 250파운드가 더 '남은' 거야. 얕은 탄광에서는 석탄을 얻는 데 들어가는 자본과 노동의 정당한 몫을 제하고도 남는 여분의 가치가 있는데, 이 여분의 가치는 묻혀 있는 석탄과 지표면의 거리가 가까울수록 커지겠지. 가장 깊은 탄광은 이른바 '생산한계점'에 있는 탄광이고. 이런 탄광은 그저 빠듯하게 굴러가지. 이보다 더 얕은 곳에 있는 모든 탄광이 생산하는 잉여 가치를 '지대'라고 부른단다. 어떤 지주가 자신의 소유지 안에 지표면에서 300미터밖에 안 들어간 상당히 얕은 탄광이 있다면 석탄을 캐려는 노동자와 자본가에게 이렇게 말할 수 있을 거야. "1500미터 아래에 있는 광산은 겨우 굴러간다. 하지만 300미터밖에 안 들어간 이곳에서 작업하면 노동 생계 비용은 그대로니까 자본의 5퍼센트를 크게 웃도는 수익이 생긴다. 하지만 이 모든 여분의 가치는 내가 차지해야 한다. 안 그러면 내 석탄에 손대지 마."

이번에는 같은 지역에 있지만 비옥도가 다른 세 농장을 예로 들게. 세 농장 모두 생산수단을 유지하고 노동자 다섯 명을 부리는 데 1000파운드의 자본이 필요해. 1000파운드의 자본을 유지하려면 연간 50파운드의 이익은 나야 하지. 노동자 다섯 명의 생계 기준 비용으로는 500파운드가 들어가. 사정이 가장 열악한 농장은 연간 딱 550파운드어치를 생산해. 그보다 나은 농장은 750파운드어치, 가장 풍족한 농장은 950파운드어치를 생산하지. 첫 번째 농장은 경제학에서 말하는 지대가 전혀 없어. 생산한계점에 있으니까. 두 번째 농장은 연 200파운드의 지대가 있고 세 번째 농장은 400파운드의 지대가 있어.

전체를 요약하면 모든 생산물에는 세 가지 몫이 붙는다고 말할 수 있겠네.

1. 노동의 생계.
2. 자본, 곧 절약의 보상으로 얻는 이익, 또는 이자.
3. 생산한계점에서는 없지만 여건이 유리할수록 늘어나는 잉여가치로서 경제 지대.

재부가 생산되는 곳에는 언제나 이 세 부분이 있어. 농부가 자기 소유의 좋은 땅을 경작할 때처럼 한 사람이 세 부분을 독차지할 수도 있지. 그런가 하면 한 사람은 기름진 땅이 있고 또 한 사람은 자본을 내놓고 또 다른 사람은 노동력을 내놓아서 세 부분이 각각 지대, 이익, 임금이라는 형태로 지주, 사업자, 노동자의 수입으로 나타날 수도 있지. 다른 계급에 속한 여러 사람에게 지급되어 눈에 드러나건, 모두 한 사람에게 지급되어 눈에 안 드러나건, 이 세 부분은 언제 어디서나 존재한단다. 이건 고정불변의 경제 법칙이야.

그런데 잊지 말아야 할 건 경제 법칙은 사회적 의미에서는 아무런 구속력도 없다는 거야. 사람이 지켜야 하는 도덕 규범과는 다르다는 뜻이지. 이건 재부의 생산과 재부의 본성에 따르는 일종의 수학적 귀결이거든. 사람들이 사회적 합의를 봐야 할 때는 이 점을 고려해야 해. 하지만 지대라든가 이익이 존재한다고 해서 부자나 국가나 노동자가 그걸 가질 권리가 있다는 뜻은 아니란다. 그건 도덕론자가 해결해야 할 문제야. 사람들이 그런 문제를 놓고 원하는 바에 따라 합의를 할 수는 있지만 말이야. 경제학이 우리에게 알려주는 바는 이 세 부분을 구별하는 요령과 이런 분배가 불가피하고 필연적이라는 통찰이 전부야. 응용 경제학에서 말하는 사회의 잘잘못은 조금 나중에 논하기로 하고 여기서는 일단 경제 법칙의 요소만 따지기로 하자.

5장

교환의 세 가지 특성

소금이 많은 섬과 고기가 많은 육지의 사례에서 봤지만, 사실 '교환'은 생산의 한 형식일 뿐이야. 어떤 물건을 교환하는 것이 양쪽 모두에게 이익이 된다면 교환은 양쪽 모두에게 재부를 안겨주지. 따라서 이익이 되는 교환이 일어난다면 그건 톱날처럼 맞물려 돌아가는 전체 생산 과정의 연쇄에서 그저 마지막 단계일 뿐이야.

그렇지만 교환이 워낙 따로 떨어진 행동이라 경제학자들이 별도의 장으로 다루고 있으니 우리도 그렇게 다루자.

교환이란 어떤 물건을 덜 가치 있는 곳에서 더 가치 있는 곳으로 옮김으로써 물건에 경제적 가치를 부가하여 재부를 만들어내는 거야. 우리가 바꾸기 위해 가져온 어떤 물건이 원래 있었던 곳보다 옮겨진 곳에서 더 가치가 커진다면 이것 역시 경제 재부를 부가하는 것이고 따라서 재부를 만들어내는 셈이거든. 소금과 고기의 경우에서 이 원리를 알아봤지. 전 세계에서 벌어지는 수많은 교환도 마찬가지야.

가령 영국인은 200년 전부터 차를 즐겨 마셨어. 하지만 영국 날씨는 차를 기르기에 적당하지 않단다. 차는 아주 더운 나라에서만 자라거든.

그런데 아주 더운 나라에서는 금속을 다루는 고강도의 노동을 하기가 수월하지 않지. 기후 여건이 알맞지 않잖아. 서늘한 기후에서는 날씨도 도움이 되지만 사람들이 오랜 경험을 통해 쇠를 제련해서 기계를 만들어낸다든지 하면서 금속을 다루는 고도의 숙련 기술을 익히게 되었어.

그래서 '교환'을 하면 영국처럼 서늘한 나라도 차를 기르는 더운 나라들도 모두 득이 된단다. 영국은 상대 나라에 유용하지만 그들이 잘 만들지 못하거나 아주 어렵게 (따라서 엄청난 에너지를 쏟아부어야만) 만드는 기계류를 생산해 보내고, 그 대신 영국에서는 따뜻한 온실 속에서 키워야 해서 많은 에너지를 쏟아부어야만 재배할 수 있는 차를 가져오는 거야.

이런 식의 품목이 둘 이상 있고 이들을 교환하는 것이 양쪽 모두에게 유리할 때 우리는 교환에서 얻는 상호 이익이 많으냐 적으냐에 따라 '교환 잠재력'이 강하다 또는 약하다고 말한단다.

'잠재력(potential)'이라는 말은 아직은 생소할지 몰라도 차츰 쓰임새가 늘어나고 있는 아주 유용한 단어야. 원래는 물리학에서 비유로 쓰던 말이란다. 댐에 차 있는 물 또는 일정한 세기의 전류를 두고 잠재 에너지(위치 에너지)를 따지고 측정해. 가령 이 전류의 잠재 에너지가 저 전류의 두 배다, 어떤 터빈을 돌리는 댐 안에 든 물의 잠재 에너지가 다른 댐의 두 배다 하고 말하지. 같은 식으로 우리는 '교환 잠재력'이라는 용어를 쓰지. 두 장소 또는 두 사람 사이에서 상호 이익이 되기에 교환이 일어나는 경향성을 가리키는 말이야.

교환 잠재력은 기후나 관습의 차이뿐 아니라 이른바 '분업'이라는 '고용의 차별성'을 통해서도 나타난단다.

가령 금속과 비단 생산이 모두 가능한 두 나라가 있는데 이 중 한 나라는 금속의 질을 끌어올리는 데 집중하고 다른 나라는 비단의 질을 높이는 데 집중한다면 두 나라는 일자리를 갈라서 그 결과를 교환하는 것이 당연히 득이 되지. 두 나라만 그런 게 아니고 개인과 집단도 마찬가지야.

제화공이 자기 옷을 만들지는 않잖아. 구두를 만들지. 제화공은 제화 기술을 배우고 갈고닦아서 남들보다 훨씬 좋은 구두를 훨씬 짧은 시간에 만들어. 구두 한 켤레를 만드는 데 쓰는 에너지도 남들이 필요한 것보다 적게 들어가서 값도 '더 저렴'해지고. 옷을 만드는 재단사도 마찬가지야. 따라서 제화공은 자기가 만든 여벌의 구두를 재단사가 만든 여벌의 옷과 바꾸는 게 유리해.

일반적으로 똑똑한 사회는 아주 광범위한 교환 체계를 마련하기 마련이야. 왜냐하면 똑똑한 사람들은 각자에게 가장 잘 맞는 일자리에 집중하는 경향이 있고, 또 기후나 토양 같은 차이로 인해 이쪽과 저쪽 사이에 이루어지는 교환이 양쪽 모두에게 이익을 가져온다는 걸 알기 때문이지.

물론 '생산'보다 '교환'을 앞세우려는 일부 사람들의 생각은 큰 잘못이야. 한 나라가 하는 교역, 다시 말해서 한 나라의 수출입 총량이 번영의 잣대인 것처럼 말하는 사람들이 있지만, 번영의 진정한 잣대는 한 나라의 교환 역량이 아니라 소비 역량이란다.

그렇지만 '교환'이 아무리 '생산'의 끝자락에 오고 아무리 전체 '생산' 과정보다 절대 더 중요할 수는 없더라도, 재부의 생산이 적극적으로 이루어지는 곳이라면 어디에나 존재하지. 그래서 사실 배를 만드는 사람들은 옷을 만드는 사람들, 먹을 것을 기르는 사람들, 집을 짓는 사람들과 교환을 하고 있는 거야. 그리고 선진 문명 사회에서는 주변에 널린 재부의 태반이 많은 교환 과정을 거친 거고.

교환과 관련해서 기억해야 할 몇 가지 중요한 기본 공식이 있어.

1. 서로 다른 두 공동체 안에서 상대적 가치가 다른 두 대상이 있을 때 교환이 일어나기 마련이며 이를 교환 잠재력이 있다고 말한다.

이 공식의 뜻을 아주 쉽게 이해할 수 있도록 예를 들어볼게. 영국에서 캔 석탄 1톤이 에스파냐 남부 카디스로 운반될 때 2파운드의 가치를 지닌다고 치자. 그리고 영국에서 와인 열 병을 만들기 위해 포도를 따뜻한 온실 속에서 키우는 데 들어가는 온갖 시설을 따지면 총 5파운드가 든다고 치고. 한편 카디스는 근처의 소규모 탄광들에서 석탄 1톤을 1파운드면 생산할 수 있고 좋은 날씨 덕분에 와인 열 병은 0.05파운드면 생산할 수 있다고 하자. 그럼 묘한 상황이 돼.

수출국 영국은 석탄을 자국에서보다 카디스에서 '낮은 가치'로 팔고 카디스에서 와인을 수입하는 게 유리해. 석탄을 소유한 영국인은 비록 석탄 1톤이 카디스에 당도했을 때 2파운드의 가치를 얻지만 1파운드에 팔아치우고 카디스에서 와인과 맞바꿔 영국으로 가져오는 편이 이롭다고. 얼핏 들으면 생산비와 운송비보다 낮은 가치로 팔아치우는 게 이로울 수 있다는 말이 터무니없지. 하지만 잘 들여다보면 정말로 이롭다는 걸 알게 된단다.

이 영국인이 집에서 와인을 만들려면 한 상자에 열 병이 든 와인 20상자를 만드는 데, 곧 와인 200병을 만드는 데 100파운드가 들 거야. 그런데 카디스에서 석탄을 1파운드에 팔면 그 돈으로 와인 20상자를 사서 영국으로 실어 올 수 있거든. 이 거래로 영국인은 훨씬 부유해지고 카디스 사람들도 마찬가지야. 카디스 사람들은 석탄 1톤을 영국에서 수입하지 않고 카디스

부근의 탄광에서 캐는 데 에너지를 쏟아부을 수도 있겠지만 똑같은 에너지를 와인 생산에 쓰면 영국에서 더 많은 석탄을 수입하기에 충분한 와인을 생산할 수 있기 때문이지.

교환과 관련해서 기억해야 할 두 번째 공식은 이래.

2. 물품은 언제나 일대일로 교환되는 것이 아니며 대개는 '다중 교환'이라 부를 만한 훨씬 복잡한 방식을 거친다.

물론 다중 교환은 통화 곧 '돈'이라는 매개체를 통해 이루어지는데, 돈에 관해서는 나중에(7장) 설명할게. 여기서 먼저 짚고 넘어가야 할 건, 두 물건을 직접 맞바꾸지 않고 훨씬 길고 복잡한 과정을 거치더라도 교환은 엄연히 이루어지고 있다는 사실이야.

가령 아르헨티나 '철도 회사' 사람들은 기관차를 원해. 기관차는 아르헨티나보다 영국에서 더 싸고 좋게, 다시 말해서 에너지를 더 적게 쓰고도 같은 결과물을 만들 수 있어. 반면 영국은 차를 수입하고 싶어 해. 그런데 아르헨티나는 차를 재배하지 않아. 무슨 일이 생길까? 영국은 어떻게 차를 얻을까? 기관차는 아르헨티나로 가. 기관차와 맞바꾸기에 충분한 양의 밀은 영국이 아니라 영국처럼 다량의 밀을 수입해야 하는 나라인 네덜란드로 가고. 네덜란드 사람들은 밀을 받는 대신 특수한 환경 덕분에 자신들이 잘 만드는 치즈를 독일로 보내지. 독일의 주특기는 철로 제작인데, 독일도 치즈, 밀, 기관차에 상응하는 만큼의 철로를 보내지. 그런데 철로를 네덜란드로 보내지 않고 철로를 요청한 이집트의 한 '철도 회사'로 보내. 이집트 사람들은 날씨 덕에 면화 재배가 수월하니 받은 철로에 상응하는 양의 면화를 인도의 방직 공장으로 보내지. 그리고 인도는 그에 상응하는 만큼의 차를 이집트가 아니라 영국으로 보내는 거야.

이렇게 '다중 교환'이 한 바퀴 돌아가는 동안 비록 간접적이긴 하지만 모두가 교환에서 이익을 얻는 거지. 물론 한 나라 안에서도 똑같은 방식으로 온갖 교환이 다중으로 이루어지겠지. 내가 사람들이 읽고 싶어 하는 책을 쓴다고 치자. 그런데 내가 원하는 건 책이 아니라 구두, 연료, 가구 따위야. 그런데 나는 구두를 제공하는 사람, 연료를 제공하는 사람, 가구를 제공하는 사람에게 내가 쓴 책을 가져가지 않아. 나는 책을 출판사에 파는 과정을 거쳐야 해. 출판사가 나한테 주는 수표라는 수단으로(수표에 대해서는 돈을 이야기하는 장에서 설명할게) 출판사가 팔려고 하는 내 책이 지닌 가치만큼 구두, 연료, 가구를 얻을 수 있어. 하지만 아무리 간접적이고 다중적으로 이루어지는 교환도, 내가 책 한 권을 들고 제화공한테 가서 구두 한 켤레와 맞바꿀 때와 똑같은 교환이야.

교환에 대해서 기억해야 할 세 번째 공식은 영국 정치에서 엄청난 논쟁을 불러일으켰을 정도로 지극히 중요한데, 바로 이 거야.

3. 다른 조건이 같다면, 교환의 자유를 최대한으로 보장하는 지역에서는 최대한의 재부가 생겨난다.

자명한 내용인데도 사람들은 이 점에 관해 놀라울 만큼 뒤죽박죽이란다. 사람들은 막상 세세하게 들어가면 혼란스러워하고 나무만 보고 숲을 보지 못하면서 길을 잃어버리지. 다시 말하지만 사람들이 아주 자유롭게 교환하도록 내버려 둬서 누구나 자기가 제일 잘 만드는 것을 마음껏 생산해 남들이 자기보다 잘 만드는 것과 맞바꿀 수 있게 하면 교환의 자유를 통해 양쪽 모두가 더 넉넉해지고, 나라 안의 모든 교환이 실익에 따라 이루어지도록 자유롭게 두면 나라 전체의 재부도 가장 커지리라는 건 자명할 수밖에 없잖아.

가령 어떤 법이 내가 동판화 사는 걸 금지하고 동판화를 만드는 존스가 책 사는 걸 금지한다고 한다면, 존스는 자기 손으로 책을 써야 할 테고(그보다는 아마 책 없이 살겠지만) 나도 동판화를 내 손으로 새겨야 할 테지만 존스의 훌륭한 동판화에 비하면 그 질이 형편없겠지. 나도 존스도 각자가 가장 잘 하는 걸 만들어서 자유롭게 교환할 수 있을 때 둘 다 분명히 더 잘 살아. 한 나라 안에서 만들어지는 수많은 물건도 그렇다니까.

이 원리는 개별 국가만이 아니라 온 세계에 적용돼. 세계 전체가 자유롭게 교환할 수 있도록 두면 그 덕에 모두 더 잘살게 되지. 이 나라와 저 나라의 교환에 조금이라도 간섭하면 온 세계에 생겨날 수 있는 재부의 총량이 그만큼 줄어들고.

여기까지는 좋아. 지금까지 말한 대로 이건 명백한 진실이야. 그런데 이제 이걸 적용할 때 오해가 생겨나고 그런 오해에서 이런저런 문제가 불거지지. 워낙 중요한 문제라서 따로 논하기로 하자.

6장

무역에 관한 오래된 논쟁
- 자유주의와 보호주의

너도 알겠지만 국가는 외국에서 들여오는 물품에 관세를 매겨. 다시 말해서 정부는 어떤 물품의 수입에 세금을 물려서 교환의 자유를 간섭해. 예컨대 프랑스 사람들은 밀에다 세금을 매겨. 가령 프랑스 밀은 한 포대에 1파운드 하는데 아르헨티나 사람들은 0.5파운드에 밀 한 포대를 프랑스로 보낼 수 있지. 거긴 새로 경작한 땅인 데다가 아무튼 이런저런 이유에서 말이야. 프랑스는 아르헨티나에서 자국으로 밀이 자유롭게 들어오도록 내버려 두고 대신 밀보다 더 쉽게 만들 수 있는 걸 아르헨티나에 수출하면 전체 비용을 덜 들이고도 더 많은 밀을 얻을 수 있을 거야. 하지만 프랑스는 그렇게 하지 않고 밀 한 포대마다 관세 0.5파운드씩 물리는 쪽을 택해. 다시 말해서 외국산 밀이 수입되기 어렵도록 장벽을 세워 국내 가격을 인위적으로 유지한다는 말이야.

한 나라가 수입 품목 모두에 관세를 물릴 때, 그리고 만일 그 품목이 (거의 언제나 그렇지만) 그 나라에서 생산할 수 있는 거라면 우린 문제의 품목이 보호받는다고 말해. 그렇게 하는 게 '보호무역' 체제고. 이 말은 보호 체제 유지가 나라 전체에 좋은지 안 좋은지에 관한 고려 없이, 정부가 특정 업종을 '보호해야 한다'는 요구에서 생겨났어. 가령 수입한 양고기에 죄다 세금을 물리고 영국에서 나는 양고기에는 세금을 물리지 않으면 영국에서 양을 키우는 사람들은 당연히 아주 좋겠지. 이렇게 하면 영국에서는 양고기 가치가 올라갈 거고 그만큼 양을 가진 사람들이 혜택을 볼 테니까. 그렇지만 양을 기르지 않는 나머지 모든 사람들은 양고기 값을 더 내야 할 테니까 손해를 볼 거야.

관세로 국제 교역에 간섭하는 보호 체제에 맞서 오래 전부터 똑똑한 사람들이 '자유무역'이라는 걸 주장하기 시작했어. 수입품에 관세를 아예 안 물리거나 아니면 적어도 국내에서 똑같은 걸 만드는 생산자에게 인위적 가격을 형성해주기에 충분할 만큼 높은 관세는 안 매겨야 한다는 거지. (제1차 세계 대전이 터지기 전까지) 영국은 완전한 자유무역을 했지만 차에는 관세를 물렸어. 하지만 그건 보호무역은 아니야. 영국에서 차를 기르려는 사람은 따뜻한 온실에 엄청난 비용을 들여야 했으니까. 수입한 차에 무거운 세금을 부과했지만 영국에서 차를 재배할 만한 가치가 있어 보일 만큼은 아니었어.

자유무역의 또 다른 원칙은 한 나라에서 생산 가능한 품목이 그 나라로 들어올 때 관세를 물리는 게 바람직하겠다 싶으면 국내에서 생산되는 해당 품목에도 '응분의 소비세'를 물려야 한다는 점이야. 가령 세수를 확보하느라 독일에서 들어오는 설탕 1킬로그램마다 1펜스의 관세를 물릴 셈이라면 자유무역의 원칙에 따라 영국에서 생산되는 모든 설탕에도 (설탕 1킬로그램마다 1펜스씩) 비슷한 소비세를 물려야 한다는 거지. 이렇게 하지 않으면 영국의 설탕 제조사들은 이익을 보겠지만 나머지 모든 영국인은 손해를 볼 거야. 이건 부당한 처사고 영국을 덜 부유하게 만드는 길이라고. 다른 품목을 생산하면 실력 발휘를 더 잘할 수 있었을 텐데 보상을 해주면서 영국 국민에게 설탕을 만들라고 유도한 셈이니까.

자유무역은 모두에게 이익이 될 수밖에 없고 보호무역을 옹호하는 이유가 무지몽매나 사리사욕에서 비롯된다는 생각이 영국에서는 아주 강하지. 게다가 앞에서 든 사례는 논박하기 어려워 보여.

하지만 교환을 논하면서 말한 세 번째 공식을 자세히 생각해보면 보편적 자유무역론에 숨은 오류를 알게 될 거야. 어떤 지역에서 자유롭게 이루어지는 교환이 그 지역 전체의 재부를 더 키워주기 마련이라는 건 분명히 맞는 말이야. 만약 그 지역이 전 세계로 확장된다면 전 세계에 걸쳐서 이루어지는 자유로운 교환, 다시 말해서 완전한 자유무역은 세계를 전체적으로 더 부유하게 만들겠지.

하지만 그렇게 부유해진 지역의 '각 부분'까지 저절로 풍요로워 진다는 법은 없다. 바로 이게 자유무역론자들이 놓치는 중요한 지점이자 보호론이 경우에 따라서는 설득력을 얻는 이유란다.

영국 전역에서 자유로운 교환이 이루어지도록 허용한다면 영국은 전체적으로 당연히 더 부유해지겠지. 하지만 영국 남동부에 있는 에섹스 지방은 얼마든지 더 가난해질 수 있어. 유럽 전역에서 자유무역을 허용한다면 그 덕분에 유럽은 더 부유해질 거야. 하지만 유럽 안에서도 이탈리아나 에스파냐 같은 특정한 나라는 이 과정에서 얼마든지 더 가난해질 수도 있고, 가난해지고 싶지 않아서 보호나 관세를 통해 자유 교환 지역에서 떨어져나올 수도 있어.

어떤 조건에서는 특정한 지역의 경계 너머에서 이루어지는 자유로운 교환에 대한 '간섭'이 그 지역을 더 부유하게 만든다. 그 조건들이 존재할 때는 이른바 보호의 경제적 이유가 있다.

따라서 보편적 자유무역이 세계 전체에 이익이 된다는 명제는 완벽하게 참이란다. 우리가 세계 전체만 고려하고 세계의 특정 지역에서 벌어지는 일에는 신경 쓰지 않는다면 자유무역론자의 말은 절대적으로 옳지. 하지만 가령 세계 전체가 받아야 할 피해를 고려하기보다 각자의 나라처럼 특정한 지역이 받아야 하는 피해를 고려한다면, 우리는 각 나라가 처한 특정한 조건들을 잘 들여다보고 각 나라가 자유무역 때문에 재부가 고갈되고 국내 교환을 인위적으로 육성하는 데서 이익이 나는 지역에 해당하지는 않는지 따져봐야 해.

이 주제는 이 책 후반부에서(14장) 다시 다룰 생각이야. 영국에서 이 논의가 어떻게 일어났고 보편적 자유무역에 관한 찬반 논리가 무엇이고 경제적으로 타당한 보호론이 정말로 존재하는지 그때 다시 알아보자.

7장

돈의 탄생과 발전

사람들은 직거래로 물품을 맞바꾸려고 나서는 순간 이 거래를 골치 아프게 만드는 걸림돌과 맞닥뜨려. 적어도 교환 품목이 셋 이상 될 때는 이런 일이 벌어지지. 내가 물물교환을 하고 싶은 대상자 중 가장 가까이에 사는 사람이 내가 제공하는 특정한 품목을 당장은 원하지 않고 지금 이 자리에는 '없는' 제3자가 가진 품목을 원하는 상황 말이야.

가령 사냥꾼 존은 내놓을 여분의 모피가 있어. 존은 남들보다 모피를 쉽게 구할 수 있지. 좋은 땅에서 농사를 짓는 윌리엄은 내놓을 밀이 있고, 숲 근처에 사는 능숙한 나무꾼 로버트는 내놓을 장작이 있어. 존은 장작을 원해. 그래서 모피 하나를 들고 가서 로버트에게 말하지. "장작 한 수레에 이 모피를 넘기리다." 하지만 로버트는 이렇게 말할지도 몰라. "지금 당장은 모피가 없어도 돼요. 내가 원하는 건 밀 한 포대요."

이러한 문제 때문에 거래가 아예 안 이루어질 수도 있겠지만, 이루어진다면 다음 둘 중 한 가지 방식일 거야. 로버트는 존한테서 모피를 받고 장작 한 수레를 넘긴 뒤 윌리엄이 모피와 밀을 교환할 마음이 있는지 알아봐. 아니면 당장 장작이 아쉬운 존이 윌리엄한테 가겠지. 윌리엄이 모피를 원한다면 모피와 밀을 교환할 거야. 그럼 존은 로버트에게 가서 자신이 원하는 장작과 밀을 교환하겠지.

몇 명 안 되는 교환자들이 몇 개 안 되는 품목을 두고 거래할 때도 이렇게 왔다 갔다 하는 복잡하고도 거추장스러운 상황이 끊임없이 벌어진단다. 그런데 교환자가 엄청 많아지고 교환 품목도 엄청 많아지면 도저히 감당하기 어려운 상황이 빚어질 테고 교환은 중단되겠지.

하지만 사태는 이렇게 수습되지 않을까? 교환되는 품목 중에서 다른 것들보다 갖고 다니기도 쉽고 아마 더 오래가고 또 소량으로도 대량으로도 쓸 수 있는 게 부각되겠지. 가령 앞에서 말한 세 명의 생산자 존, 윌리엄, 로버트 사이에서는 밀이 이런 특성에 들어맞는다는 걸 쉽게 알 수 있어. 사람들은 머지않아 늘 그랬듯 밀을 원할 테니까. 밀은 보관성도 뛰어나요. 운반하기도 어렵지 않고 아주 소량으로 나눌 수도 있고 대량으로 합칠 수도 있지.

그래서 이 세 사람 중에서 어느 누구라도 자기가 지닌 여분의 품목을 처분하고 싶다면 밀과 교환하는 버릇을 들일 거야.

당장은 밀이 아쉽지 않더라도 말이야. 왜냐하면 이런 생각을 할 테니까. "밀은 언제든 갖고 있다가 마침 밀을 원하는 누군가의 물품과 교환할 수 있어서 좋아." 얼마 안 가서 세 사람 모두 복잡한 이중 거래를 성사시키느라 감수해야 하는 번거로운 왕래를 줄일 목적으로 밀을 조금씩 보관하겠지. 그렇게 세 사람이 다 쓰는 밀이 사실상 '돈'이 되는 거란다. 한참을 따져서 특별한 물물거래를 성사시키는 정교한 설차를 거치지 않고도 상호 간의 물품 처리를 수월하게 해주는 교환의 공동 매개체로 밀이 쓰이겠지.

인류는 아주 많은 양의 품목을 교환할 때 특히 '두 가지'가 이런 특별한 용도로 쓰기에 대체로 안성맞춤임을 발견했는데 바로 '금'과 '은'이었어. 구리도 썼고 심지어는 쇠도 썼지. 희귀한 조개를 쓰기도 하고 하여간 별의별 걸 다 썼어. 하지만 금과 은은 거의 모든 인류에게 가장 자연스럽게 돈으로 쓰였고 지금도 모든 문명인이 그렇게 받아들이고 있어.

이유는 이래.

모든 교환 대상 중 자연스럽게 돈이 되는 것은 일정한 요건을 갖추어야 해. 요건을 나열하면 다음과 같아. 몇 가지는 앞에서 이미 말한 거란다.

1. **휴대성이 뛰어나야 해.** 다시 말해서 무게가 많이 나가도 공간을 적게 차지해서 꽤 가치가 큰 것도 이곳에서 저곳으로 쉽게 옮길 수 있어야 해. 구매와 판매를 성사시키려면 돈은 항상

이곳에서 저곳으로 움직일 수 있어야 하니까.

2. **분할성이 뛰어나야 해.** 어떤 양도 가능해서, 아주 소량으로도 아주 대량으로도 쓸 수 있어야 해.

3. **보관성이 뛰어나야 해.** 금세 변질되어서는 안 돼. 안 그러면 돈으로서 쓰임새가 별로 없을 테니까.

4. **균질성이 뛰어나야 해.** 어디에서 마주치더라도 그 양질의 조건이 항상 유지되고, 그래서 무게가 같으면 가치도 동일하다고 믿을 수 있어야 하지.

5. **가치 안정성이 뛰어나야 해.** 어느 때는 양이 넘쳐나다가 어느 때는 갑자기 희소해지는 대상을 돈으로 쓰기는 어렵겠지. 작황에 따라서 올해는 값이 아주 쌌다가 이듬해에는 아주 비싸졌다가 하는 농산물처럼 말이야.

하고많은 대상 중에서 이런 요건을 훌륭히 만족시키는 것이 바로 금과 은이야. 보석은 가치로 따지면 휴대성이 더 뛰어나지. 1000파운드어치의 다이아몬드는 1000파운드어치의 금보다 공간을 덜 차지하고 덜 무겁거든. 보석은 가치 안정성도 상당히 뛰어나고 지속성도 훌륭해. 하지만 쉽게 쪼갤 수가 없어 분할성이 약해. 또 어떤 경우든 동일한 표준 가치를 보장하기 어려워서 균질성도 약해. 순도가 다르거든. 하지만 금과 은은 모든 요건을 만족시켜. 금은 세월이 흘러도 거의 변질되지 않고 은도 아주 약간만 변질되니까. 특히 금이 부피에 비해 가치가 높고 상당히 안정적인 데다 쉽게 분할할 수 있어서 몇 그램부터 몇십 킬로그램까지 어떤 양으로든 내놓을 수 있어.

이렇게 금과 은은 물질 자체의 특성에 힘입어서 인류가 애용하는 돈이 됐어. 사람들은 교환을 성사시키려고 금과 은을 보관했고, 얼마 안 가서 생산자는 자신이 (물품과 물품을 맞바꾼다는 뜻에서) 교환한다는 생각을 아예 못하고 그저 '사고 판다고' 여기게 됐어. 다시 말해서 자기의 생산물을 타인의 생산물과 교환한다고 생각하는 게 아니라 금은과 교환한다고 생각하게 됐단다. 나중에 그걸로 자기가 다른 물건이 필요할 때 재교환할 심산으로 말이야.

일단 그렇게 자리를 잡은 돈을 우리는 '교환의 매개체'라고 부르고 '통화' 또는 '통용되는 매개체'라고 부른단다. 돈에 대해 '통화', '통용화'라고 말하는 까닭은 그 돈이 사회 안에서 이리저리 돌아다니며 교환을 성사시키기 때문이지. 이렇게 두루 돌아다니면서 가치를 인정받는다는 뜻에서 통할 '통(通)'이라는 이름을 얻은 거야.

금과 은이 인류의 통화로 이용될 때 중요한 건 거래하려는 양을 바로 정확히 알아낼 수 있느냐야. 단순한 상황에서는 무게를 달면 되겠지. 그렇지만 별도의 금속 조각 안에 금의 무게가 얼마나 들어 있는지 새겨 넣으면 더 편리하잖아. 그런 걸 '주화'라고 해. 가령 어떤 정부가 자국 주화를 찍는다는 건 동그란 쇠붙이 안에 금이 얼마나 들어 있는지를 보장한다는 뜻이야.

돈은 어마어마한 양의 복잡한 교환을 가능케 하는 교환의 매개체로서 중요한 역할을 하지만, 이것 말고도 어떤 척도 내지 기준으로서 엄청난 사회적 가치를 지닌단다. 돈이 쓰이면 얼마 안 가서 사람들은 물건의 경제적 가치를 돈으로 헤아리기 시작하거든. 다시 말해서 '가격'을 따지기 시작하는 거야.

사람이 생산하는 물건은 늘 가치가 요동치잖아. 같은 품목도 어느 때는 가치가 오르고 어느 때는 가치가 내려. 지금은 보리 한 포대로 밀 한 포대를 맞바꿀 수 있더라도 몇 주가 지나면 밀 한 포대를 다 못 받기도 해. 그런가 하면, 얼마 전까지는 보리 한 포대로 새끼 양 한 마리를 얻을 수 있었지만 몇 달이 지나면 보리 두 포대가 있어야 새끼 양을 얻을 수 있을지도 몰라. 다른 수많은 대상에 대해서도 똑같은 말을 할 수 있겠지. 우리가 돈이 있으면 모든 거래물이 통화로 지칭되는데 이건 어마어마한 사회적 가치를 지닌단다. 시시각각으로 변하는 온갖 물품의 상호 교환 가치를 한 사람 머리에 담아두기는 불가능하니까, 금처럼 기준이 되는 물자를 정해 두고 교환 가치를 기억해 두면 쉽잖아. 그렇게 금으로 나타내는 교환 가치를 그 물품의 '가격'이라고 해.

가령 집 한 채가 500파운드라고 말할 때 그건 '가격'이 500파운드인 집과 맞바꾸는 데 필요한 금의 무게가 4킬로그램 남짓이라는 뜻이야. 런던에서 에든버러까지 기차 요금이 4파운드라는 말은 금 1온스(약 28그램)가 있으면 에든버러까지 기차로

태워준다는 뜻이고.

이제 우리는 돈과 가격에 관해서 가장 어려운 대목에 이르렀어. 경제학 기초를 조금 뛰어넘는 수준이라 어렵긴 해도 대강이라도 감을 잡는 게 중요하단다.

경제학에는 '가격 이론'이라는 아주 흥미로운 분야가 있어. 모든 가격의 평균(이걸 '일반 가격'이라고도 하는데 모든 재화 일반의 가치를 금을 기준으로 환산한 값이야)이 왜 어느 때는 올라가고 어느 때는 내려가는지 설명하는 이론이지. 왜 금화로 따졌을 때 재화가 전반적으로 자꾸 비싸지거나 자꾸 싸질까? 이건 복잡한 연구 주제라서 이걸 두고 갑론을박도 벌어져. 하지만 기본 원리는 아마 이 정도겠지. 금에 견준 물건의 교환 가치라든가 교환 물건에 견준 금의 교환 가치(그게 가격이야)는 두 가지로 구성돼. 첫째는 교환을 하는 '금의 양'이고 둘째는 금이 교환될 수 있도록 하는 '작업의 양', 다시 말해서 금이 유통될 수 있게 하는 '속도'야. 이 손에서 저 손으로 빠르게 움직이는 금 한 조각은 그보다 열 배 느린 금 열 조각이 해내는 교환의 양만큼을 당연히 해내겠지.

이제 어떤 이유로 금의 총량이 갑자기 적어지거나 많아지면, 혹은 금이 쓰이는 속도가 아주 빠르게 바뀌면, 물가는 심하게 요동쳐.

시중에 금의 유통량이 하룻밤 사이에 절반으로 줄어들었다고 치자. 그럼 남은 금은 당연히 가치가 훨씬 올라가겠지. 다시 말해서 물가가 내려갈 거야. 왜냐하면 만약 금 1온스가 전보다 더 귀해지고 구하기가 어려워지면 전보다 더 많은 물건과 맞바꿀 수 있을 테니까. 다시 말해서 더 많은 물건을 '살' 수 있단다. 그러니 '물건 가격은 떨어지는' 셈이지. 밀 250킬로그램이 금 1온스의 가치에 해당한다고 치자. 그런데 금의 양이 확 줄어서 금이 귀해지고 금의 값어치가 올라가면 아마 금 1온스로 밀 250킬로그램이 아니라 밀 500킬로그램을 살 수 있을 거야. 전에는 밀 250킬로그램이 금 1온스였는데 지금은 0.5온스가 된 거지. 밀이 금에 비해 싸졌으니 금이라는 돈으로 측정하는 '물가'도 떨어진 거란다.

금의 유통량을 줄이지는 않되 금이 유통되는 속도를 훨씬 굼뜨게 만들어도 똑같은 일이 벌어질 거야. 금의 유통량은 똑같지만 금이 유통되는 속도가 느려지면 일정한 시간에 일정한 장소에서 일정한 양의 금을 얻기가 더 어려워질 테니까.

결국 가격은 교환을 수행하는 돈의 실제 양과 돈이 유통되는 속도에 좌우되는 거지. 다른 식으로 표현하자면, 가격은 '통화량'과 통화의 '유통 효율'에 좌우된다고 할 수 있어.

그런데 사람은 물가를 안정시키려는 심리가 아주 강해서 마치 물가가 절대적으로 고정되어 있는 것처럼 생각하는 일종의 환상을 자연스럽게 품는단다. 돈 1파운드, 돈 0.5파운드, 돈 5파운드를 실제로 존재하고 항구적인 불변의 가치로 여긴다는 소리야. 우리는 갑자기 5파운드로 전보다 굉장히 많은 걸 살 수 있거나 굉장히 적은 걸 살 수 있다는 걸 알면, 이런 식으로 물가가 갑자기 심하게 요동치는 상황에 직면하면, 무의식적으로 예전의 상태로 어떻게든 돌아가려는 심리적 성향을 보여. 이게 구체적으로 어떻게 나타나는지 지금부터 설명할까 해.

어떤 이유 때문이건 굉장히 많은 금이 사라졌다고 치자. 사람들은 갑자기 물가가 급격히 하락하는 걸 깨닫겠지. 아마 1년에 1000파운드를 버는 사람은 전보나 두 배나 많은 물건을 살 수 있을 거야. 반면에 뭔가 파는 사람은 전에 받던 돈의 절반밖에 못 받을 거고. 금이 귀해져서 다른 물건보다 금의 값어치가 올라갔으니까.

그럼 어떻게 될까? **금이 유통되는 속도가 아주 빠르게 증가할 거야.** 물건을 사는 사람은 전보다 많이 사니까 하나같이 형편이 더 좋아졌다고 느낄 테고. 금의 가치를 고정된 것으로 여기는 환상 때문에, 비록 실제 금을 가져올 수는 없더라도 금이 전보다 훨씬 빈번하게 거래에서 지급되니 금의 부족분을 어느 정도 상쇄할 만큼 두 번째 요소인 유통 효율이 올라가겠지. 이렇게 되면 물가가 다시 서서히 오를 거야. 마찬가지로 현재의 통화량이 무슨 이유로 인해 갑자기 증가하면 물가도 갑자기 오르기 마련이지만 그와 동시에 물가를 안정시키려는 사람의 무의식적 경향도 작동한단다. 유통 효율은 느려지고 새로 들어온 막대한 양의 통화는 굼뜨게 움직여. 그래서 물가가 올라도 갑자기 유입된 통화량에 버금가는 수준으로 턱없이 오르지는 않겠지.

따라서 물가 형성에 영향을 끼치는 '유통 효율'이라는 변수
는 물가가 안정세를 유지하도록 작용한다는 점에서 일종의 자
동 중앙은행장 노릇을 하는 셈이지. 물론 서서히 일어나는 변
화를 막지 못하거나 조금 있다 짚어보겠지만 아주 급격한 변
화도 못 막을 때가 있어. 유통 효율과 관련해서 주목할 만한
흥미로운 점은 이 변수가 생겨난 건 '종이돈(지폐)'을 만들고부
터라는 사실이야.

만약 일정한 양의 금만 통용되는 상황에서 경기가 빠르게 활
성화되면, 그러니까 더 많은 물건이 만들어지고 교환되면, 금
의 쓰임이 더 많아져서 아무 때나 아무 곳에서나 손에 넣기 더
어려워질 테니까 당연히 금의 값어치가 올라가고 물가는 내려
가겠지.

18세기 후반 근대 산업의 태동기에는 어느 때보다 많은 양의
물건이 만들어졌고 거래량도 열 배, 스무 배, 백 배로 늘어났단
다. 19세기 호주, 캘리포니아, 남아프리카에서 금광이 발견되
면서 금 보유량도 늘어나긴 했지만 홍수처럼 쏟아지는 새로운
일을 감당하기에는 턱없이 모자랐을 테니 종이돈이 탄생하지
않았더라면 물가는 아주 많이 떨어졌을 거야. 종이돈은 유통
효율을 엄청나게 끌어올리는 방법이었지.

원리를 알아볼까?

은행이나 정부가 (특히 영국 정부가 보증하고 잉글랜드은행이)

"이것을 소지한 사람에게 5파운드를 지급할 것을 약속한다." 는 문구가 박힌 종이를 찍어내지. 이 종이를 들고 잉글랜드은 행에 가면 1파운드 금화 다섯 개를 받을 수 있었단다. 이건 모두에게 알려진 사실이니까 사람들은 1파운드 금화 다섯 개 대신 5파운드 지폐를 흔쾌히 받았어.

어떤 사람한테 말 한 마리를 50파운드에 팔았다고 하면 그 사람한테 금화 50개 대신 5파운드 지폐 열 장을 흔쾌히 받는 거지. 지폐가 갖고 다니기에 편할뿐더러 진짜 금이 필요하면 언제든지 은행에서 바꿀 수 있다는 걸 아니까.

이렇게 사람들이 진짜 금이 아니라 종이를 받아도 괜찮다고 생각하니까 어느 시점이 되면 지폐를 대량으로 유통시킬 수 있었고 은행은 지폐와 바꿔줄 금을 조금만 준비해 둬도 됐어. 유통되는 지폐에 적힌 총액보다 훨씬 적은 양의 금을 준비해도 사람들이 은행에 들고 오는 지폐를 얼마든지 금으로 바꿔줄 수 있었거든. 유통되는 지폐의 태반은 계속 돌고 돌았고 보통 지폐 하나가 은행으로 되돌아오는 데는 시간이 한참 걸렸어.

이 종이돈이라는 묘수는 실제로 유통되는 통화의 총량을 증가시켜서 유통 효율을 엄청나게 끌어올리는 효과를 냈어. 그뿐인가, 종이돈은 유통 효율을 대단히 탄력적으로 만들었지. 경기가 침체되면 유통되지 않는 지폐가 늘어나면서 은행으로 회수되고 경기가 활발해지면 유통되는 지폐가 늘어나거든.

지폐가 은행으로 들어올 때마다 금으로 교환되는 한, 금으로 지급하겠다는 약속이 이행되는 한, 돈은 제 역할을 한다. 다시 말해서 종이돈은 금의 현실 가치에 개입하지 않고, 물가 파탄도 없으며 만사가 순탄하다.

불행하게도 정부는 지출 부담이 너무나 클 때는 통화를 조작하고 싶다는 유혹을 떨치기가 어렵단다. 사람들은 종이나 금속에 찍힌 정부 인장을 워낙 신뢰하는 버릇이 있어서 그걸 그저 자연의 일부로 받아들이거든. 1파운드짜리 금화를 찍을 때 정부가 하는 일이 뭐냐, 이 작은 노랑색 금속 원반 안에 금 123톨*과 금을 단단하게 만들어주는 (소량의) 잘 알려진 합금이 들어가 있다고 보장하는 거야. 정부가 육해군 등등의 인건비로 거액을 지급해야 할 때, 정부는 금을 덜 넣고 합금을 더 넣으면서도 액면 가치는 그대로 표기하고 싶은 유혹을 느끼지. 이걸 '통화 절하'라고 한단다.

가령 정부가 군인들을 먹이려고 밀 100톤이 필요한데 밀 1톤당 금화로 10파운드를 주어야 한다고 치자. 정부는 상인에게 이렇게 말하겠지. "나한테 밀 100톤을 제공하면 금화로 1000파운드를 주리다." 그런데 막상 금화 1000파운드를 지급하

---

* 고대에 금화의 기준 무게는 곡식 낟알 숫자로 표시했다. 고대에는 금화 하나에 낟알 140톨 부피만큼의 금이 들어갔고 영국 금화에는 123톨만큼의 금이 들어갔다.

는 시점이 되면 금 123톨이 들어간 1파운드짜리 금화 1000개를 주는 게 아니라 금이 100톨도 안 들어간 질 낮은 금화를 찍어 내 상인한테 지급하는 거야. 상인은 금화가 진짜라고 생각하니 이런 간단한 속임수가 항상 먹히지. 저질 금화가 유통되면 그제서야 금의 함유량이 자연스럽게 알려지지. 사람들이 순도를 따져보기 시작하니까. 그리고 들어가 있다고 주장하는 양만큼 금이 함유되지 않았다는 사실을 깨닫지. 그럼 당연히 이 새로운 저질 주화로 매겨지는 물가는 오르지. 정부가 밀 100톤을 더 사고 싶으면 이번에는 저질 금화 1000개만으론 안 되고 가령 1300개를 지급해야 하지. 그런데 이번에도 정부는 전보다 금을 덜 넣어 만든 금화로 밀 조달비를 지급해. 이런 식으로 금화의 질이 자꾸자꾸 떨어지면 나중에는 금화 1파운드가 액면 가치의 절반 이하로 떨어지는 날이 올지도 모르지. 과거부터 지금까지 정부들은 이런 일을 거듭했어. 하지만 최악의 주화 절하는 우리 시대에 와서 이루어졌단다.

이게 다 제1차 세계 대전 때문에 생긴 일이고 그래서 아직도 우리가 고생하는 거야. 이 최악의 절하는 금속을 가지고 속인 게 아니라 종이돈으로 장난질을 쳤단다.

전쟁 전에는 "5파운드를 지급할 것을 약속한다."고 적힌 5파운드 지폐를 은행에 가져가서 금으로 바꿔달라는 말만 하면 1파운드짜리 금화 다섯 개가 딱 지급되었어. 그런데 전쟁을 치르느라 정부의 지출 부담이 너무 커지니까 사람들이 은행으로 가져오는 지폐를 금화로 바꿔주기가 차츰 어려워졌고 급기야는 지급을 중단한 거야. 동시에 개인이 보유한 금을 끌어내고 대신 종이돈을 쓰게 만들려고 별의별 짓을 다 했지. 그래서 어떻게 됐느냐? 사람들은 정부가 보증하는 종이를 마치 진짜 돈인 것처럼 생각하는 데 익숙해져서 새 지폐를 선뜻 받고 돈으로 쓴 거야. 종이 쪼가리가 거기 적힌 금화 개수와 똑같다고 생각하면서 말이야. 정부는 원하는 만큼 종이 쪼가리를 찍어낼 수 있었고 종이 쪼가리들은 진짜 돈처럼 쓰였지. 발행된 지폐의 양이 금으로 바꿔줄 수 있는 수준보다 많지 않았을 때, 다시 말해서 통화가 정말로 '금본위'에 기반을 두고 있었을 때는 아무 문제가 없었단다. 그렇지만 정부 입장에서는 그 수준보다 훨씬 많은 양의 지폐를 계속해서 찍는 게 당연히 유리했어. 그렇게 값싸게 돈을 만들어낼 수 있으면 아무리 지출액이 커도 지불할 수 있었으니까. 물론 그렇게 해서 통화는 자꾸자꾸 절하되었지.

진짜 돈인 척하지만 실은 금본위가 아니고 사람들에게 강제하는 돈을 '법화(fiat money)'*라고 한단다. 제1차 대전에 참전하지 않은 나라들, 그리고 참전은 했지만 금본위제를 포기하지 않은 미국을 제외하고는 지금은 모든 나라가 법화를 돈으로

---

* 라틴어 facio 동사의 변화형인 fiat는 '그렇게 하라'는 뜻이다. "이건 금이 아니라 종이지만 이걸 금으로 받아들여야 한다고 내가 말한다. 내가 명하노니, 그렇게 하라." 정부가 이런 식으로 말했다는 거야.(저자 주)

쓰고 있어.*

제1차 대전에 참전한 유럽 국가 중에서 그나마 영국은 상황이 양호해. 우린 법화로 살아가고, 우리가 가져야 하는 것보다 훨씬 많은 법화를 갖고 있지만 말이야. 비율로 따지면 프랑스가 더 심하단다. 지금(1923년) 프랑스 법화로 매긴 프랑스 물가는 금화로 매겼을 때보다 세 배가 넘거든. 이탈리아는 더 심해. 이탈리아는 네 배야. 독일은 몇백만 배고. 독일 통화는 박살났어. (1923년 10월 현재) 독일에서 지폐의 가치는 거기 적힌 액수가 대변한다고 주장하는 금속 가치의 1000만 분의 1도 안되거든.

전쟁 때문에 벌어지는 몹쓸 일이 바로 이런 거야. 지금 유럽 전역에서 쓰이는 돈이 진짜 돈이 아니다 보니 자기 빚을 정말로 갚을 수 있는 건지, 저금이 안전한 건지, 앞으로 몇 달 뒤에 일정한 액수를 받기로 한 계약이 제대로 성사될 수 있을지, 아무도 장담하지 못하는 거야. 어떤 사람이 다른 사람에게 1년 동안 1000프랑이나 1000마르크나 1000파운드를 빌려줬다고 치자. 그럼 1년이 지난 뒤에 그 사람이 받는 돈은 빌려줬던 실제 가치의 겨우 절반, 또는 10분의 1, 아니면 1000분의 1도 못될 만큼 통화 가치가 형편없어질 수 있다는 거지. 독일에서 양 100마리를 한 달 뒤에 100마르크를 받기로 하고 팔았지만 정

---

* 금본위제는 제1차 세계 대전과 대공황 이후 미국을 포함한 대부분의 나라에서 폐지되었다.

작 돈을 받을 때는 그걸로 양 10마리밖에 못 살지도 몰라!

지난 5년 동안 지폐가 이런 갈취를 했다는 사실 때문에 우리는 경제 법칙을 공부하는 경제학에서 옳고 그름의 문제와 직면하게 되었어.

정부가 법화를 만들어서 사람들의 자산을 갈취하는 건 도덕적으로 잘못이야. 그럼 경제 법칙을 감안하면서도 이 문제를 어떻게 해결해야 할까? 어떤 사람은 배를 곯는데 어떤 사람은 너무 가진 게 많으면 도덕적으로 잘못이거든. 경제 법칙을 감안하면서도 이런 폐단에서 어떻게 벗어날 수 있을까?

경제학을 계속 공부하다 보면 수없이 봉착하는 문제가 있어. 우리가 택하고 싶고 또 올바르고 정의로운 것처럼 보이는 정치 행위들을 경제 법칙이 뒷받침하는지 안 하는지 결정해야 하는 문제야. 많은 경우에 우리가 하고 싶은 행위가 있어도 그렇게 못하는 건 거기서 비롯되는 결과가 희망하는 것과 판이하게 다르다는 걸 경제학이 보여줘서 그래.

정반대로 아주 많은 사람이 본인들의 정치적 의무를 저버리고는 경제 법칙을 탓하며 빠져나가려고 하지.

그래서 경제학에 대한 설명을 끝내기 전에 우리는 경제 지식의 측면에서 이런 중요한 문제들을 검토해야 하고, 우리가 지금 살아가는 '자본주의' 체제, '노예제' 같은 과거의 여타 체제들, '사유 재산', '사회주의'의 다양한 이론들, 고리대금업의 찬반 양론 등등에 관해 우리가 할 수 있는 말이 뭔지 살펴봐야 해.

　왜 가장 초보적인 경제학 책에서도 이런 점들을 짚어봐야 하냐고? 우리가 경제학이라는 학문을 실제로 적용해보기로 마음먹는 순간 이런 질문들이 바로 떠올라서 그래. 우리가 그런 질문들에 제대로 대답할 수 있다면 그때는 우리의 경제 지식을 가장 알차게 써먹었다고 말할 수 있을 거야.

2부

현실 경제

지금까지는 수학의 기초를 다질 때처럼 경제학의 기초를 다졌어. 하지만 산수도 그렇지만 경제학은 현실 적용이 중요해. 현실에 적용하는 게 아니라면 뭐 하러 경제학을 공부하겠어.

가령 기초 수학에서는 고체의 부피가 길이의 세제곱에 비례한다고 말하잖아. 그건 추상적인 일반 원칙이지. 그런데 그걸 언제 실생활에서 활용할까? (가령) 배를 잴 때야. 모양이 비슷한 배라면 길이가 두 배일 때 크기가 여덟 배란 걸 아는 거지. 마찬가지로 가계부를 쓰거나 사무실에서 일할 때도 기초 수학을 쓰겠지.

경제학도 똑같아. 우리가 늘 부딪히는 정치적 문제가 경제학을 통해서 드러나기도 하고 또 일부 해답이 밝혀지기도 하잖아. 바로 그때 경제학의 이론적 기초가 현실적으로 중요해지겠지.

가령 지대가 잉여라는 경제의 기초 원리를 알면 지대가 생산

원가에 들어가지 않는다는 걸 이해하게 돼. 우리는 지대를 강제로 낮춰서 물건을 싸게 만들려고 하지 않아.* 마찬가지로 돈의 본질을 알면 왜 잘못된 돈을 쓰는 게 위험한지도 이해할 수 있어.

이렇게 경제학을 정치에 적용할 때 우린 정치 그 자체보다 훨씬 더 중요한 것과 만나는데, 그게 뭐냐면 바로 옳고 그름의 문제야. 사람들은 정의(justice)의 문제를 두고 이래야 한다 저래야 한다 많은 말을 해. 그런데 우리도 그렇지만 지금까지 위대한 개혁가들이 옳은 일을 하려다가 해내지 못하고 좌초하는 경우가 너무나 많았어. 우리가 배운 경제학을 제대로 적용하지 못했기 때문이지. 그 반대도 마찬가지고. 다시 말해서, 경제학 지식이 있으면 경제학을 악용하려는 사람들의 농간을 막을 수도 있거든. 이런저런 사회 개혁을 정말 하고 싶은데 실행에 옮기자니 경제학적으로 답이 안 나와서 개혁을 못하겠다고 발뺌하는 사람이 어디 한둘이야. 경제학을 제대로 알면 이런 잘못된 논리를 논파할 수 있으니 우리 같은 다수 서민의 정신 건강에 얼마나 도움이 되겠냐고.

가령 대다수 영국인이 겪는 극심한 생활고를 덜어주는 건 지

---

* 여기서 벨록은 실제 경제에서 높은 임대료가 생산자에게 원가 상승 부담으로 다가오는 현실을 부정하는 것이 아니라, 경제학에서 말하는 지대는 생산된 재부 중에서 노동이 가져가야 할 최소한의 몫과 자본이 가져가야 할 최소한의 몫을 떼어주고 남은 결과물인데도 마치 원가에 반영되어야 할 필수 요소처럼 여기는 현실을 지적하는 것으로 보인다.

금 우리가 떠맡아야 할 분명한 책임이야. 그런데 세상 이치를 알 만한 사람들이나 아는 척하는 사람들이 그게 정의로운 건 알지만 경제 법칙에 어긋나기 때문에 할 수 없다고 말하는 경우가 너무나 많아. 경제 법칙은 그런 데 써먹으라고 있는 게 아니야. 경제학을 잘 알면 이런 문제가 깔끔히 정리된다는 걸 나중에 알게 될 거야.

지금까지 알아본 건 경제 법칙에 담긴 주장과 통찰이었어. 경제 공부에 필요한 토대이자 '이론' 부분이지. 이제부터는 '실제' 부분, 그러니까 경제 법칙이 사람들의 생활에 어떤 효과를 낳는지 알아보는 '응용 경제학'으로 넘어갈까 해.

본격적으로 들어가기 전에 한 가지 확실히 해 두고 싶은 게 있는데, 그게 뭐냐면 이른바 '이론' 공부와 '실제' 적용은 분명히 다르다는 거야. 사람들이 이걸 자주 혼동하지만 명쾌히 하면 할수록 좋단다.

이론적 주장은 하나 이상의 기본 원리들을 필연적으로 그리고 논리적으로 따라가는 거야. 가령 삼각형의 두 변의 길이는 나머지 한 변보다 길다는 기본 원리를 아니까 '이론상으로' 런던에서 브라이턴까지 죽 뻗은 직선로로 주행하는 쪽이 루이스를 거쳐서 가는 쪽보다 빠르다고 말하는 거 아니겠어. 그런데 실제 세계에서 작용하는 기본 원리는 부지기수거든. 그래서 어떤 이론적 결론이라도 실제로 검증해봐야 해. 실제로는 어떻게 되는지 한번 따져보는 거지. 왜냐하면 이론의 토대가 되는 한두 가지 기본 원리들과 함께 작동하면서 현실 세계에 영향을 끼치는 기본 원리는 아주 많거든. 가령 주행에서는 도로면에 따라 속도가 달라진다는 원리가 있어. 그래서 만약 루이스쪽의 도로 포장이 좋으면 루이스를 거쳐서 브라이턴에 가는 게 더 빠를 수도 있어. 자주 길이 꺾이면 속도가 영향을 받는다는 원리도 있지. 그래서 실제로는 두 길이 엇비슷하게 시간이 걸릴 수도 있어.

다른 예도 있단다. 바닷물은 지구 양쪽에서 오르락내리락하잖아. 그래서 밀물과 썰물은 똑같이 약 12시간 간격으로 일어나고 전체적으로 보면 평균 6시간마다 반복되지. 지구는 24시간마다 자전하니까.

하지만 실제로 어떻게 되는지 따져보지 않고 이 기본 원리를 들이밀면서 세계 어느 지역이든 "내가 물때를 이론적으로 계산할 수 있소."라고 말하는 사람은 배를 침몰시킬 가능성이 아주 높아. 12시간이라는 주기 말고도 밀물과 썰물에 영향을 끼치는 기본 원리들은 많거든. 가령 여울이라든가 강의 물살도 조석을 늦출 수 있지. 두세 개의 조석이 만날 수도 있고. 그뿐인가, 바다가 막혀서 여러 시간 동안 조석이 거의 없다가 나중에 한꺼번에 밀려들어올 수도 있어.

경제학도 마찬가지란다. 우리는 경제학의 어떤 기본 원리로부터 이런저런 이론적 결론을 내리지. 하지만 그것 말고도 다른 여러 기본 원리들이 작동하고 또 이것들이 실제로 어느 정도 영향을 끼치거든. 사람들이 '이론적 몽상'에 반대한다면서 말하려는 게 바로 이 점이야. 특정한 기본 원리로부터 도출한 결론은 어떤 상황에도 충분히 적용될 수 있다고 믿는 말도 안 되는 사고방식을 비판하는 거지. 실제로 어떻게 되는지는 항상 살펴봐야 하고 다른 힘들이 어떻게 작용하는지도 들여다봐야 해.

경제학을 정치 현실에 적용할 때는 경제 법칙이 인간 사회에 끼치는 효과를 다뤄야 해. 예를 들어볼게. 앞에서 살펴본 바에 따르면 경제 법칙은 노동의 대가로 돌아오는 일정한 생활 수준, 곧 노동의 '존재 이유', 그리고 자본을 축적한 대가로 돌아오는 최소한의 일정한 이윤, 곧 자본의 '존재 이유'가 존재하는 상황에서는 최소한의 생산이 이루어진다고 말해. 그 조건을 만족시키지 못하면 생산이 안 된다는 거지. 비옥도가 일정한 수준 이하인 토지는 경작되지 않고 채광량이 일정한 수준 이하인 광산도 채광되지 않아. 그리고 이런 최저선보다 더 유리한 조건에서 이루어지는 생산은 모두 '지대'라는 잉여 가치를 낳지. 그게 경제 법칙이야. 항상 맞고.

하지만 그렇다고 해서 지주가 땅에서 나오는 경제 지대를 독차지하라는 법은 없어. 사회 관습이라든가 법에 따라서 그 이익을 임차인과 나눠 가져야 할 수도 있거든. 물론 이론상으로 경제 지대는 있지만 항상 지주가 지대를 필연적으로 독점해야 한다는 법은 없어. 다른 정치 현실 영역에서도 같은 이치가 적용된단다.

글머리에서 하는 이야기는 이쯤 해 두고 개별적인 문제로 하나하나 들어가보자. 먼저 모든 현실 경제의 결론에 깔린 '재산'*이라는 관념부터 따져볼까 해.

현실 세계에서 경제의 생산과 분배를 지배하는 으뜸가는 조건은 '통제'야. 특정한 사회에서 누가 생산 과정을 통제하는가? 누가 생산수단, 식량과 의복의 재고, 주택과 기계를 소유하는가? (다시 말해서 이런 걸 이용하거나 놀리거나 배분하거나 차단하는 권리와 자격을 누가 지녔는가?) 한 사회의 경제 구조는 이런 물음에 어떤 답을 주느냐에 달려 있단다. 이런 통제를 '재산'이라고 하는데, 우리가 응용 경제학에서 맨 먼저 공부해야 할 게 바로 재산의 성질이야. 자, 그럼 첫 번째 주제로 들어가볼까?

---

* '재산'의 원어는 'property'다. 재산은 개인의 것일 수도 있고 가정의 것일 수도 있고 나라의 것일 수도 있다. 그런데 재산이 단순한 재물과 다른 점은 땅처럼 생산수단으로 쓸 수 있다는 점이다. 벨록은 땅 같은 생산수단을 골고루 나눠 가진 가정이 다수를 차지하는 분산 사회를 이상적으로 여겼으므로 재산은 벨록 경제학의 핵심 개념이다. 곡식을 심고 가축을 기르는 땅이라는 재산은 독립된 가정의 가장 중요한 생산수단 곧 가산이 된다.

8장

재산이란 무엇인가

경제학을 현실 정치에 적용하는 것, 다시 말해서 경제학이라는 학문을 한 국가 안에 있는 가정들의 활동에 적용하는 것은 재부를 통제하는 문제 그리고 재부를 만드는 데 필요한 것들을 통제하는 문제와 모두 직결되어 있어.

먼저 알아 둬야 할 것은 어떤 목적에 맞게 재부를 쓰려면 재부 하나하나를 '누군가' 통제해야 한다는 사실이야. 사람들이 모여 사는 공동체 안의 모든 경제 가치는 어떤 인간 의지의 통제를 받아야 해. 안 그러면 재부 하나하나가 '쓰레기가 된단다'. 무익하게 소비된다는 뜻이야. 가령 타작한 밀 1톤의 경제 가치가 있는데, 돈으로 환산했을 때 16파운드쯤 된다고 가정하자. 이 밀을 언제 어떻게 말려서 해충이 갉아먹지 못하도록 간수할지, 언제 어떻게 밀가루로 빻아서 빵을 만들지, 어떻게 보관하고 활용할지, 아무도 결정을 내릴 권한이 없다면 밀은 썩

거나 쥐들이 먹어치울 거고 밀의 경제 가치는 금세 사라질 거야. 16파운드어치의 재부는 '무익하게 소비'되고 말지. 시쳇말로 썩히는 거야. 하지만 재부를 죄다 썩히고 만다면 사람이 무슨 수로 살아남겠어. 그러니까 어쩔 수 없이 모든 재부를 통제하는 방안을 마련해야 하지. 재부 한 덩어리는 이쪽이 권한을 갖고 통제하고 또 한 덩어리는 저쪽이 권한을 갖고 통제하도록 법적으로 명시하는 거야. 어떤 사람한테는 통제할 권한을 주면서 권한이 없는 사람이 통제하지 못하도록 법으로 막는 거야. 재부에 대한 이런 합법적 통제를 '재산'이라고 부른단다.

우리가 집 지하실에 사들인 석탄은 법적으로 우리 재산이야. 석탄으로 불을 때고 싶다면 언제든 불을 땔 수 있지. 다른 사람이 우리 허락도 안 받고 자기 멋대로 가져다 불을 때면 그 사람은 도둑으로 불릴 뿐 아니라 응분의 처벌을 받아. 해군 저탄장에 있는 석탄은 국가 재산이야. 어느 배에다 석탄을 투입하고 언제 어떻게 불을 땔지 결정하는 권한은 국가에 있어. 그렇지만 우리처럼 개인이 통제하건 국가가 임명한 해군 당국자가 통제하건 아무튼 통제는 항상 있어야 돼.

사람들이 "재산을 철폐하겠다.", "재산이 사라져야 한다."라고 말할 때는 '사유' 재산을 없애겠단 소리야. 개인이나 가정이나 기업이 지닌 재부를 통제하는 권한을 없애겠다는 거지. 진정한 의미에서 재산은 국가든 개인이든 누군가에 의한 재부의 통제를 뜻하는데, 이건 인간 사회에서는 불가피하고 꼭 필요한 일이란다. 그래서 우리는 재산의 존재를 인정하면서 이야기를 시작할 거야. 먼저 재산의 다양한 형태를 알아보자.

처음 공부를 시작할 때 말한 적이 있는데, 재부에는 두 종류가 있어. 국가든 개인이든 기업이든 누가 재부를 소유하고 통제하느냐와는 무관하게, 즐기려고 소비하는 재부와 미래의 재부를 생산하려고 소비하는 재부 두 가지지.

앞에서 설명한 대로 미래의 재부를 생산하기 위해 소비하는 재부가 '자본'이야. 가령 한 사람이 밀 1톤이 있는데 놀면서 아무 일도 하지 않거나 도덕적으로는 의미가 있지만 물질적으로는 아무 효용이 없는 일을 하면서 절반의 밀을 먹어치웠다면 그건 자본이 아니야. 하지만 만약 이 사람이 남은 절반의 밀 중 일부는 다음 수확을 위한 씨앗으로 삼고 나머지는 밭을 갈고 씨를 뿌리며 일하는 동안 먹고 사는 데 쓴다면 그건 다 자본이야. 어떤 종류의 재부든 통제가 필요하니까, 즐기려고 소비하는 재부에만 재산이 있는 게 아니라 자본에도 재산이 있단다. 누군가는 자본을 소유해야 한다는 말이지.

그런데 여기서 아주 중요한 점이 있어. 토지의 비옥도, 뭔가지을 공간, 광산, 수력, 모종의 자연력을 얻을 수 있는 자연적 기회, 이것들은 재부는 아니지만,* 재부를 생산하는 데 필요한

---

* 여기서 우리 생각을 아주 분명히 해 두는 게 중요해. 비옥한 땅 한 필지를 어떤 가치들과 교환할 수는 있겠지만, 그건 재부는 아니야. 사람에게 덜 유용한 상태에서 더 유용한 상태로 바뀐 게 아니니까. 1장 '재부란 무엇인가'에서 재부를 정의했는데, 다시 한번 읽어보기 바란다.(저자 주)

조건이야. 그래서 이것들도 누군가가 통제해야 해. "이 밭은 이러저러하게 갈아서 씨를 뿌려야겠다. 이 폭포는 이러저러한 곳에 설치한 발동기를 돌리는 데 쓰고 여기서 얻은 힘을 이래저래 써야겠다." 누군가는 이렇게 말할 수 있어야 한다고. 아무도 그런 권한이 없으면 비옥한 땅도 하천의 힘도 허비되고 말거든.

따라서 재산(A)은 두 부분을 포괄하고 그중 한 부분(B)은 다시 두 부분으로 나누어져 있어. 재산 A는 자연력(C)을 망라해. B는 재부를 말하는데 이 중에서 B1은 미래의 생산을 위해 쓰는 재부(우리가 '자본'이라고 부르는 그런 재부)를 말하고, B2는 다른 뭔가를 생산하느라 노력하지 않으면서 소비하는 재부, 이른바 '향유'*의 차원에서 소비하는 걸 말해. 앞에서도 말한 대로 자연력은 '토지'라는 관용어로 쓸 수 있어. 정리하면 재산은 토지와 자본을 포함할 뿐 아니라 다른 재부를 생산하는 데 목적을 두지 않고 소비되는 재부까지 포함한단다. 이 전체를 그림으로 나타내면 이렇게 돼.

재산의 사회적 효용을 따질 때는 토지와 자본, 곧 재부 중 미래의 생산을 염두에 두고 쓰는 부분을 묶어서 '생산수단'이라고 부르는 게 편리해. 왜냐하면 대부분의 사회 문제에서 중

---

* 여기서 말하는 '향유'는 쾌락이나 행복이 아니야. '재부를 더 만들어내는 데 목적을 두지 않고서 이루어지는 소비'를 말하려고 통상적으로 쓰는 용어일 뿐이야. 그러니까 지루한 저녁 파티에서 소비되는 재부도 '향유'의 차원에서 이루어지는 소비인 셈이지.(저자 주)

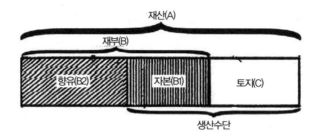

요한 핵심은, 자본과 토지를 각각 누가 소유하고 있느냐가 아니라 생산을 하려면 꼭 필요한 생산수단 전체를 누가 소유하고 있으냐거든.

가령 어떤 사람에게 40만 제곱미터의 비옥한 토지가 있으면 그건 그 사람 재산이지 우리가 흔히 말하는 재부하고는 거리가 멀어. 재부를 생산할 수 있는 기회일 뿐이지. 그 땅에서 일하는 사람이 하나도 없다면, 하다못해 나무에서 열매를 따고 땅에서 자라는 풀을 베고 땅에서 살아가는 가축을 돌보는 최소한의 수고조차 기울이는 사람이 하나도 없다면, 그 땅은 아무짝에도 쓸모가 없어. 또 어떤 사람에게는 노동자가 생활하는 데 필요한 식량, 집, 옷가지에다 농사 짓는 데 필요한 말, 쟁기, 씨앗이 있다면, 그 사람은 자본만 있는 거야. 노동자에게 중요한 건 생산수단이 다른 사람에게 있다는 사실이야. **그게 없으면 노동자들은 살 수가 없는데도 말이지.** 특정한 상황에서 생산수단을 통제하거나 소유하는 주체가 한 명이건 여럿이건 노동자의 의존적 지위는 달라지지 않아. **노동자가 처한 조건의 핵심은 그들**

이 '생산수단'을 소유하지 못했다는 사실이란다.

노동은 계속되어야 해. 무슨 말이냐 하면, 인간력은 토지에서 재부를 생산하기 위해 다음 수확을 기다리며 일하는 동안, 일부 비축된 식량과 옷가지, 씨앗, 주택 따위를 소비할 거라고 (주택도 속도가 느릴 뿐이지 시간이 지나면 못 쓰게 되는 건 마찬가지야). 그래서 우리는 (재부가 아닌) 노동과 (재부가 아닌) 토지와 (재부인) 자본을 통제하는 다양한 방식을 하나하나 따져봐야 해.

3대 생산 요소인 노동, 자본, 토지에 통제력을 행사하는 방식에 따라 인간 사회는 크게 셋으로 나눌 수 있어.

1. 노예 국가: 사람들이 물적 생산수단뿐만 아니라 생산 주체인 사람까지도 재산으로 소유한 나라.
2. 자본주의 국가: 소수의 사람들이 물적 생산수단을 재산으로 소유하고, 다수의 생산 주체는 자유롭지만 재산이 없는 나라.
3. 분산 국가*: 사람들이 자유로운 생산 주체이자 물적 생산수단을 소유한 나라.

---

* '분산주의(distributism)'는 힐레어 벨록의 경제 사상을 집약한 개념이다. 이 말을 보통 '분배주의'로 옮기지만 분배는 시혜적 느낌을 주기 때문에 이 책에서는 '분산주의'로 옮긴다. 힐레어 벨록은 한 나라의 재부가 골고루 분산되어야 그 나라가 번영을 누린다고 생각했지 재부를 골고루 나누어줘야 한다고 주장한 것이 아니다.

그리고 지금까지 존재한 적이 없는 '사회주의' 또는 '공산주의' 국가라는 가상의 네 번째 국가가 있어. 때가 되면 이것도 살펴보겠지만, 우리가 역사를 통해 알고 있고 인간의 실제 경험을 바탕으로 삼아 다룰 수 있는 국가는 방금 말한 노예 국가, 자본주의 국가, 분산 국가 세 가지란다.

자, 그런데 여기서 잠깐 중요한 원칙을 하나 짚고 넘어가자.

한 사회가 나타내는 경제 체제의 본질은, 그 사회의 제도가 보편적이라는 데서 결정되는 것이 아니다. 다시 말해서 그 제도가 나라 안의 모든 가정에 예외 없이 해당될 때가 아니라, 나라 안에 있는 가정의 이른바 '지배적 다수'에 해당될 때 결정된다. 여기서 지배적 다수란 사회 전체의 색깔과 모습을 좌우할 정도로 큰 비율을 말한다.

'지배적 다수'가 어느 정도 양인지 정확히 규정하기는 어렵지만 그게 무슨 뜻인지는 모두가 다 알지. 가령 영국인은 보통 키가 165센티미터에서 180센티미터 사이로 장신이라고들 하잖아. 하지만 이 말은 대다수 영국인의 키가 165센티미터 이상이라는 뜻은 아니야. 아이들은 당연히 빼야 하고 키가 아주 작은 사람도 많고 키가 아주 큰 사람도 조금 있거든. 이 말은 영국인과 어울려 살 때 다른 나라 사람들이 받는 전반적 인상을 말하는 거야. 출입문이나 영국인들이 일할 때 쓰는 연장이나 시판되는 옷가지의 크기를 접하다 보면 이 나라 사람들의 키는 165센티미터에서 180센티미터 사이겠구나 감이 오는 거지. 다른 예를 들어볼게. 영국 사회에서는 영어 사용이 지배적 다수 내지 비율을 차지한다고 하잖아. 이 말은 영국인 모두가 영어로 말한다는 뜻은 아니야. 언어 장애인도 있고 웨일스어를 쓰는 사람도 있고 게일어를 쓰는 사람도 있거든. 다른 사람들이 알아듣기 어려운 특이한 억양으로 말하는 사람도 있어. 그렇다 해도 "영국 사회는 영어로 말한다." 하면 이건 맞는 소리지.

한 사회의 경제 체제도 똑같아. 일정 수의 노예가 있다고 해서 무조건 노예 사회라고 말할 순 없어. 자유인이 워낙 많아서 전반적으로 자유로운 분위기를 띠는 사회라면 말이야. 그런가 하면 영국은 병영이라든가 군함이라든가 무기고라든가 삼림이라든가 국가가 소유한 재산이 많지만, 그렇다고 해서 경제적으로 국가 소유 사회다, 이렇게 말하진 않지. 왜냐하면 영국은 국가 소유 재산이 아니라 개인 소유 재산이 지배적 비율을 차지해서 그래. 그래서 전반적으로 국가 소유가 아니라 개인 소유 위주구나 하는 느낌을 받는 거고.

또 하나 말해 두고 싶은 원칙이 있어. **거의 모든 사회는 혼합 체제라는 거야.** 지배적 비율을 따져봤을 때 노예제 사회라 하더라도 그 안에는 자유인도 일정 비율을 차지하고 있어. 그렇지 않다면 노예를 소유한 사람이 있을 리 없잖아. 마찬가지로 내가 앞으로 말하려는 (그리고 우리가 지금 살아가는) 이른바 자본주의 사회에서도 아주 많은 사람이 순전한 자본주의 체제 속에서 살아가는 건 아니란다. 혼합되어 있어.

비록 한 사회의 성격을 규정하는 데는 지배적 다수만 요구되고 모든 사회가 혼합 체제의 성격을 띨지라도, 과거든 현재든 우리가 아는 모든 사회는 노예제, 자본제, 분산제라는 건 분명한 사실이야.

세 체제를 규정하면 이래.

1. 노예를 소유하는 노예 국가에서는 소수가 재부와 토지(다시 말해서 토지와 자본이라는 생산수단과 향유의 차원에서 소비되는 재부)의 대부분을 소유해. 그리고 나머지 지배적 다수는 법에 의해 이 소수의 소유자에게 이익이 되도록 노동을 하지. 이 나머지 사람들은 (본인들이 스스로 노예라고 부르건 부르지 않건) 경제적으로 규정하면 노예야. 주인을 위해 일하도록 강요받고 주인을 위해 일하지 않으면 법으로 처벌받는 사람이 노예가 아니면 뭐겠어.

2. 자본주의 국가에서는 자유로운 가정이나 자유로운 개인의 수가 지배적이야. 다시 말해서 법이 다른 사람을 위해서 일하라고 강요하지는 않아. 계약을 하는 건 사람들 마음이야. 누구나 토지나 자본을 소유한 사람한테 이렇게 말할 수 있지. "내가 생산한 재부의 이러저러한 비율로 보상이 주어진다면 당신을 위해 일하겠지만 그걸 주지 않는다면 일하지 않겠소." 이 사람이 일하기를 거부한다고 해서 누구도 처벌하지 않아.

하지만 자본주의 국가의 본질은 토지와 자본을 대부분 소유한 사람은 소수란 거고, 그보다 훨씬 많은 나머지 사람은 자유롭긴 해도 이런 걸(생산수단을) 소유한 사람이 내놓기로 마음먹지 않는 한 식량도 집도 옷도 못 얻는다는 사실이야. 이런 사회 체제에서 가진 게 거의 없거나 아예 없는 사람도 자유롭게 계약을 맺고 이렇게 말하는 것도 가능해. (예컨대) "나한테 수확의 절반이나 4분의 3을 준다면 당신 농장에서 일하겠소. 그렇지 않다면 일하지 않겠소." 하지만 이런 계약은 아주 열악한 상황에 처해 있어. 계속 버티면서 일하기를 거부하다간 굶기 마련이고 비바람을 피할 집도 입을 옷도 안 생기니까 말이야.

영국이 바로 자본주의 국가야. 이런 나라에서 본인의 노동을 팔기로 계약하는 사람은 잠시 살아갈 만큼의 적은 물품밖에 없을 때가 많아. 옷이야 한두 벌 있을 테고 며칠 살림을 꾸려갈 만큼의 돈도 약간은 있을 테지. 그저 조금 더 가지고 있거나 조금 덜 가지고 있는 차이는 있겠지. **하지만 자본주의 사회의 색깔은 절대다수가 자유롭긴 해도 생산수단이 없어서 살림을 꾸려갈 수단이 없고 소수가 생산수단을 통제하고 있다는 사실로 규정돼.**

'자본주의'란 말은 자본이 존재하는 사회라는 뜻이 아니야. 자본은 어느 사회에나 존재하지. 자본은 인간 사회 그리고 재부의 생산에 필요한 일부분이니까. '자본주의'라는 말은 방금 우리가 규정한 상태, 다시 말해서 모든 사람이 자유롭지만 자본과 토지를 소수만이 쥐고 있는 상태의 '줄임말'이란다.

3. 분산 국가는 시민들이 가정 단위로 생산수단을 사유 재산으로 나눠 갖고 있는데, 그러한 시민들의 비율이 사회 전체의 관습, 법, 체제를 규정하기에 충분할 만큼 지배적인 나라야. '분산'이라는 딱딱하고 지루한 말을 쓰는 건 더 좋은 말이 없어서 그렇지만, 한번 곱씹어볼 만한 괴상하고 역설적인 이유도 있단다. 분산 국가는 인간의 자연스러운 상태야. 사람은 분산 국가 상태에 있을 때 가장 행복하지. 사람은 소유자이자 자유인일 때 자신의 삶을 가장 살찌울 수 있고 자신에게 가장 충실할 수 있거든. 경제학만 그런 게 아니고 삶의 다른 분야도 마찬가지인데, 우리가 자연스럽고 바람직한 상태에 있을 때는 그걸 담아낼 말을 찾기가 아주 어려워. 기이하고 부자연스러운 상태를 담아내는 말은 언제나 있지. 그렇지만 인간 본성에 어울리는 정상적 조건들을 담아내는 말은 찾기가 보통 어려운 게 아니야. 가령 '난쟁이'와 '거인'이란 말은 있어도 몸집이 보통인 사람들을 나타내는 쉽고 간단한 말은 없잖아. 분산 국가도 마찬가지야. 우리가 이런 괴상한 말을 새로 써야 하는 이유는, 사람들이 분산 국가 상태를 당연히 여겼기 때문에 이런 상태를 담아낼 특별한 말을 지어내야겠다는 생각을 한 번도 해본 적이 없어서 그래.

어쨌든 이름은 있어야 하니까, 대부분의 사람이 '정말로' 자유롭고 존중받고 온전한 시민으로 살아가고 법 앞에서 권리를 누릴 뿐 아니라 생산수단을 '소유하고' 있어서 다른 사람의 명령을 듣지 않고도 독립적으로 살아갈 수 있는 사회를 '분산 국가'라고 부르기로 하자.

크게 보면 인간이 경험한 사회는 노예, 자본주의, 분산 이렇게 세 가지야.

세 사회를 자세히 살펴보기에 앞서 각각의 사회에서 발견할 수 있는 장면을 그려보기로 하자.

어느 여행자가 노예 국가를 둘러본다고 치자. 그 여행자의 눈에는 밭에서 일하는 사람들이 제일 많이 들어올 거야. 주인이 부리는 노예들이지. 땅도 씨앗도 식량도 집도 말도 쟁기도 죄다 주인 소유고 밭에서 일하는 사람들은 주인을 위해서 일해야 해. 심지어 주인에게는 자신을 위해 일하지 않으려는 노예를 처벌할 법적 권리도 있지.

(영국 같은) 자본주의 국가를 여행하면 대체로 '임금'을 받고 일하는 노동자가 눈에 들어올 거야. 사실 임금이란 건 바꿔 말하면 배급이야. (돈으로 받지만 바로 식품, 옷가지, 주거지 따위로 바뀌거든.) 꽤 짧은 간격으로 지급되는 이 배급이 없으면 노동자는 살 수가 없어. 노동자가 일할 때 쓰는 쟁기와 말, 노동자가 밭에 뿌리는 씨앗, 노동자가 사는 집이 '자본'을 가진 타인의 재산이라서, 그들이 사는 사회를 '자본주의 체제'라고 부르는 거란다. 일하는 노동자 아무나 붙잡고 법이 강제해서 억지로 일하는 거냐고 물어보면 아니라고 펄쩍 뛰겠지. 자신은 자유인이라는 거지. 임금은 "이만큼 주면 일하겠소." 하고 계약했기

에 지급받는 거고. 일하지 않겠다는데 일하라고 강요할 사람은 없다는 소리야. 그런데 자본주의 체제에서 자본이 없는 사람은 여하간 살아남으려면 이런 계약을 맺어야만 해. 남 밑에서 일하라고 법으로 강요받는 건 아니지만 생존의 필요성 때문에 남 밑에서 일할 수밖에 없기 때문이지.

마지막으로 분산 국가(현대 유럽에서는 덴마크가 가장 비슷한 예라고 할 수 있어)를 여행하는 사람의 눈에는 밭에서 일하는 사람, 곧 그 땅의 주인이자 씨앗, 말, 집 같은 것도 다 자기 소유인 사람이 보이겠지. 그 사람은 남을 위해서가 아니라 자신을 위해서 일하는 자유인이란다. 게다가 그 나라 공장들의 주식도 가졌을 테고 지역 낙농장 지분도 있을 테니 낙농장에서 우유를 가공해서 버터, 치즈로 만들어 팔았을 때 생기는 이익도 나눠 갖겠지.

이게 바로 우리가 이야기할 세 국가야. 각각을 들여다보면 예외도 많겠지만 지배적 다수는 어김없이 있어. 하나는 노예, 또 다른 하나는 임금 노동자, 마지막은 독립인이지.

이제부터 세 국가를 하나하나 살펴보면서 각각의 장점과 단점이 뭔지, 이로부터 세 국가를 어떻게 평가해야 할지 알아볼까?

9장

노예 국가
– 인간 존엄성의 상실

노예 국가는 우리 조상들이 살았던 어디에서나 발견돼. 유럽이 아직 기독교를 믿지 않았던 2천 년 전만 해도 유럽인은 모두 노예 국가에서 살았어. 가령 기독교를 받아들이기 전이었던 먼 옛날의 이탈리아와 그리스는 당시 제일 앞선 나라였고 알다시피 유럽 문명의 발상지였는데, 들판에서 일하는 사람은 대부분 노예였고 노예 위에 주인, 곧 자유인이 있었어.

지금 우리가 정치경제학을 정치 현실에 적용하자고 말하는 이유는, 인간의 행복을 고려해야 하기 때문이야. 사람이 사는 이유가 뭐겠어, 다 행복해지려는 거 아니겠어. 어떤 경제 체제가 '이롭다' '이롭지 않다'고 말하는 건 인간의 행복에 끼치는 효과가 크다 작다를 말하는 거야.

노예 국가의 엄청난 폐해는 아주 명백하지. 거기서는 절대다수의 사람이 굴욕을 당해. 시민이 아니라서 자기 의지대로 살 수가 없어서지. 이건 너무나 분명하고 확실한 죄악이라서, 앞으로 살펴보려는 모든 장점과 나란히 두고 비교해봐야 해. 노예제는 인간의 명예를 좀먹고 인간의 존엄을 해친다는 점에서 지극히 불행한 상태지. 그래서 오랜 세월에 걸쳐 기독교가 노예제를 서서히 해체한 거겠지. 노예제는 사람을 신의 모습대로 만들었다는 생각과 잘 맞아떨어지지 않거든. 주인이 못됐거나 게으르면 노예제는 물질적인 면에서도 불행한 상태일 수 있어. 이런 사회에서 절대다수의 노예는 주인의 변덕 탓에 아주 불행할 거야. 실제로 노예 사회가 나락에 빠졌을 때 다수의 노예는 굉장히 불행했지.

하지만 '노예'라는 말이 현대인의 머리 속에 불러일으키는 고정관념은 오해를 낳기도 한단다. 지금 영국에는 노예로 불리는 사람도 없고, 노예로 사고 팔리는 사람도 없고, 다른 사람 밑에서 일하라고 법으로 강요당하는 사람도 없지. 그래서 사람들은 '노예'라고 하면 괴상하고 생경한 것으로 여겨. 괴상하고 생경하고 낯선 걸 싫어하는 건 자연스러운 감정이잖아. 그래서 노예제를 그저 나쁜 거라고만 생각해.

그건 오판이야. 노예 국가도 두 가지 장점이 있어. 바로 '개인적 안전'과 '전반적 안정'이란다. 만약 노예 국가가 부활한다면 이런 장점을 다시 누리는 거겠지.

'개인적 안전'은 주인이건 노예건 모두가 미래를 아주 불안하게 여기지 않는다는 거야. 누구나 식량이 꼬박꼬박 들어오고 잠자리가 있고 규칙적인 생활이 이어질 거라고 기대할 수 있으니까 말이야.

'전반적 안정'은 격렬한 경쟁의 바람이 불어닥치거나, 파업이나 공장 폐쇄로 인해 노동이 자꾸만 중단되는 갈등 없이 사회 전체가 한 방향으로 굴러가는 걸 말해.

노예 국가에서 일은 언제나 규칙적으로 수행돼. 주인은 무리수를 두지 않아. 땅도 넓겠다 노예도 낳겠다, 해마다 평균 이 정도는 거둘 거라는 예상이 가능하지. 전체적으로 보면 노예를 그런 대로 잘 먹이고 잘 재워서 살려 두는 게 주인한테 유리해. 그뿐인가, 인간 관계도 싹트지. 소박하고 괜찮은 노예 국가에서 주인과 노예가 친구처럼 지내는 건 흔한 일이었단다. 요즘 식으로 말하자면 부양자와 피부양자 사이와 비슷할 거야. 유복한 집안에서 아이들 가정교사 노릇을 한 노예가 역사적으로 실재했거든. 노예가 아주 중요하고 존경받는 자리에 있었던 거지. 훌륭한 음악가, 건축가, 예술가로 일했던 노예도 있고. 노예와 자유인 사이에는 항상 분명한 사회적 거리감이 있었지만, 그렇다고 해서 이런 사회가 반드시 아주 불행했다거나 대체로 아주 불행한 건 아니었어.

노예 사회가 주는 안정과 안전은(노예에게는 어느 선까지, 주인에게는 전적으로) 아주 값진 결과를 낳았는데, 바로 '여가'야. 재산이 아주 많다가 적다가 하는 경우도 없고 과도한 경쟁 따위도 없다 보니, 수입이 대체로 확실했지. 이로 인해 어느 때나 상당한 비율의 사람들은 공부를 한다거나 고상한 취미를 살린다거나 글을 쓴다거나 뭔가를 잘 짓는다거나 판단력을 키운다거나, 이게 아주 중요한 점인데 서두르거나 당황하거나 조급해하지 않고 나랏일을 수행하는 여유를 부릴 수 있었단다.

노예 국가에 관한 설명을 끝내기 전에 노예 소유의 '경제적' 단점을 좀 자세히 들여다봐야 해.

흔히 노예 노동은 자유 노동, 다시 말해서 자본주의 체제에서 임금을 받고 하는 노동보다 생산성이 떨어진다고 얘기하잖니. 가까운 예로 노예 노동이 이루어지던 미국 남부가 노동이 자유로웠던 북부보다 생산성이 낮다고 지적하는 이들도 있었지. 역사적으로 그런 때가 있었던 건 맞지만 보편적 진실이라고 말하긴 어려워. 자본주의 초창기, 가령 몇몇 자본가들이 자유인을 임금 노동자로 고용해서 새 나라 건설에 나설 때는 임금을 받고 일하는 자유 노동이 활력도 넘치고 생산성도 높았을 거야. 하지만 이른바 '자유 노동', 다시 말해서 재산이 없는 사람이 임금을 받기로 계약을 맺고 하는 노동이 반복되고 습관화되면 과연 노예 노동보다 더 생산적일지 의심스럽거든. 문제가 많잖아. 파업이다 공장 폐쇄다* 해서 허구한 날 일은 끊기지, 생산 과정도 노예 노동 때처럼 소수의 유한 계급에 의해서 하나부터 열까지 치밀하게 돌아갈 수 없어. **남의 이윤을 위해서 일하는 자유인이 최선을 다할 필요가 없잖아.** 오히려 일을 가급적 적게 해야 좋을 이유는 차고 넘쳐. 반면 노예는 열심히 일하도록 다그침을 받지.

하지만 노예 노동이 더 생산적이냐 덜 생산적이냐는 앞에서 말한 장점과 단점만큼 중요하지는 않아. 앞서 말한 대로 노예제의 단점은 (1) 수많은 사람에게 굴욕을 안겨주면서 사람의 명예심과 독립심을 해치고, (2) 주인이 못되고 어리석으면, 혹은 노예들과 인간적 교류가 전혀 없어서 노예들의 운명에 무관심한데도 절대다수의 노예들이 섬겨야 한다면, 가혹한 학대가 일어날 수 있다는 거야. 장점은 사회 전반에 걸친 안전과 안정이야. 이로 인해 특히 노예를 소유한 계급은 '여가'를 누리며 문학적, 예술적 성취를 이루지. 여가의 결실이 가장 수준 높았던 사회도 노예제 사회고, 중요한 인류의 문제들에서 심오하고 알찬 사유를 이끌어낸 사회도 노예제 사회야. 고대의 위대한

---

* '파업'은 영국에서 처음 생겨난 말인데, 자유 노동자들이 지금까지 받아온 액수로는 일하지 못하겠다며 노동을 거부하는 걸 말해. 노동자들이 일을 중단하면 그들에게 식량, 의복 따위를 임금이라는 형태로 제공하는 자본가의 이윤이 타격을 받지. 노동자들이 파업을 하는 건, 일이 안 돌아가면 이윤을 얻지 못할 테니까 임금을 더 지급하도록 자본가를 압박할 수 있다고 믿어서야.
'공장 폐쇄'도 영국에서 처음 생긴 말인데 이제는 전 세계로 퍼져 나갔어. 노동자들이 지금까지 받아온 돈을 자본가가 더는 못 주겠다면서 노동자들이 더 낮은 임금을 받아들일 때까지 '노동자들의 공장 출입을 통제'하는 거야. 굶겨서 항복을 받아내려는 거지.
파업은 노동자들이 자본을 얼마라도 비축해서 투쟁하는 동안 버틸 수 있을 때만 가능해. 그래서 노동자들은 평소에 조금씩 돈을 떼서 노동조합의 공동 기금을 비축하지. 공장 폐쇄는 그런 공동 기금이 얼마 없고 조만간 바닥날 때만 가능해.(저자 주)

철학과 예술도, 최고의 문학도, 모두 노예 국가의 자유인들 손에서 나왔단다.

10장

자본주의 국가
– 노예 국가의 다른 이름

자본주의 국가는 모두가 자유롭지만 (다시 말해서 법이 남을 위해서 일하라고 강요하는 것도 아니고 서로 도우라고 강요하는 것도 아니지만) 토지와 자본을 소유한 소수가 재산이 아예 없거나 거의 없는 절대다수의 사람으로 하여금 '임금'을 받고 일하게 만든단다. 일을 안 하면 살아갈 수가 없으니까 말이야. 임금은 노동자들이 생산한 재부의 일부분일 뿐이야. 나머지 재부는 자본가의 이윤과 지대로 돌아가지.

자본주의 국가는 기록된 역사의 기나긴 흐름 속에서 보면 최근 현상이야. 백인종에게서 처음 생겨난 근대적 현상인데, 백인종 전체 또는 대부분을 망라하는 건 절대로 아니지만 하고 많은 나라 중에서 유독 영국이 거의 순수한 자본주의 사회니까 영국인이 관심을 많이 가져야 할 문제지.

자, 자본주의의 장단점을 나열해보자.

노예 국가와 비교했을 때 자본주의의 주된 도덕적 장점은 **아무리 가난해도 모두가 자유롭다고 느껴서 그만큼 명예를 지켜낼 수 있다는 거야.** 형편이 어려워서 아주 고달픈 거래를 해야 할지도 몰라. 재부를 생산해도 다른 사람을 위한 거고 본인 몫으로 돌아오는 건 코딱지만 할지도 몰라. 흔히 하는 말로 그만큼 '착취'당하는 거지. 자신이 어떤 불의의 희생자라는 느낌이 들 거야. 죽어라 일해도 자신은 여전히 가난하지만 고용주의 재산은 갈수록 늘어나. 그래도 어디까지나 자유로운 근로자로서 한 계약이고 시민으로서 한 계약이야. 자본주의 국가에서 가진 게 아예 없거나 거의 없는 사람이(이 절대다수의 사람들을 경제학 용어로 '프롤레타리아'라고 해) 똘똘 뭉치면 지금 노동조합에서 하는 것처럼 생활 수단과 생산수단을 소유한 소수와 교섭을 할 수도 있고, 그래서 한동안은 생활이 나아지리라고 어느 정도 믿을 수도 있어.

자본주의의 또 하나 장점은 순전히 경제적인 건데, **자본주의 체제에서는, 적어도 자본주의 발전의 첫 단계에서는 '인간력의 효율'을 끌어올릴 수 있다는 거야.** 앞에서 말한 적이 있지.

하지만 단점은 정말이지 아주 심각해.

자본주의 체제에서는 자본가 자신도 이윤을 위해 경쟁한단다. 노예 소유주가 관리하는 기계는 규칙적이고 단순해서 해가 바뀌어도 똑같이 굴러가지만 자본가는 사정이 달라. 자본가는 끝없이 발돋움해야 해. 안 그러면 남들이 올라서는 바람에 나락으로 떨어질 수 있어. 어떻게든 노동을 값싸게 사들여서 어떻게든 제품을 비싸게 팔아야 해. 그러니까 끝없는 도박이 벌어지는 셈이야. 자본가들은 성공과 실패를 거듭하기 마련이고 그들 역시 사회 전반에 팽배한 불안감에 예외 없이 시달리지. 물론 자본이 없는 다수가 느끼는 불안감이 훨씬 클 테지만. 자본주의 국가의 지배적 구성원인 프롤레타리아는 실직과 생활고를 끝없이 걱정하면서 살아야 해. 노동자가 죽어라 일하도록 만드는 채찍은 바로 이 쪼들림에 대한 두려움이야. 처음에는 그 채찍이 사람들을 거세게 몰아붙이지만 나중에는 진을 빼. 자본주의가 처음 일어났을 때 두드러진 점이 뭐였냐면, 재부와 인구가 어마어마하게 불어났다는 거야. 자본주의 체제를 택한 사회 어디에서나 전체 재부와 전체 인구가 확 늘어났거든. 영국도 지금은 완전히 자본주의 국가가 되었지만, 지금 세대까지 이어진 자본주의 전성기에는 과거 어느 나라보다도 재부와 인구가 빠른 속도로 불어났어. 하지만 벌써 추세는 바뀌어서 자본주의의 비인간성이 우리 문명을 위협하는 불안과 저항을 낳기 시작했지.

이제 영국 같은 나라만 자본주의를 한 번 온전히 겪었을까 말까인데, 벌써 거의 모두가 자본주의에 불만을 품고 격렬히 저항할 정도니까 길게 보면 자본주의의 단점은 너무 크다고 할 수 있어. 자본주의 체제에 따라다니는 이 끝도 없고 갈수록 심해지는 불안감이 자본주의를 죽이는 거란다. 아무도 내일을 기약할 수가 없거든. 애를 쓰면 쓸수록 심해지는 끝없는 경쟁이 인간 사회를 유례 없는 혼란으로 몰아가고 있어. 노예는 아니지만 국민 대다수가 살아 남을 거라고 안심할 수가 없으니까 말이야. 직장을 계속 다닐 수 있을지 없을지 끝없이 불안해하면서 살아. 자본을 가진 사람도 종류는 다르지만 똑같이 불안해하고. 자본가끼리의 경쟁도 갈수록 치열해지거든. 자본을 소유한 사람의 수는 줄어들고 자본가 중에서 가장 재력이 있는 사람도 한 세대 전의 평범한 재산가보다 훨씬 더 불안정해. 사회 전체가 펄펄 끓어오르는 냄비 같아서 갑자기 어마어마한 재부와 함께 밑바닥에서 튀어 오른 사람도 한순간에 다시 냄비 밖으로 튀어 나가지. 나라 전체에서 여가는 점점 사라지고 혼돈은 가중되고 있어.

어디도 안전하지 않고 특히 국민의 대다수인 프롤레타리아는 늘 불안감을 느껴. 임금 생활자들은 실직으로 인한 생활고를 길든 짧든 웬만큼은 겪어봤거든. 그래서 자본주의는 자유인에게 심한 상실감을 안겨줘. (노예는 사회 안에서 유지되는 일정한 신분에 익숙한 상태니까 상실감을 느끼진 않을 거야.) 게다가 자본주의가 후기 단계에 이르면 **국민 대다수의 생계를 챙길 필요성을 못 느끼고 또 '실제로' 챙기지도 않아.**

이런 폐단이 얼마나 큰지는 분명하잖아. 자유인, 시민은 원칙적으로는 나라 살림에 참여할 수 있고 법 앞에서는 최고 재력가와도 평등하지만, 주급으로 사는 아슬아슬한 양의 생활필수품으로 연명해야 하는 처지야. 그러다 보니 자신의 노동을 남들이 착취한다는 느낌이 들고 부당하다는 생각, 억압받는다는 생각이 드는 거지. 노예 국가와는 달리 소수 자본가 계급의 재부는 사회적 지위에 자연히 따르는 걸로는 보이지가 않아. 자본가에게는 전통도 없고 '신분'도 없거든. 무슨 말이냐 하면 그래도 우리 같은 사람들보다 우월하지 하는 생각에서 자연스럽게 혹은 어쨌든 전통적으로 우러나오는 막연한 존경심 같은 게 없어. 많은 사람의 노동을 쥐어짜서 부자가 된 지금의 자본가들 중에는 자신이 부리는 노동자들보다 교양을 갖추지 못한 사람이 많아. 더구나 몇 년도 못 가서 그들은 경제적 지위를 잃고 더 천박한 사람에게 자리를 빼앗길지도 모르지. 이렇게 우연에 좌우되는 자리에 있는 사람을 어떻게 존경할 수 있겠어?

이런 식의 도덕적 해악은 나라 전체를 불안하게 만들 수밖에 없어. 막대한 재부를 가진 사람들이 존경을 받는다면 모를까, 시민들 사이에 엄청난 빈부 격차가 존재하는 상태를 정상이라고 말할 순 없지. 하지만 자본주의의 혼란이 가중될수록 막대한 재부를 소유한 자들은 존경의 자격을 잃어 가고 지탄받아. 이들이 귀족과 같은 계급을 형성하지 못하면 무엇이 되었건 전통을 지켜내지도 못할 테고 말이야. 그렇지만 바로 자본주의가 이런 상태일 때 그 어느 때보다 재부의 불평등이 심했어! 이런 사회가 폭발물처럼 불안하다는 건 명백한 사실이야.

자본주의의 첫 번째 큰 단점인 혼란에 관해서는 이 정도로 얘기할게. 두 번째 큰 단점, 자본주의가 후기 단계에 이르면 사람들의 생계도 보장하지 않게 된다는 사실은 이해하기가 약간 어려워. 실제로 자본주의를 논하는 사람들 대부분, 심지어 자본주의에 강하게 반대하는 사람들도 이 두 번째 단점을 파악하지 못하는 것처럼 보여. 내가 자세히 설명해볼게.

자본주의는 후기 단계에 이르면 국민 다수의 생계를 챙기지 않는다고 말했잖니. 극단적 사례를 들어 왜 그런지 알아볼까 해.

한 사람이 생산수단 전부를 가졌다고 치자. 모든 사람이 살아가는 데 필요한 걸 무한정 생산할 수 있는 기계 한 대를 한 사람이 소유했다고 치자고. 그럼 이 사람이 본인과 가족을 빼고 다른 누군가에게 재부를 제공해야 할 경제적 이유가 뭐가 있을까? 집에서 하인으로 쓰려는 사람들, 자기를 즐겁게 해주는 사람들이 먹고 살 만큼은 내주겠지만 자기 주변에 널린 수많은 대중을 먹여 살려야 할 이유는 없어.

우리가 살아가는 자본주의 체제가 아직 이런 극단적 상황까지 가지 않은 건 사실이야. 하지만 극소수가 생산수단을 통제하고 기계가 고도로 효율화되고 절대다수의 인간이 생존을 위해 자본가의 고용에 의존해야 하는 후기 자본주의에 가면 내용이 조금 달라질 수는 있어도 원리는 그대로 적용돼.

자본주의의 핵심은 임금을 내리는 것, 다시 말해서 노동을 싸게 사는 거라고 했잖아. 그래서 가령 장화를 생산하는 노동자는 자신의 손으로 만든 장화도 몇 켤레 못 살 수 있어. 장화 만드는 기계를 통제하는 자본가는 자기 몫으로 장화 10여 켤레를 챙기고 지역 사회의 노동 계급에게는 임금으로 살 수 있는 만큼의 장화만 떼어주면 나머지는 외국에 팔거나(물론 이런 방식은 오래가지 못해) 아예 만들지 말아야 해. 값싼 노동력만 찾다 보니까 국내 시장이 오그라들어서, 필요한 양 이상으로 물품을 만들어낼 수 있는데도 정작 다수의 사람들은 필요한 물품을 손에 쥘 수가 없는 부조리한 상황이 벌어지는 거지. 10년 동안 입을 옷을 매년 생산하거나 생산할 수 있는 노동자가 정작 옷 한 벌 못 사게 되고 좋은 외투 열 벌을 생산하거나 생산할 수 있는 노동자가 외투 한 벌을 못 사게 되는 거야.

그래서 자본주의의 마지막 단계에 이르면 수백만 명이 생활필수품을 만들려고 대기하고 있고 생활필수품을 생산할 수 있는 기계가 준비되어 있고 기계에 투입되어 쓰일 수 있는 원료가 마련되어 있어서 노동자만 투입하면 되는데, 기계는 죄다 놀려서 재부는 생산되지 않고 재부를 생산할 수 있는 대중은 못 먹고 못 신고 못 입는 말도 안 되는 상황이 펼쳐지지. 자본주의가 발전할수록 덩달아 그런 날도 앞당겨지는 거란다.

자본주의 체제에서 노동 대중의 구매력이 이렇게 점점 줄어드는 현상이 바로 '국내 시장 파괴'야. 저임금 때문에 영국의 수많은 제화공은 장화를 사고 싶어도 다 살 수 없어. 그래서 장화 만드는 기계를 소유한 자본가들은 여분의 장화를 외국에서 팔려고 해. 하지만 외국도 점점 자본주의화되면 똑같은 어려움에 봉착하지. 재산이 잘 분산되지 않고 임금을 낮출 대로 낮추다 보면 영국에서 수입한 장화를 살 수 있는 외국 노동자의 구매력도 줄어들어. 그래서 서서히 '외국 시장 파괴'가 일어난단다. 결국에 가서는 '자본가의 역설'이란 게 들어맞는 셈이지. 무슨 말이냐 하면, 자본주의는 재부를 생산하는 방식인데 나중에 가서는 생산된 재부가 사람들 손에 들어가는 것도 막고 재부의 소유자가 시장을 찾아내는 것도 막는다는 소리야.

자본주의의 장단점을 그리 오래 살펴보지 않은 상태에서도 저울질을 해보면 단점이 장점을 압도한다는 건 분명해.

자본주의는 250여 년 전에 조그맣게 시작됐어. 점점 세력을 키우더니 한 100년 전에는 (적어도 영국에서는) 지역 사회의 태반을 뒤덮었어. 우리 시대에 와서 제일 발전하긴 했지만 벌써 망조가 들었단다. 사람들이 자본주의를 견디지 못하거든. 훗날 역사가들은 아마도 우리 시대를 돌아보면서 초창기 자본주의가 이루어낸 어마어마한 생산성에, 자본주의가 만들어낸 엄청난 재부와 인구에 놀라 자빠질 거야. 그렇지만 아마 종점으로 내닫는 속도에 더 놀라 자빠질걸. 지금 자본주의가 만들어내는 극심한 도덕적, 물질적 고통 앞에 대응책이 시급히 제시되고 있어. 주로 사회주의라 불리는 것과 사회주의가 완전히 발달한 형태인 공산주의가 거론되지.

하지만 아직 (공상 단계라서) 실현된 적이 없는 이 가상의 처방을 논하기 전에 세 번째 국가 형태인 분산 국가를 설명할까 해.

11장

분산 국가
– 작은 소유자들의 나라

한 사회를 이루는 가정들의 지배적 다수가 토지를 비롯한 생산수단을 소유하고 생산의 주체(자신의 생산수단으로 스스로 생산하는 사람)이기도 한 나라는 아마 역사상 가장 오래되고 틀림없이 가장 흔할 거야. 아시아에서 두루 접하는 사회 체제이기도 하고 우리가 아는 원시 국가는 다 그렇지. 분산 체제는 대체로 사람들이 다른 데로 발을 잘못 내디뎠다가 다시 복귀하려고 하는 상태라고 할 수 있어. 물론 첫 번째로 설명한 노예 국가도 분산 국가처럼 사람의 본능에 부합해. 기독교를 받아들이기 전 노예 국가도 오랜 세월 동안 정상적으로 그리고 안정적으로 작동했거든.

대부분의 사람들이 분산이라는 사회 형태를 일반적으로 채택하고 또 가급적 그리로 되돌아가려는 경향을 보이는 이유는 단점보다는 장점이 더 커 보여서야.

장점부터 말해볼게.

자유를 줘. 내 의지를 행사할 수 있지. 생산수단을(가장 간단한 형태의 생산수단은 보유한 땅과 땅을 일구는 데 필요한 도구와 자본을 말해) 소유한 집은 남들의 통제가 안 먹혀. 물론 생산자들은 이런저런 전문성이 있고 이것과 저것을 교환하면서 웬만큼 상호의존적이 되는 건 사실이지만 그래도 '자력으로' 살 수가 있어. 다른 사람이 압력을 행사해도 필요하면 버틸 수가 있지. "당신의 잉여분을 내 잉여분과 바꾸지 않겠다면 난 가난해지겠지만 그래도 살아갈 수 있소." 이럴 수 있다고.

분산 사회는 자유로울 뿐만 아니라 자유로운 만큼 유연하기도 해. 변화하는 조건에 맞게 자기 변신이 능하지. 스스로 생산수단을 통제하는 개인이나 가정은 가장 유리한 쪽으로 자기 강점을 살리고 자기 역량을 발휘할 줄 알아. 충분한 지식만 있다면 말이지.

분산 체제는 안전을 가져다줘. 노예 국가만큼은 아니지만, 생산수단을 소유한 사람들은 코앞의 미래를 두려워하지 않아. 살아온 대로 살아가지. 만일의 사태에 대비해서 수확물을 따로 비축해 둘 수도 있을 테고. 가령 흉년이라든가 자연재해가 닥칠 때를 대비해서 말이야. 이런 종류의 사회는 보통 몇 세기 동안 큰 변화 없이 이어져. 경제 상황만 놓고 보자면 재산이 잘 배분되고 각자가 자유를 누리면서 한 세대에서 다음 세대로 넘어가지. 큰 충격이 닥치지 않는 한 그런 사회는 망가지는 법이 없어. 다시 말해서 모든 충격을 막아낼 수 있는 한 토지를 비롯한 생산수단을 시민 다수가 사적으로 소유하는 분산 체제는 지속될 거야. 아득히 먼 옛날부터 분산 체제가 이어져 온 지역이 유럽에도 아직 있단다. 안도라가 그렇고 스위스 골짜기에도 그런 데가 많지. 게다가 분산 체제를 애써서 되살려내거나, 땅을 잃은 많은 가정이 땅을 비롯한 생산수단을 되찾게 되면 다시 나라가 안정을 되찾더라고.

덴마크에서 바로 그런 재건이 이루어졌고 정도는 좀 덜하지만 프랑스의 다수 지역, 라인강 유역 대부분, 벨기에, 네덜란드, 노르웨이 뭐 그런 데도 비슷해. 어디든지 분산 체제가 들어서면 뿌리를 내려.

그러면 분산주의 체제의 단점은 뭐냐? 첫째, 현실에서는 대체로 안정을 보이지만 이론적으로는 꼭 안정적이지만은 않다는 거야. 사회 성격상 분산 체제가 항구적으로 유지되기 어려운 동네도 실제로 있거든.

생산수단이 여러 가정에 잘 분산되어 있다 해도 어떤 가정은 운이 좋아서건 의지가 남달라서건 약삭빨라서건 불운한 이웃의 토지와 농기구를 사들이기 마련인데, 여론의 강력한 뒷받침을 받아 법으로 막기 전에는 이걸 막을 재간이 없어. 바꿔 말하면, 사람들이 분산 사회를 갈망해야 하고 분산 사회가 유지되기를 강력히 원해야 한다는 거야. 소유와 자유에 대한 염원이 약하면 분산 체제는 오래 못 가.

특별법도 없고 있어도 여론이 뒷받침하지 않으면, 나태하거나 덜 유능하거나 행운이 덜 따르는 소유주는 더 부지런하거나 더 영악하거나 더 운이 좋은 사람에게 점점 소유권을 넘기게 돼.

또 하나 자주 지적되는 단점이 있어. 이런 유형의 사회는 대체로 안정적이고 지속적이지만 천편일률로 흐른다는 거야. 종래의 방식을 되풀이하다 보니 변화를 꾀하기가 어려운 거지. 땅을 조금 가진 사람은 땅을 많이 가진 사람처럼 여행을 다니면서 견문을 쌓을 기회가 많지 않다 보니 아버지가 해오던 대로 하려는 성향이 강하고, 그래서 바깥 사회에서 새로운 발명이 나와도 그걸 받아들이는 데 시간이 걸려. 그래서 분산 사회는 약탈 성향의 이웃들을 잘 막아내지 못하고 전쟁이 나면 지고 말지. 또한 분산 사회는 새로운 걸 발견할 줄도 잘 몰라. 자족하는 사람은 뭔가를 발견하겠다거나 그와 비슷한 행동에 나서겠다는 특별한 욕구를 안 느끼거든. 토지와 그 밖의 모든 생산수단이 절대다수의 가정에 잘 분산된 사회가 너무 보수적인 건 그래서야. 본인들한테 유리할 텐데도 변화를 안 받아들여.

물론 어디서나 그런 건 아니지. 가령 소농이 중심인 덴마크 사회보다 농업이 발전한 사회는 유럽 어디에도 없어. 하지만 세계 전체를 놓고 보면 이런 종류의 사회는 대체로 후진적이지. 생산에서 개선해야 할 점을 수용하고 자연 과학의 새로운 발견을 도입하는 데 느리기 때문이야.

분산 사회의 또 다른 단점은 자본주의 국가는 물론이고 노예 국가하고도 경쟁할 때 불리하다는 거야. 가진 것이 적은 아주 많은 수의 소유자들이 어떤 큰 목표를 이루려고 돈을 모으기가 어렵다는 말이야. 가진 것이 적은 소유자는 자본주의 국가나 노예 국가에 있는 소수의 부유한 경영자처럼 지시하고 판단할 기회가 많지 않아. 그뿐인가, 평균적으로 봤을 때 그들이 이웃 나라의 부자들만큼 교육을 받았다 치더라도 어마어마한 수의 작은 소유자들이 일사불란하게 움직이기란 소수의 큰 소유자들을 대동단결로 설득하는 일보다 어려워. 그래서 영국처럼 자본주의가 고도로 발달한 나라에서는 투자도 상거래도 자본주의가 덜 발달한 나라보다 더 진취적으로 이루어진단다. 그리고 그런 식으로 다른 나라들을 빨리빨리 개방시켜서 알짜 시장을 차지해.

　분산 국가의 마지막 단점은 자본주의 국가나 노예 국가보다 전쟁이라든가 국방 같은 목적으로 거액을 조달하기가 쉽지 않다는 거야. 분산 국가에서는 자본주의 국가만큼 거액의 징세를 못해. 이유야 뻔하지. 1년에 400파운드를 버는 가정은 1년에 100파운드를 세금으로 내기가 굉장히 힘들다 못해 거의 불가능해. 그런 가정은 살림도 검소한 편이라 세금을 짜낼 여유가 많지 않다고. 만일 그런 가정이 100만 가구쯤 있어서 국가의 연간 총 수입이 4억 파운드라면 연간 생산되는 재부의 10분의 1인 4천만 파운드를 세금으로 거두려고 해도 실제로는 그 4분의 1에 해당하는 1천만 파운드도 채 못 거둘 거야.

하지만 똑같이 4억 파운드의 재부를 생산하지만 빈부 격차가 아주 심한 사회, 가령 연간 수입이 30만 파운드인 부자가 1000명쯤 있고 연수입이 100파운드에도 못 미치는 가정이 100만 가구나 되는 사회에서는, 이야기가 완전히 달라져. 연수입이 100파운드 미만인 100만 가구는 징세하지 않아도 돼. 대신 연수입이 도합 3억 파운드에 달하는 부자들만 그들의 총 재부 중 4분의 1을 징수하면 돼. 그건 수월할 거야. 부자는 여유 폭도 큰 편이라서 재산을 빼내도 별로 체감하지 못하거든.

자세히 들어가면 너무 시간이 많이 걸릴 테지만, 아주 희한하고 가만 보면 재미있는 역설이 뭐냐면, 고도의 자본주의 사회를 징세하는 힘이 바로 자본주의 사회를 분산 사회보다 불리하게 만드는 원동력도 된다는 거야. 전에는 정반대였지. 전쟁이든 평화든 국가가 세운 목적을 달성하기 위해 거액을 징수할 수 있는 나라가 공공의 목적을 위해 거액을 징수하지 못하는 나라를 이긴다는 게 상식으로 보였거든. 하지만 소수가 부자고 다수가 빈자인 사회에서 거액을 징수할 수 있다는 사실이 지난 몇 년 동안 그야말로 예기치 못한 결과를 가져왔어. 부자들이 세금을 내는 건 괜찮아. 그런데 국가 재부의 총 자원이 새나가면서 국가가 약해졌지.

국가는 징수한 돈을 공무원한테 쓰는데 공무원 다수가 비효율적이고 나태해.

거액을 쉽게 조달하니까 온갖 국가 사업을 벌이려는 유혹에 빠져. 대개는 하나 마나 한 사업인데 말이야. 그래서 이 손쉬운 징세력이 전에는 강점이었지만 이제는 약점이야.

세금이 지금의 수준으로 오르기 전까지는 아무도 짐작하지 못했지만 이제는 명백해. 재산이 더 잘 분산되어 있는 나라들처럼 높은 세금에 반대하는 목소리가 높아지면 영국도 나중에는 형편이 나아질 거야.

12장

사회주의는
왜 자본주의를 극복할 수 없는가

지금부터는 몇몇 사람들이 자본주의의 모든 폐단을 단숨에 그리고 영원히 없앨 처방이라고 여기는 걸 다룰 거야. '사회주의'라고 불리는 처방인데, 곧 알아보겠지만 사회주의는 결국 '공산주의'를 뜻할 수밖에 없어.

자본주의의 해악을 없앤다는 이 처방을 실천하는 데 성공한 사람은 아직 없단다. 그리고 (이 문제는 아직 치열한 논쟁 거리이긴 한데) 아무도 이걸 실천에 옮길 역량이 없을 가능성이 점점 높아지고 있어.

지금까지 우린 자본주의의 해악이 뭐고 그게 자본주의 체제에 종속된 사람들 거의 모두를 어떻게 고달프게 만드는지 알아봤어. 모든 프롤레타리아와 많은 자본가가 느끼는 불안감은 커져만 가는데, 정작 자본주의는 필연적으로 점점 많은 사람을 비생산적으로 만드는 경향을 보여. 사람을 먹여 살리는 데 필요한 재부를 생산하지 않다 보니, 아직 생산되는 재부에 의지해 실업 수당을 받으며 연명하거나(영원히 지속할 수는 없어) 굶주리는 사람이 많아지는 거야. 당연히 누구나 이런 해악을 없애고 자본주의 체제에서 빠져나오고 싶어 하지. 이제부터 따져볼 사회주의는 처음 소개되었을 때는 자본주의 수렁에서 빠져나오는 간편하고 확실한 지름길로 보였어. 그런데 막상 들여다보면 사회주의가 실제로는 어떻게 그리고 왜 지름길이긴거녕 막다른 길인지 알게 된단다.

사람이 사회를 이루어 살고 기록을 남기기 시작하면서부터 가난한 자들이 가난을 견디다 못해 자기들보다 더 행운을 누리는 사람들에게 재부를 내놓으라고 아우성치는 모습을 보잖아.

재부를 다시 쪼개는 것, 그게 바로 재부의 불평등을 바로잡는 주된 처방이야. 하지만 이 생각 자체는 사회주의와 무관하고 사회주의로 오해해서도 안 돼.

사회주의 이론은 루이 블랑*이라는 천재가 처음 고안했다고나 할까, 아무튼 그가 처음으로 분명하게 제시한 건 맞아. 블랑은 스코틀랜드인 아버지와 프랑스인 어머니 사이에서 지금으로부터 약 100년 전쯤에 태어났어. 블랑과 그의 동료들이 구

루이 블랑(Louis Blanc, 1811~1882) 프랑스 사회주의자. 1839년에 발표한 〈노동의 조직〉에서 '노동권' 개념을 최초로 제시한 인물로 평가받는다. 1848년 2월 혁명 이후 임시 정부에 들어가 노동 문제를 해결하고자 했으나 실패했다. 그의 사상은 마르크스를 비롯한 사회주의자들에게 영향을 끼쳤다.

상한 이론은 이래.

국가 관리들이 기계, 토지, 식량 따위의 생산수단을 모두 소유한다. 국가 관리들에게만 생산수단의 소유가 허용된다. 개인, 가정, 기업은 생산된 재부 가운데 국가로부터 배정받은 만큼만 소비할 수 있으며, **미래의 재부를 생산하는 데 쓰면 안 된다. 미래의 재부를 생산하는 데 쓰는 모든 재부, 다시 말해서 모든 자본은 국가 관리들에게 넘겨야 한다. 모든 토지와 자연력은 영원히 국가가 소유해야 한다.** 이런 생각이 바로 사회주의이고 이런 원칙 안에서 모든 사회주의 사상이 나온단다.

이렇게 하면 사회가 자본가와 프롤레타리아로 나뉘지도 않고, 흥했다가 망했다가를 반복하는 경쟁 속에서 혼란이 일어나지도 않고, 불안과 부족함도 없앨 수 있다는 게 사회주의 사상의 핵심이야. 나라 안에서는 모두가 노동자고 국가 자체가 보편 자본가가 되는 거야. 그러면 서로를 이기려는 자본가들끼리의 싸움도 없고 실업도 없고 생활필수품이 부족해 고생하는 사람도 없을 거라는 거지.

파리에서 활동한 블랑 주변에는 의욕과 투지가 넘치는 사람들이 꽤 있었는데 그중에는 '마르크스'라는 성을 가진 사람도 있었어. 그 사람은 사회주의 사상의 전체 틀을 아주 길고 자세하게 풀이한 책을 (독일어로) 썼어. 거기에는 자본주의의 해악이 설명되어 있을 뿐 아니라, 사회주의 사상의 틀 안에서 자본주의의 해악이 어떻게 바로잡히는지도 제시되어 있어. 사회주의 이론에 사로잡힌 사람들이 마르크스의 책을 열심히 알렸는데, 그로 인해 지금은 사회주의를 흔히 '마르크스주의'라고 부른단다.

자본주의 사회에서는 가령 탄광, 석탄 채굴에 쓰는 모든 기계, 광부들이 사는 집, 그리고 석탄을 캐는 동안 다시 말해서 생산 과정 동안 광부들이 살아가게 하는 식량과 의복 등등 모든 것이 광부들의 노동을 활용해 이윤을 만들어내는 자본가에게 속하지만, 사회주의 체제에서는 국가에 속하고 국가는 석탄이 필요한 모든 사람에게 생산된 석탄을 분배한다는 거야. 농장, 농기구, 소와 말, 땅에서 농작물이 생산되는 동안 농부들에게 필요한 비축 식량, 의복, 집도 마찬가지란다. 뭔가를 생산하는 일에 참여한 생산자들에게 필요한 집을 지어주려고 하면, 채석장에서도 벌목장에서도 목공소에서도 벽돌 공장에서도 같은 일이 벌어져. 옷을 만드는 데 필요한 옷감을 생산하는 과정에서도 똑같은 일이 벌어지고. 나라 전체에서 모든 게 이런 식으로 생산되지. 국가 관리들은 시민 모두가 소비할 수 있도록, 한 사람이 다른 사람을 착취하는 일이 사라지도록 불안정한 삶이 없어지도록, 생산된 재부를 배분할 거야.

공산주의는 국가에 의한 배분이 똑같이 이루어지는 사회주의의 한 형태일 뿐이란다. 국가는 가정마다 재부를 분배하되, 각 가정이 부양해야 하는 사람 수에 따라 똑같이 배분하지.

논리적으로 사회주의의 유일하게 가능한 궁극적 형태가 공산주의라고 내가 말하는 이유는 사회주의 체제에서는 그것 말고 다른 형태로 배분을 할 이유가 없어서 그래.

어떤 사회주의자들은 공산주의가 꼭 필연적이지는 않다고 논리를 펴지. 개혁하자고 나서면 부자들이 떨까 봐 그랬던 거야. 그들의 논리는 이래. 어떤 사람이 자본도 토지도 많아서 노동자들이 일해서 벌어주는 이윤에다가 지대를 더해 1년에 5000파운드를 번다고 하면, 그 사람에게 이렇게 말할 수 있다는 거야. "당신은 사회주의 체제에서도 그만큼 벌 수 있습니다. 우린 당신이 얼마나 특출난 사람인지 아니까요. 국가는 일반 시민들에게 재부를 나눠준 다음 당신이 지금 가진 것만큼 줍니다. 빈부 격차를 똑같이 유지하면서요. 다만 빈자도 언제나 최소한의 생활은 꾸려 나갈 수 있게 해주자는 거지요. 노동자에게는 일반 상점에서 원하는 걸 사라고 일주일에 표를 한 장 주고 당신한테는 표를 50장 줄 겁니다. 그래서 사장님은 원하는 걸 50배 얻을 수 있습니다." 당연히 이건 엉터리고 곧 엉터리로 밝혀졌어. 모두가 명령을 받고 국가를 위해 일하는데 당연히 평등을 원하지 않겠어? 무력을 동원한다면 모를까 공평한 배분을 막을 재간은 없어. 공정하게 말해서, 사회주의 국가가 들어선다면 공산주의 모습을 띨 수밖에 없어.

사회주의는 한 번도 실현된 적이 없을뿐더러 사회주의를 자세히 들여다보면 왜 그게 절대로 실현될 수 없는지 깨닫게 될 거라고 난 생각해.

사회주의가 실현될 수 없는 이유는 이래. 우리는 '국가'라는 말을 쓰지만 이건 어디까지나 관념일 뿐이고 실제로는 국가를 대변하는 관리라는 현실 속의 인간으로 나타나. 현실 속의 인간은 성격도 가지가지, 착한 사람도 있고 나쁜 사람도 있고 게으른 사람도 있고 부지런한 사람도 있고 정의파도 있고 불한당도 있지. 현실 속의 인간은 먼저 모두의 이익을 위한 생산을 운용하는 어마어마한 작업에 착수해야 하고, 그다음은 거기서 나오는 재부를 모두에게 공평하게 배분하는 어마어마한 작업에 나서야 해.

그런데 이런 종류의 활동을 망가뜨리는 인간의 두 가지 특성이 있어. 하나는 독립을 소중히 여긴다는 거야. 사람은 스스로 주인이라고 느끼고 싶어 해. 그래서 '소유'하기를 원하지. 그래야 손에 쥔 뭔가로 원하는 걸 할 수 있을 테니까. 다른 하나는 좋은 걸 가급적 많이 갖고 싶어 한다는 거야. 이 두 가지 감정은 인간에게 보편적으로 나타나. 물론 조금 가지고도 많이 가졌을 때와 똑같이 만족하는 사람도 어쩌다가 있지. 독립이라든가 뭘 소유한다는 데 도통 관심 없는 사람도 어쩌다가 있고. 다른 사람들한테 지시받는 걸 싫어하지 않는 사람도, 특별하게 살고 싶어서 가진 걸 다 내놓는 사람도 어쩌다가 있긴 해.

그런데 보통 사람이라면 지니고 있을 이런 강력한 인간적 특성을 사회주의 체제에서는 억눌러야 해. 국가를 운영하는 사람, 다시 말해서 정치인은 (공정을 강요하는 사람이 없는 상황에서도) 절대적으로 공정해야 하고 사심을 깨끗이 버리고 자기 지시에 따라 노동하고 그렇게 해서 생산된 재부를 자기와 나눠 갖는 사람들의 이익만 생각해야 된다고. 그런데 정치인은 그런 천사가 아니란 걸 우린 경험으로 알잖아. 공직을 탐내고 공직을 차지하려고 모략을 불사하면서 사는 자가 하루아침에 이타적이고 헌신적이고 이상적인 인간형으로 변신한다는 건 말이 안 되지. 그렇게 어마어마한 권력을 넘겨받는 사람은 그걸 악용하기 마련이야.

사회주의가 들어서지 못하도록 발목 잡는 인간의 첫 번째 성질은 더 강력해. 평생을 지시만 받으며 살면서도 만족하는 건 쉽지 않아. 제1차 세계 대전 때처럼 국가가 위기에 빠져 개인의 자유를 많이 포기해야 할 시기도 어쩌다가 있어. 국가가 살아남지 못하면 개인의 삶도 그 자식들의 삶도 살 만한 가치가 없어지니까. 비상시에 개인은 자신과 자식들이 궁극적으로는 덜 고통스럽도록 한동안 엄청난 고통을 감내해. 하지만 그런 위기 상황에서도 자유가 크게 훼손당하지는 않아. 그런데 사회주의 체제에서는 자유가 하나도 없어. 지금 찢어지게 가난한 노동자가 작업반장한테 들어야 하는 지시보다 훨씬 과한 지시를 따라야 해. 게다가 또 다른 차이도 있어. 모두가 그런 상황에 처하게 돼서 탈출구가 없다는 거야. 삶의 일부만 그런 것도 아니고 하루 중 많은 시간만 그런 것도 아니고 삶 전체가 남들이 내리는 지시에 따라야 하는 거니까. 이걸 인간이 어떻게 견뎌낼 수가 있을까?

그래서 사회주의는 결코 실현된 적이 없고 결코 실현될 수가 없다고 말하는 거야. 시도야 몇 번 있었지, 앞으로도 그럴 거고. 하지만 사회주의가 피부에 전혀 와 닿지 않는 독재의 산물이 아니더라도, 아무리 진지하더라도, 무너지게 되어 있어. 지금 러시아를 봐! 권력을 차지한 모험주의자들이 진지한지 그저 폭군에 불과한지와 무관하게, 모든 땅을 차지해서 농민이 나라에 의존하게 만들려고 애쓰더니, 결국 거의 모든 국민이 자기 소유의 땅을 경작하는 소유주처럼 살아야 하는 처지가 됐잖아.*

국가는 지금까지 언제나 (여기 영국에서는 우체국, 특정한 삼림, 토지, 그리고 외국에서는 산지의 대부분, 모든 광산과 그 밖의 많은 것을 비롯한) 생산수단의 일부분을 소유했고 소유할 수 있었고 또 실제로 소유하면서 그걸 성공적으로 관장했다고 말하는 건, 이 문제의 답변이 되지 못해. 사회주의의 요체는, 사회주의가 존속하는 데 필요한 한 가지 조건은, 정말로 중요한 생산수단을 국가가 '전부' 소유해야 한다는 거야. 부분적 역할의 정상적 작동과 전방위적 역할의 비정상적 작동은 하늘과 땅만큼 다

---

* 러시아에서는 제1차 세계 대전 중이던 1917년 11월 볼셰비키 혁명이 일어나 공산 정권이 들어섰지만 곧바로 내전이 시작되었다. 1918년 11월 제1차 대전이 끝난 뒤에도 미국, 영국, 프랑스, 일본 등이 반혁명군을 지원했다. 오랜 전쟁으로 인해 수송망이 파괴되어 경제난에 처하자 많은 도시인이 식량을 찾아 농촌으로 이주했다. 1921년 레닌이 이끄는 혁명 지도부는 경제난을 타개하려고 사유제 제한을 완화하고 시장 경제 요소를 도입한 신경제 정책을 시행했다.

른 거라고. 사적 소유가 기본인 사회에서 작동하는 부분적인 국가 소유는, 전방위적 국가 소유가 기본이고 사적 소유는 예외적으로만 허용되는 사회와 완전히 다른 정도가 아니라 아예 '정반대'라니까. 사회주의는 인간이 앞의 상태보다는 뒤의 상태를 갈구하고 그 안에서 더 편안해할 때만 좋고 가능해. 다시 말해서, 통치하는 사람일 때는 정의만 생각하고 자아는 깡그리 잊어버리는 상태, 통치받는 사람일 때는 일신의 명예라든가 자유, 취향은 깡그리 내버리는 상태를 갈망하고 그럴 때 더 편안해해야 한다고.

13장

국제 거래의 네 가지 특성

국제 거래는 한 나라 안에서 이루어지는 국내 거래와 크게 다르지 않아. 내국인과 외국인은 개인 대 개인으로 물건을 맞바꾸지. 세상에서 이루어지는 거래를 전부 볼 수 있다면 영국의 데번셔와 런던 사이에서 이루어지는 거래와 런던과 아르헨티나 사이에서 이루어지는 거래에서 차이를 못 느낄 거야. 데번셔 사람은 밀을 길러 런던 시장에 팔아서 런던 상인이 내놓는 공산품을 사지. 아르헨티나 농부도 똑같이 해. 외국이 아니라 마치 데번셔에 사는 것처럼 밀을 팔아서 필요한 공산품을 얻는다고. 아르헨티나 농부는 '영국'과 거래하는 게 아니라 영국에 있는 특정한 상인이나 기업과 거래하지.

하지만 국제 거래에는 똑똑히 알아 둬야 할 점이 몇 가지 있어. 그걸 모르면 국제 거래에서 발생하는 정치 문제들을 오판할 수 있지.

우선 국제 거래는 국내 거래에서는 겪지 않는 일정한 간섭을 항상 받아야 돼. 어떤 나라든지 관세, 다시 말해서 외국에서 들어오는 엄청나게 많은 품목에 매기는 세금이 있다는 뜻이야. 불과 얼마 전까지 영국처럼, 자국민을 외국인 경쟁자와 동일한 조건에 두어야 한다고 믿으면서 완전한 자유무역을 내거는 나라들도 관세를 거두고 마약 같은 바람직하지 않은 물품을 단속하려고 입항지라든가 특정한 국경 지역에서 모든 물품을 검사해. 검사도 안 하고 '모든' 물건이 들어오게 허용하는 나라는 없어. 금지된 물건이 슬쩍 들어오게 하지는 않는다고. 더구나 한 나라의 대외 무역 규모와 성격을 평가하는 게 중요한데, 항구나 국경에서 물건을 멈춰 세우고 검사하지 않으면 이걸 알 도리가 없겠지.

물건이 국경을 통과할 때 항상 검사를 한다는 것이 바로 국제 거래가 국내 거래와 다른 점이야. 두 번째 차이점은 국제 거래에서는 다른 통화를 쓴다는 거지. 모든 나라가 금화를 쓰더라도 통화의 교환 가치는 나라마다 조금씩 달라. 가령 제1차 세계 대전이 발발하기 전에 영국 돈 1파운드는 금으로 따졌을 때 프랑스 돈 25.25프랑이었어. 그런데 이 '등가'는 정확히 맞아떨어질 때가 드물어. 프랑이 파운드와 비교해서 '등가'보다 1펜스쯤, 때로는 그 이상으로 오르내리거든. 많은 나라의 통화가 불안정한 상황에서는 변동이 더 심해지고. 세계 대전이 끝나고 지금은 많은 나라가 더는 금화를 안 쓰고 가공의 지폐를 쓰니까, 한 통화를 다른 통화에 견주었을 때 가치가 휙휙 바뀐 단다. 그래서 1년 후면 영국 돈 1파운드로 50프랑을 받을 수도 있고 시간이 좀 더 지나 프랑스 돈의 가치가 떨어지면 80프랑 까지 받을지도 몰라.

한 나라 안에서 이루어지는 거래는 그 나라 통화로 모든 가치를 계산하면 되지만 둘 이상의 통화가 관계하는 국제 거래는 그리 간단하지가 않아.

국제 거래에 관해 알아 둬야 할 세 번째 핵심은, 한 나라 안에서 이루어지는 거래와 본질적으로 다르지 않다는 데서 출발하는데, 두 당사자 사이에 일어나는 간단한 계약이 아니라 아주 많은 당사자가 복잡하게 얽힌 계약의 연결망이라는 점이야.

앞에서 한 나라 안에서 이루어지는 교환도 간단한 물물 교환이 아니라 다중 교환이라고 했지.

국내 거래에서 농부는 밀을 중간상에게 팔지만 밀을 산 상인한테서 트럭을 구입하진 않아. 중간상한테 돈을 받고 그 돈으로 가령 한 달 뒤에 트럭을 사지. 그런데 실제로 벌어지는 건 밀과 트럭 사이에 놓인 수많은 거래의 연쇄야. 중간상한테서 제분소가 밀을 사고 제분소에서 빵집이 밀가루를 사고 이런 식으로 죽 이어져서 나중에 주물업자가 주물을 납품하면 그걸 자동차 회사가 조립해 농부한테 트럭으로 파는 거란다.

국제 거래도 마찬가지야. 이 책 전반부에서 살펴봤듯이 국제 거래망이 있는 거야.

국제 연쇄에 관여하는 총 단위는 얼마든지 클 수 있어. 단위가 10일 수도 있고 50일 수도 있고 아니면 100을 거쳐 완결될 수도 있지. 하지만 수입과 수출이 대체로 균형을 이루어야 한다는 보편적 원칙은 지켜져야 해. 기본 원칙은 외국에서 뭘 수입하든 간에 그에 상응하는 가치를 국내 생산품을 수출해서 번 돈으로 지급해야 한다는 거야. 그런데 우리가 알아차리지 못하고 넘어갈 때도 많지만 이 원칙이 적용되지 않는 예외도 있어.

우선 수출품과 수입품이 반드시 '유형'의 수출품, 수입품일 필요는 없다는 걸 알아야 해. 많은 수출입품이 '무형'이고 어떤 수출입품은 항상 그렇거든. 가장 명백한 예로 '운임'이 있지. 이 나라에서 저 나라로 물품을 실어 나른 대가로 지급하는 돈 말이야. 제1차 대전이 시작되기 전에 영국은 수출보다 수입이 많았어. 이런 차이가 생긴 주된 원인은 수입품 대부분이 영국 배에 실려 왔기 때문이야. 가령 아르헨티나에서 어떤 사람이 500파운드어치의 밀 50톤을 영국으로 보내면 영국은 아르헨티나를 비롯해 많은 나라와 긴 거래 연쇄를 거쳐 이 500파운드어치의 밀에 맞먹는 가치를 수출할 텐데, 그 액수가 500파운드가 아니라 겨우 450파운드인 거지. 차액 50파운드는 아르헨티나에서 영국까지 영국 배로 실어오는 비용으로 상쇄되는 거야. 바꿔 말하면 500파운드어치의 밀 중에서 50파운드는 아르헨티나 사람이 바다 건너 밀을 실어 나르는 영국 선원들에게 지급해야 한다는 거야.

게다가 돈이 많거나 힘이 센 나라는 돈이 적거나 힘이 약한 나라에 자주 공물 부담을 안겼어. 여기서 공물은 여러 종류야. 빌려준 돈에 붙이는 '이자'라는 공물이 있지. 영국 은행들이 이집트 사람들에게 100만 파운드를 꿔주고 이자를 1년에 4만 파운드 받는다고 치자. 그러면 이집트는 직접 또는 거래 연쇄로 우회해서 영국에 4만 파운드어치의 물품을 보내야 해. 영국은 아무것도 보낸 게 없는데도 말이야.

규모는 작지만 연금으로 지급되는 공물도 있단다. 가령 한 영국인이 인도에서 공무원으로 일하다가 은퇴해서 1년에 1000 파운드의 연금을 받는다고 하자. 그런데 이 연금은 인도 납세자들이 부담해. 인도에서 퇴직한 영국인 공무원이 거의 다 그렇지만 이 사람이 영국으로 돌아와 살면서 돈을 써도 인도는 해마다 1000파운드어치의 물품을 영국에 수출해야 하는 거야. 영국은 아무것도 보낸 게 없는데 말이지.

외국에 있는 공장이나 회사의 주식을 가진 사람도 마찬가지야. 만약 이 사람이 영국에 산다면 그가 받는 배당금이나 이익만큼 물품이 영국으로 수입될 거야. 영국은 아무것도 보낸 게 없는데 말이야.

여기서 기억해 둬야 할 건 **무역의 규모**(다시 말해서 수입품과 수출품의 총액)**만으로는 수출하고 수입하는 나라가 얼마나 잘사는지 얼마나 재부가 많은지 알 수 없다**는 사실이야.

국제 거래를 거의 하지 않아도 아주 부유한 나라가 있을 수 있거든. 거의 모두가, 아니 모두가 만족할 만큼 충분한 재부를 자기 영토 안에서 생산할 수 있다면 그렇겠지. 그리고 (대부분의 사람이 잘못 생각해서 기억해 두는 게 굉장히 중요한데) 국제 거래에서도 **한 나라의 재부는 수입을 통해서만 증가한다**는 사실이야.

내보내는 건 잃는 거고 들여오는 건 얻는 거란 사실은 영국 같은 섬나라에서는 특히 아주 분명하지. 그런데도 사람들은 이렇게 아주 간단한 명제를 헷갈려 하지. 왜냐하면 개별 거래자는 자기가 한 거래를 개별 판매로만 생각하거든. 거래를 전체로 보지 못해서 그래. 가령 개별 거래자가 기관차 한 대에 1만 파운드씩 받고 수출한다고 쳐. 이건 사실상 장기적으로 보면 영국에서 본인이든 다른 어떤 사람이든 1만 파운드어치의 외국 물품을 요구할 수 있다는 뜻이야. 하지만 개별 거래자는 그렇게 생각하지 않지. 자기 거래만 생각하니까. 그래서 기관차를 외국으로 보내는 건, 그렇게 해서 얻는 수입 말고 '그 자체만으로는' 1만 파운드어치의 나라 재부를 '잃는' 셈이라고 말하면 놀라서 펄쩍 뛰겠지.

정치 토론을 할 때 나라의 수출이 줄어 큰일이다 수입이 늘어 큰일이다, 뭐 이런 식으로 흔히 말하잖아. 길게 보면 그렇지 않아. 수입이 수출을 웃도는 건 대외 무역 전체로 보면 국익이야. 수입보다 수출을 꼬박꼬박 많이 하는 나라는 외국인에게 공물을 바치는 셈이고 수출보다 수입을 꼬박꼬박 많이 하는 나라는 공물을 받는 셈이지.

물론 단기적으로만 보면 수출이 줄어드는 건 나쁜 조짐이겠지. 그만큼 수입할 거리가 줄어드는 셈이니까. 나라에서 수출이 해마다 줄면 불안해하는 게 맞아. 그렇게 되면 조만간 수입도 덩달아 줄어들 테고, 총 재부도 감소할 테니까. 하지만 충분히 긴 시간을 두고서 보면 수입이 수출보다 많은 건 이득이고 수출이 수입보다 많은 건 손실이란 건 명백해.

국제 거래에서 알아 둬야 할 마지막 사실은 대외 무역의 중요성은 나라마다 많이 달라서 무역이 대외 정책에 끼치는 영향도 나라마다 다르다는 거야. 필요한 걸 혼자 힘으로 다 조달할 수 있는 나라는 뭔가 문제가 생겼을 때 대외 무역에서 얼마든지 위험을 감수할 수 있어. 생활필수품을 수입하는 나라는 무역에서 그런 위험을 감수할 수가 없지. 죽고 사는 문제니까. 미국이 바로 전자야. 영토 안에 필요한 광물이 다 있고 석유도 있고 옷감을 만드는 원료도 다 있고 장화를 만드는 가죽도 다 있고 뭐든지 다 있으니까. 영국 같은 나라는 입장이 아주 달라. 영국은 필요한 고기의 절반, 옥수수는 5분의 1만 국내에서 생산할 수 있어. 그래서 영국은 대외 무역이 꼭 필요해. 미국은 내일 당장 대외 무역이 파탄 나더라도 형편은 좀 어려워지겠지만 그래도 여전히 부자일 거고 다른 나라의 도움 없이도 버텨 나갈 거야. 하지만 영국은 대외 무역이 파탄 나면 무서운 기근이 닥쳐서 국민 대부분이 죽겠지.

나라마다 사정이 많이 다르겠지만 모든 나라 중에서 특히 영국이 대외 무역 유지에 목을 매고 다음으로는 벨기에가 그렇지. 벨기에도 빵 재료의 5분의 4를 수입하거든. 미국을 빼고는 거의 모든 나라가 정상적으로 살아가려면 대외 무역을 해야 해. 가령 프랑스는 대체로 자급하는 나라에 속하지만 석유가 나지 않아. 외국에서 석유를 사야 하니 그 수입품을 결제하려면 물품을 수출해야 하지. 석탄도 필요량에 한참 못 미치고 전쟁 전에는 철도 턱없이 모자랐어. 이탈리아는 석탄도 석유도 안 나고 철 생산도 말하기 부끄러운 수준으로 턱없이 모자라. 유럽의 모든 나라가 비슷한 형편이지. 그중에서도 벨기에와 특히 영국은 대규모 대외 무역을 유지해야 해.

국제 거래는 영국의 모든 정책에 영향을 줘. 영국의 위대함과 영국의 위험 요소 둘 다의 뿌리지. 그래서 영국인은 무역 규모를 가지고 외국의 재부를 평가하는 경향이 있는데 그건 대단히 잘못된 거야.

14장

자유무역과 보호무역의 정치적 문제들

지금으로부터 100년 전쯤 영국에서는 국제 교역 문제를 놓고 이른바 '자유무역론자'와 '보호주의자' 사이에서 정치적 논쟁이 크게 벌어졌어.

이 논쟁은 지금도 계속되고 있고 나라 살림에도 영향을 끼치고 있는 만큼 각각의 논리가 뭔지 이해하는 건 중요해. 정치경제학 이론을 실제 상황에 적용한다는 게 바로 이런 거거든.

이 책 앞 부분에서(6장) '무역에 관한 오래된 논쟁'이라는 제목으로 이 주제를 잠깐 다루긴 했어. 그런데 여기서 다시 자세히 짚어보는 건, 이 주제를 정치적으로 적용하는 과정에서 가장 중요한 경제 논쟁이 일어난 곳이 바로 근대 영국이라서 그래.

자유무역론자는 나라 안에서건 나라 밖에서건 거래에 아무런 제한을 두지 않으면 전체적으로 영국이 더 부유해진다고 말해. 이웃과 교환할 게 있는 사람은 당연히 아무런 간섭을 받지 않고 자유롭게 교환하겠지. 하지만 자유무역론자가 특히 강조하는 건 '외국인' 구매자와 교환할 게 있는 사람도 항구 같은 곳에서 거래에 대한 수출세를 문다든지 하는 식으로 간섭받지 않고 똑같이 자유롭게 교환할 수 있어야 한다는 거야. 마찬가지로 외국인도 우리하고 교환할 물품이 있다면 아무거나 자유롭게 우리한테 보낼 수 있어야 해. 법에 가로막힌다든지 항구에서 특별 수입세를 문다든지 하는 식으로 제약받아서는 안 된다는 거지.

자유무역론자는 이렇게 주장해. "이런 방식으로 해서 나라 전체의 재부를 극대화할 수 있다."

반면에 보호주의자는 이렇게 말하지. "영국의 특정 생산 분야에서 일하는 수많은 사람이 있다. 거기에 자본을 투자한 사람은 이윤을 얻고 자본이 투자된 토지를 보유한 사람은 지대를 얻고 일하는 사람은 임금을 받는다. 똑같은 물품을 생산하는 데 특별한 이점이 있어서 우리보다 싸게 생산할 수 있는 외국인은 그 싼 물품을 들여와서 영국인에게 팔려고 내놓는다. 사람들은 싸니까 당연히 그 물건을 살 거다. 그러면 그 물건을 생산하는 데 자본을 투자한 사람, 다시 말해서 그걸 생산하는 데 필요한 설비, 건물 등등을 소유한 사람은 망할 거다. 그 사업은 채산성이 없을 거다. 아무도 그 사람 물품을 안 살 테니까. 이윤은 사라지고 자본은 먼지로 날아간다. 생산 시설이 자리한 토지의 지대도 사라지겠지만 제일 심각한 건 그걸 만들어서 얻는 임금으로 먹고 살던 수많은 사람이 굶주리거나 하는 일 없이 다른 사람들에게 얹혀 살아야 한다는 거다. 영국은 재부를 생산하는 힘을 그만큼 잃을 거다. 따라서 우린 이 싼 수입품에 세금을 물려서 국내 생산을 '보호'해야 한다. 외국산 제품이 들어올 때 세금을 물려서 이 세금 때문에 외국의 생산 원가가 국내의 생산 원가와 석어도 같은 수준이 되도록 만들어야 한다. 이렇게 하면 국내에서도 계속해서 이 물건을 생산할 만한 가치가 있게 된다. 가격이 엇비슷하니까 영국 소비자는 국내산도 외국산만큼 사려고 들 거다."

심지어는 이런 말도 하지. "외국산 제품에 세금을 아주 높게 매겨서 불이익을 줘야 한다. 다시 말해서 외국 제품이 영국 제품보다 값이 더 비싸서 영국에서는 팔리지 않도록 높은 세금을 물려야 한다. 이렇게 하면 영국 제품은 계속 팔릴 거고 국내 산업은 예전처럼 잘 굴러갈 거다."

이 두 가지 정치 이론이 대립했어.

지금부터 상반된 두 입장이 기반하고 있는 경제 원리를 들여다보고 어느 쪽이 설득력이 높은지 알아보자.

이 책 전반부에서 우린 이미 교환은 생산 과정의 최종 단계일 뿐이라는 기초 경제 원리를 배웠어.

그리고 **교환의 자유는 교환이 이루어지는 지역 안의 재부 생산을 극대화하는 경향이 있다는** 원리도 배웠어. 반대로 교환의 자유가 간섭받으면 그 지역 안에서 생산 가능한 재부가 감소하는 경향이 있다는 말이야. 이게 얼마나 자명한 원칙이냐면, 근대의 모든 강국은 '자국의 국경 안에서는' 교환을 최대한 자유롭게 두려고 신경 썼다는 사실을 보면 알 수 있어.

미국 전역에서, 영국 전역에서, 프랑스 전역에서 물품은 자유롭게 교환돼. 자국 안에서 통행세를 받으면서 교환을 간섭하면 그 나라에서 생산되는 재부의 총량은 감소할 수밖에 없거든.

이제 자유무역론자는 이 원리를 대외 무역으로 확대하면서 이렇게 말하지. "외국인이 우리가 직접 생산할 때보다 싸게 물건을 판다면 그건 우리한테 이득이고, 외국과의 경쟁으로 위협받는 국내 업자를 도와야 한다는 생각으로 이 거래에 간섭하는 건 근시안적 사고다. 우리가 쉽게 만들 수 있는 물건에 집중하면 훨씬 힘을 덜 들이고도 구할 수 있는데, 어렵게 생산하니까 그렇다. 똑같은 힘을 우리가 잘 만드는 물건에 쏟아부어서 외국 제품과 교환하면 우리는 외국인이 우리보다 더 쉽게 만드는 물건을 더 많이 얻을 수 있을 거다."

구체적인 예를 들어서 자유무역론자가 무슨 주장을 하는지 알아볼까?

영국 사람들이 외국산 와인에 관해 전혀 알지 못해서 비싼 돈을 들여 온실에서 포도를 길러 직접 만들다 보니 값이 5리터당 1파운드씩 한다고 치자. 한편 영국은 지표면 가까이에 큼직

큼직한 탄광들이 있어서 많은 석탄을 쉽게 캘 수 있어. 그런데 어느 날 실외에서도 포도를 쉽게 키울 수 있는 기후 조건에서 살아가는 사람들이 있다는 이야기를 듣게 되지. 영국 사람들이 온실에서 인공적인 방식으로 재배하는 것보다 노동과 자본을 훨씬 덜 들이고도 포도를 키울 수 있어서 와인 5리터를 0.5파운드에 영국으로 보낼 수 있다는 거야. 그럼 영국은 1파운드어치의 노동과 자본을 들여서 선보나 두 배의 와인을 얻을 수 있는 거지. 온실에서 인공적으로 포도를 기르느라 시간을 허비하느니 온실에서 일하던 사람을 광부로 만들면 석탄을 더 캘 수 있고 이 여분의 석탄을 다시 외국산 와인과 교환할 수 있잖아. 1파운드어치의 자본과 노동을 들여서 영국산 와인은 5리터밖에 못 얻지만 똑같은 자본과 노동으로 외국산 와인은 10리터를 얻을 수 있는 거야. 온실을 유지하는 데 들어간 자본을 탄광 개발에 쓰면 영국은 이전과 똑같이 석탄을 넉넉하게 쓰면서도 와인을 더 얻을 수 있겠지. 그래서 영국의 전체 재부는 늘어나는 거야.

사실 자유무역과 보호주의를 둘러싼 영국 내 논란에는 와인보다 훨씬 중요한 게 걸려 있었어. 바로 식량이야. 먹는 문제다 보니 정치적 논의가 피부에 와 닿았고 그만큼 달아올랐단다. 자유무역론자가 논쟁에서 이긴 것도, 제1차 세계 대전이 발발하기 전까지 영국이 완전한 자유무역을 실시한 것도 식량이 걸린 문제라서야. 외국 농산물을 모두 받아들여서 국내 농산물과 동등한 조건에서 경쟁시킨 거지.

논쟁이 시작된 100년 전 영국은 옷감, 기계, 선박 등등 이미 많은 공산품을 생산하고 있었어. 들에서 나는 밀, 고기, 우유, 버터, 치즈로 식량도 해결했고. 하지만 인구가 빠르게 증가하면서 영국 땅에서 생산되는 식량은 총량은 늘어났지만 인구에 비하면 줄어들었어. 그래서 식량이 비싸질 위험이 높아졌지. 자유무역론자는 이렇게 말했단다. "외국 식량이 자유롭게 들어오게 하라. 똑같은 노동량을 들여서 더 많은 밀, 더 많은 고기, 더 많은 낙농품을 얻는 기후에서 식량이 생산되면 영국의 많은 농업인이 땅에서 일하는 걸 포기해야 할 것이다. 하지만 제조업에서 일할 수 있으니 영국인이 그만한 노동으로 얻는 식량의 총량은 더 커질 것이다. 가령 농업 노동자 한 사람이 한 시간 일해서 1킬로그램의 식량을 얻을 수 있다고 하자. 만일 모든 외국 농산물이 영국으로 자유롭게 들어올 수 있게 하면, 똑같은 사람이 공장에서 한 시간 일해서 생산한 공산품을 외국 농산물과 교환할 때 2킬로그램의 식량을 얻을 수 있을 것이다."

자유무역론은 얼핏 보면 간단명료할 뿐 아니라 토를 달 수 없을 것처럼 보였단다. 실제로 빅토리아 여왕 재위 시절(1837~1901)에 교육받은 사람들 대부분, 아니 거의 전부는 여기에 토를 달 수 없다고 생각했고, 영국 내 보호주의자들(이 사람들은 자기들 이론을 법제화할 기회를 박탈당했지)과 여전히 대외무역에 관세를 물리던 외국의 보호주의자들은 경제학의 기본도 제대로 이해하지 못하는 무지몽매한 사람들로 여겨졌어.

자유무역론자의 생각이 맞는지 틀린지 살펴보기 위해 보호주의자들이 어떤 논리로 받아쳤는지 알아보자.

논리는 두 가지였어.

(1) 어떤 보호주의자는 이렇게 말했지. "우리가 '경제학'이라 불리는 학문이 담고 있는 이 정교하고도 추상적인 논의를 모두 좇아갈 수는 없다. 우린 상식과 경험이 풍부한 실무형 인간이라서 외국인이 자유롭게 들어오면 우리가 망한다는 걸 안다. 외국인은 우리 농민을 파산으로 몰아넣을 만한 싼 값에 자기 밀을 팔 수 있다. 우리 농민은 땅을 떠날 테고 지주가 받는 지대도 사라질 거다. 이렇게 해서 영국의 재부가 박살 나는 거다."

(2) 다른 논리를 펴는 보호주의자도 있었어. "당신네 자유무역론자들이 당연하게 여기고 또 의존하는 기본 전제를 요약하면 이렇다. **특정 생산 분야에 종사하는 노동과 투입된 자본이 자유무역 때문에 모두 파괴되어도 다른 생산 분야에서 더 유익하게 쓰일 수 있다**는 거다. 하지만 우리 보호주의자들은 특수한 경우에는 파괴된 노동과 자본이 더는 유익하게 쓰이지 '못'한다고 말한다. 세상은 하루아침에 만들어지는 게 아니라는 현실, 국민성이라는 게 있다는 현실, 우리가 당연시해온 영국 사회의 제도와 전통이 있다는 현실에서 따져볼 때, 파괴된 산업은 악화일로를 걷다가 결국 외부 구호물자에 인위적으로 도움받게

될 것이고, 농민은 한 해 한 해 버티지만 잃기만 할 뿐 땅은 잡초가 무성한 습지로 변하고 건물은 허물어질 거라고 말한다. 또한 그렇게 쫓겨난 노동과 자본을 다른 방식으로 쓴다는 게 이론적으로는 가능해도 실제로는 창조하는 재부보다 파괴하는 재부가 더 많을 거라고 말한다."

보호주의 진영의 이 두 가지 입장은 지금도 여기저기서 제기된단다.

첫 번째가 엉터리 논리란 건 누구나 이 문제를 조금만 생각해도 명백히 알 수 있지. 현재 상황에 맞지 않아서 특정 산업에서 밀려난 사람과 자본이 반드시 파괴되는 건 아니니까. 다른 산업에서 더 많은 총 재부를 생산하는 데 투입되지 못하리란 법은 없어. 그런데 두 번째는 **한 산업에서 다른 산업으로 바꾸기가 불가능하다는 주장이 정말로 참이라면** 훌륭한 논리란다.

보호주의 진영에는 불행한 일이었지만, 영국에서 보호주의를 옹호한 사람은 거의 다 첫 번째를 들고나왔어. 그래서 자유무역론자들한테 보기 좋게 바보 취급을 받았지. 비교적 소수의 사려 깊은 사람들만 두 번째를 주장했는데, 불리한 점이 있었어. 길잡이가 되어줄 만한 과거의 경험도 없이 가능하거나 그럴 법한 미래를 두고 논리를 펴야 했을 뿐 아니라, 보호주의자의 말이 맞는지 틀린지, 영국 농업의 파괴가 영국 전체의 복리를 축낼지 아닐지 알려면 실제로 오랜 세월이 흘러야 했기 때문이었지.

게다가 인구는 굉장한 속도로 계속해서 증가했어. 그것도 하나같이 도시와 탄광 지대에서 말이야. 제조업 생산량은 하루가 다르게 올라가기만 했고 나라의 총 재부가 엄청나게 불어났지. 그래서 동시에 일어난 벌판의 황폐화는 가려지고 사소해 보였던 거야. 영국은 어떤 국내 제조업 부문에서도 보호주의를 들이댈 이유가 없었지. 영국은 가장 먼저 석탄을 쓰기 시작했고 가장 먼저 기계도 개발했어. 보호할 필요가 조금이라도 있었던 분야는 농업밖에 없었던 거지. 그리고 그건 도시에 사는 임금 노동자에게는 식비가 오른다는 걸 뜻했단다.

논쟁의 결과는 자유무역론의 대승리로 싱겁게 끝났어. 그리고 아무리 뛰어나고 합리적이어도 자유무역 반대론자는 오래도록 하나같이 비웃음을 받았지.

하지만 우리가 경제학도로서 이름값을 하려면 이 논쟁을 그렇게 간단히 일축해선 안 돼. 어떤 상황에서는 보호주의를 옹호해야 할 강력한 '경제적' 논거가 있거든. 그걸 뒷받침하는 현실 속 증거는 1차 대전이 터지기 전 30년 동안 독일 제국에서 일어난 엄청난 재부의 증가야. 당시 독일의 재부 증가는 높은 보호주의 관세와 정확히 맞아떨어지거든. 비슷한 시기에 미국에서도 똑같은 일이 벌어졌어. 하지만 보호주의를 옹호하는 이론적 논거는 이보다 훨씬 강해. 미국과 독일에서 발생한 재부의 증가가 다른 원인들 때문이었다 치더라도, 경우에 따라서는 보호주의 그 자체가 나라 전체의 재부를 증가시킨다는 걸 논리적으로 보여줄 수 있거든. 그 증거를 제시하면서 이 장을 마칠까 해.

우린 다음 공식이 참이란 걸 이제 알잖니. "교환의 자유는 그것이 적용되는 지역의 재부 전체를 증가시키는 경향이 있다."

하지만 앞서 6장에서 살펴봤던 두 번째 공식*도 참이기 때문에, 특별한 경우에는 보호주의론에 무게가 실리는 거란다. 교환의 자유가 그것이 적용되는 지역의 전체 재부를 증가시키는 경향이 있더라도 **그 지역 안에 있는 모든 부분의 재부를 증가시키는 경향이 있는 건 아니기 때문이야.** 따라서 교환의 자유가 적용되는 지역 안에 있는 일부분이 자유로운 교환 과정에서 빈곤을 겪는다면, 이 특정한 일부분의 영역에서 교환의 자유를 간섭할 때 이 일부분은 더 부유해질 수 있어.

특정한 경우에 보호주의가 일리 있는 주장이라고 말하는 건 그래서야.

수치를 들어 설명해볼게. 가령 세 섬이 있는데, 둘은 가까이 있고 하나는 멀리 떨어져 있다고 하자.

세 섬을 각각 A, B, C라고 부를 거야. 섬 A는 철광석이 넘쳐나. 섬 B는 석탄이 넘쳐나고. 섬 C도 섬 A처럼 철광석이 넘쳐

---

* 어떤 조건에서는 특정한 지역의 경계 너머에서 이루어지는 자유로운 교환에 대한 '간섭'이 그 지역을 더 부유하게 만든다. 그 조건들이 존재할 때는 이른바 보호의 경제적 이유가 있다.

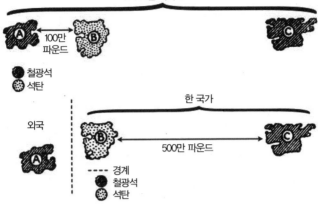

100만
파운드

● 철광석
◉ 석탄

한 국가

외국

500만 파운드

---- 경계
● 철광석
◉ 석탄

나지만 두 섬 A, B와 동떨어진 곳에 있어.

보통 철광석은 석탄 지대로 가져와서 제련을 해. 철광석은 무겁지만 부피가 작아서 배로 조금씩 운반할 수 있거든. 세 섬이 모두 한 국가에 속한다면 무슨 일이 벌어질지 뻔하지. 섬 B는 섬 A에서 철광석을 수입해 제련한 뒤 선철과 강철 그리고 온갖 종류의 철제품을 생산하겠지만 섬 C는 멀리 떨어져 있어서 미개발 상태로 남을 거야. 섬 C가 기후도 음산하고 토질도 나쁘다면, 아마 거기 사는 사람들은 풀을 뜯어먹는 소나 조금 키우면서 아주 어렵게 살 거야. 지리적으로 동떨어진 탓에 철광석을 못 파니까 말이야.

매년 섬 B가 섬 A에서 수입하는 철광석의 양이 돈으로 환산하면 1천만 파운드라고 가정하자. 이건 지급되어야 해. 다시 말해서 섬 B는 제련을 거쳐 제조한 철제품과 강철을 수입한 철광석 대금으로 섬 A에 수출해야 돼. 섬 A에서 철광석을 실어 온 운송비, 그러니까 바다 건너 섬 B까지 그걸 가지고 오는 데 든 비용도 지급해야 하고. 그 비용을 100만 파운드라고 하자. 그리고 섬 B에서 석탄으로 제련한 다음 생산한 철제품의 총 가치가 3천만 파운드라고 하자. 이 중에서 1100만 파운드는 섬 A에서 철광석을 구입하고 운반하는 데 든 비용으로 나가지. 섬 C의 경제적 가치는 무시해도 좋을 거야. 얼마 안 되는 주민들이 소 몇 마리 키우면서 힘들게 살아가니까 말이야.

이제 제조된 철제품이 만들어낸 재부 3천만 파운드 중 1천만 파운드는 섬 A가 갖고, 1900만 파운드는 섬 B가 갖고, 100만 파운드는 철광석을 배로 실어 나른 쪽이 가져. 그럼 세 섬 A, B, C로 이루어진 전체 국가의 재부를 평가할 때 이렇게 말할 수 있을 거야. "전체 재부는 철물과 강철 제품으로 구성된다. 연간 3천만 파운드에 해당하는 재부 중 1천만 파운드는 섬 A의 수입, 1900만 파운드는 섬 B의 수입이고 100만 파운드는 운송업자가 번다. 섬 C의 재부는 미미하다." 그래, 좋다고.

이제 정치적 상황이 달라졌다고 가정하자. 섬 B와 C는 한 국가에 속하지만 섬 A는 외국 영토가 된 거야. 섬 B와 C가 속한 국가는 보호주의로 돌아서서 외국에서 수입하는 철광석에 관세라는 장벽을 세우지. 섬 A에서 섬 B로 철광석을 실어 오는 비용이 100만 파운드였잖아. 섬 C는 섬 B에서 훨씬 멀다 보니 운송비가 500만 파운드 들지만 같은 국가에 사는 사람들이 운송을 맡아. 섬 B와 C가 속한 국가에서 책정한 관세는 이른바 '보호' 관세겠지. 다시 말해서 섬 A의 철광석이 아예 들어오지 못할 만큼 높은 수준이라서 섬 B의 제련소들은 멀리 떨어진 섬 C에서 철광석을 들여올 수밖에 없을 거야. 그럼 무슨 일이 벌어질까?

섬 B는 이제 철광석 운송비로 예전의 다섯 배를 부담해야 해. 철광석을 들여오면서 전에는 1100만 파운드를 냈지만(1천만 파운드는 철광 값으로 지불했고, 100만 파운드는 운송업자에게 지불했어) 이제는 1500만 파운드를 내야 하는 거지(1천만 파운드는 철광 값으로 지불하고, 500만 파운드는 운송업자에 지불해야 해). 여전히 매년 3천만 파운드어치를 생산하지만 이제 자기 수입으로 남는 건 예전의 1900만 파운드가 아니라 1500만 파운드야. 그만큼 가난해진 거지.

하지만 섬 C는 거의 수입이 없다가 이제는 연수입이 1천만 파운드야. 섬 A는 망했고. 보호주의는 철광석 조달을 부자연스러운 상황으로 몰아넣었지. 탄광 주인들은 철광석을 훨씬 멀리까지 가서 구할 수밖에 없게 됐으니까. 자유무역일 때는 그럴 필요가 없었는데 말이지. 세 섬의 총 재부는 전보다 400만 파운드가 줄었어. 철광석 운송비로 400만 파운드를 추가로 부담해야 하니까. **하지만 철광석 운송을 외국 선박에 맡기더라도 이제 섬 B와 C의 총 재부는 과거 자유무역일 때보다 커져. 섬 B**

의 재부는 1500만 파운드, 섬 C의 재부는 1천만 파운드, 도합 2500만 파운드야. 철광석을 들여오는 데 자국 선박을 쓰면 전체 재부는 3천만 파운드로 늘고. 예전에는 섬 B와 C의 재부가 겨우 1900만 파운드였는데 말이야. 섬 A는 망했고 이 지역 전체의 재부는 줄었지만 섬 B와 C가 속한 국가의 보호주의자들은 거기에는 아주 무관심하지. 자기들이 속한 나라의 재부만 생각하지 남들이 망하는 건 신경 안 쓴다고. 보호주의자들의 정책은 외국인을 희생하면서 자기 나라의 재부를 늘리는 거거든.

바로 여기에 보호주의의 논리가 있단다. **섬 C가 철광석을 파는 일 말고 다른 걸 할 수 있다면, 다른 형태의 재부를 얻을 수 있다면, 재주가 좋아서건 운이 따라서건 활동 무대로 삼을 만한 새 영역을 찾아낼 수 있다면, 그때는 보호주의 논리가 깨지겠지.** 섬 B는 섬 C에게 이렇게 말할 거야. "섬 B는 외국 땅인 섬 A에서 철광석을 싸게 구하고, 섬 C는 낙농업이라든가 섬 B가 못하는 분야를 발전시키자. 그럼 세 섬 다 이득이고 섬 B와 C가 속한 국가도 전보다 잘살게 될 거다. 섬 B는 (줄어든 1500만 파운드가 아니라) 전처럼 1900만 파운드의 수익을 얻고 섬 C는 700만 파운드 이상의 낙농업을 발전시킬 수도 있다."

이런 예에서 아주 명백히 드러나는 게 뭐냐면, 보호주의 옹호론은 특정한 사안에 국한해야 한다는 사실이야. **한 지역 사회가 지닌 에너지 중에서 개발되지 않은 부분을 새로운 출구로 돌릴**

수 있는지 없는지 여부만 철저히 따져야 한다는 거지.

앞의 사례보다 규모는 작지만 지금 영국에 아주 적절한 예가 있어. 영국 국민은 가구당 연간 4파운드어치의 돈육 제품, 다시 말해서 베이컨, 햄 따위를 외국에서 들여와야 해. 이걸 국내에서 충당할 수 없는 건 아니야. 공장에서 노동자를 단 한 명도 빼내지 않아도 농가에서 돼지를 키워 국내 수요를 감당할 수 있거든. 그런데도 영국이 돼지고기 문제에서 이런 처지에 놓인 건 대체로 영국 농업이 워낙 어려워져서 사람들이 돼지를 넉넉히 생산하려고 굳이 애쓰지 않아서야. 그러니까 이게 딱 들어맞는 예지. 여기서 보호주의를 적용하면 얻는 게 있을지 없을지는 실험을 해봐야 알 수 있겠지.

보호주의론은 이런 식의 논리를 펼 수 있을 거야.

"입항지에서 모든 외국산 돼지고기에 일정액의 관세를 물려야 한다." 이렇게 하면 영국 내 돼지고기 값이 약간 올라가. 만약 보호 관세 때문에 영국 국민이 전체적으로 가구당 연간 2파운드를 더 내야 하는 수준으로 돼지고기 값이 올라가고 그 정도로 인상된 가격이 영국 농민으로 하여금 적절한 양의 돼지를 먹여서 돼지고기 공급을 유지하는 데 드는 수고를 감내하게 만든다면, 영국의 총 재부는 가구당 2파운드 증가하겠지. 설령 모든 가구가 연간 3파운드에서 3.5파운드까지 더 부담해야 하는 수준까지 돼지고기 가격이 오르더라도, 가격 상승에 힘입어 농민들이 다른 것들의 생산을 줄이는 일 없이 돼지를 정말로 충분히 키워

낸다면, 나라 전체에는 여전히 이익이 될 거야. 하지만 가구당 추가 부담액이 4파운드 수준으로 가격이 올랐는데도 영국 시장에서 충분히 공급될 만큼 돼지 생산이 늘어나지 않는다면 보호주의를 시행해도 손해겠지.

15장

은행이란 무엇인가

은행은 지난 250년 동안 생겨난 근대 경제 제도 중에 하나야.

은행업의 기원은 훨씬 오래됐어. 어느 시대나 그런 일을 하는 이들이 있었거든. 하지만 완전히 발전한 제도로서는 17세기 중반부터 시작됐으니까 비교적 짧은 시간 만에 자리를 잡은 셈이야. 네덜란드와 영국에서 처음 시작돼서 다른 나라들로 퍼졌지.

다른 근대 제도들처럼 은행업도 정말로 중요해진 건 근대 후반기, 그러니까 약 100년 전부터란다. 그리고 아주 최근, 그러니까 지난 50년 동안 공동체 전체를 휘어잡을 정도로 막강해졌어. 그러니 모두가 은행업의 특성을 이해하려고 노력해야 해. 지금 은행의 권력은 우리 모두의 삶 속으로 들어왔고 나라와 나라의 관계에도 큰 영향을 끼치고 있어. 아주 최근에 와서 은행이 막강해졌기 때문에 우리는 정치에서 은행 권력이 불러일으키는 적대감과 공격받는 방식을 주의 깊게 살펴봐야 해.

은행의 본질은 다음 두 가지 생각을 결합한 데 있단다. (1) 사람은 자기 돈을 남이 자기보다 더 안전하게 보관할 여건이 된다고 판단하면 남에게 맡길 거다. (2) 돈을 맡긴 사람이 언제든지 자기가 원할 때 돈을 찾을 수 있다고 확신하는 한, 돈을 관리하는 사람이 그 돈으로 뭘 해도 심각하게 걱정하지 않는다.

누구나 자연스럽게 할 만한 생각이겠지. 이 두 가지 생각이 결합하여 모든 은행업의 기원이자 도덕적 기반이 되었어.

어떤 사람에게 금화가 1000파운드 있어. 이 사람이 여행을 가거나 전쟁이 터져서 외국으로 도피해야 하는데 거금을 자기 집에 보관해도 안전할지 확신이 안 들어. 그래서 자기가 믿을 수 있고 자기보다 돈을 더 잘 간수할 수 있는 특별한 여건에 있는 사람한테 자기 돈을 맡아 달라고 넘겨. 1000파운드의 주인이 이 거래에서 바라는 건 언제든지 필요할 때 자기 돈 일부나 전체를 찾을 수 있다는 확신이야. 자기가 원금을 맡긴 사람한테서 원금 혹은 원금의 '일부' 가치를 찾을 수만 있다면 만족하는 거야.

이런 필요성을 느끼는 사람은 상당히 많아. 여러 사람들의 돈을 간수할 특별한 기회가 생긴 사람은 돈을 다 모아서 튼튼한 상자에 넣고 안전하게 지키겠지. 돈을 맡긴 사람들은 자기

네 돈이 분실되거나, 맡긴 돈 1000파운드 중 당장의 거래에 필요해서 20파운드나 100파운드를 요청했는데 돈을 맡은 사람이 돌려줄 수 없다고 하면 아주 화가 나겠지. 하지만 예금자(안전하게 맡아 달라고 돈을 넘긴 사람을 이렇게 불러)는 실제로 언제든지 예금의 일부나 전체를 찾을 수 있다는 걸 알게 되면 만족해. **그리고 돈을 맡은 사람이 보관하는 동안 돈을 다른 데 썼다 해도 개의치 않아.**

가령 내가 나보다 돈을 잘 간수하는 친구한테 금화 1000파운드를 맡길 수 있겠지. 돈을 간수하느라 신경 쓰지 않아도 되고 원하면 언제든지 그 돈의 일부나 전부를 찾을 수 있어. 그런데 그 친구한테 돈을 맡긴 사람이 나뿐이고 그게 우리 둘만의 특별한 거래였다면, 그 친구가 내 돈 1000파운드로 가령 배를 사서 장사를 하는 건 해서는 안 될 짓을 하는 거지. 그 친구는 틀림없이 돈을 벌 거고 내가 100파운드를 찾으러 가면 나한테 이렇게 말할 거야. "100파운드를 못 줘서 미안한데, 실은 그 돈으로 배를 샀어. 연말이면 그 배로 200파운드를 버는데 원하면 그때 100파운드를 돌려줄 수도 있고 지금 정 급하면 배를 팔아서 1000파운드를 다 돌려줄 수도 있어."

이때 내 입에서는 이런 대답이 자연스럽게 튀어나올 거야. "그 돈은 쓰라고 준 게 아니거든. 넌 내 돈을 도둑처럼 횡령했어!"

그런데 굉장히 많은 사람이 이런 식으로 돈을 맡기고서 내 돈을 그냥 가만히 두라고 못 박지 않는다면, 원하면 언제든지 돈을 돌려받으리라는 무언의 공감대 같은 게 있다면, 돈을 맡은 사람이 그 돈으로 뭘 했는지 너무 꼬치꼬치 캐묻진 않을 거야. 이유는 이렇단다. '아주 많은' 사람이 안전한 보관인 한 사람에게 그런 식으로 돈을 '예탁'하면, '어느 시점에는' 되돌려줘야 하는 돈이 일정 비율을 넘지 않아서 나머지는 쓰더라도 언제든 돌려 달라고 요청받은 돈을 못 내줄 위험성이 없기 때문이야. 그렇게 해서 다른 사람의 돈을 쓰는 은행업이 자연스럽게 생겨났지. 누이 좋고 매부 좋은 격이니까. 은행가는 자기 수중에 늘 남아 있는 평균량의 돈으로 이익을 거두고 예금자는 돈을 안전하게 맡겨 두고 심지어 이익도 나눠 가질 수 있잖아.

가령 100명이 각자 1000파운드씩을 보관인, 이른바 '은행가' 손에 넘겼다고 하자. 도합 10만 파운드가 들어온 거지. 그런데 은행가가 막상 일을 해보니 여러 해를 두고 평균을 냈을 때 이 100명이 매달 '인출'하는 돈(돌려 달라고 요구하는 돈 말이야)이 1인당 100파운드를 넘지 않는다는 걸 알게 돼. 그리고 이 사람들이 봉급을 지급하고 청구서를 결제하려고 100파운드를 인출하기만 하는 게 아니라, 다시 번 돈(가령 매달 평균 120파운드라고 하자)을 들고 와서 안전하게 맡아 달라고 한다는 것도 알게 돼. 이런 식으로 여러 해가 지나면 은행가는 예금자의 인출 요구에 응하는 데 100파운드 곱하기 100, 그러니까 1만 파운드의 현찰이면 충분하다는 것, 해가 거듭될 수록 달마다 맡기는 돈이 꾸준히 늘어난다는 것도 깨닫지. 이 말은 9만 파운드의 금이 그냥 썩고 있다는 뜻이야. 그럼 은행가는 이렇게 생각할 테지. "이 돈으로 배든 쟁기든 기계든 생산수단을 사들여서 더 많은 재부를 생산하지 말란 법이 어디 있담? 나한테 예금한 사람들은 피해가 안 가지. 난 '평균적으로' 그 사람들이 맡긴 돈의 10분의 1 이상을 동시에 찾아가지 않는다는 걸 알거든. (그리고 나한테 맡기는 돈은 줄곧 늘어나기만 하니 그 사람들도 나도 아주 안전해.) 9만 파운드로 사들인 걸로 이익이 괜찮게 나면 그 일부도 그 사람들한테 떼어줄 수 있고. 누이 좋고 매부 좋다니까."

은행 제도의 기원은 바로 이런 발상에서 시작됐어. 좀 묘하지. 아주 간단한 건 아니야. 대부분의 예금자는 무슨 일이 벌어지는지 알면서도 아무튼 항의하지 않았어. 오히려 그렇게 합쳐진 돈에서 난 이익의 일부도 챙기니 기뻐할 수밖에 없었지. 자기들 돈이 어딘가에 쓰였고 그렇게 쓰인 덕분에 자기들은 더 부자가 되었으니까. 각자가 따로따로 소액으로 보관했더라면 그렇게 될 수 없었을 테니까 말이야.

영국에서 굴지의 은행들과 그 창업자들의 축재 과정을 거슬러 올라가면 다 그런 식이야. 사례를 들어볼게. 200여 년 전 은세공을 업으로 삼던 집안이 있었어. 가게에서 은제품도 사고팔고 금붙이도 사고팔았어. 견고한 상자 안에 그것들을 보관하고 사람을 써서 경비까지 맡겼지. 그러자 사람들이 자연스럽게 이 가게에 와서 이렇게 청했어. "여기 금 1000파운드가 있는데 우리 집은 썩 안전하지 않아요. 그래서 내가 원하면 얼마든지 찾을 수 있다는 조건으로 이걸 좀 맡아주셨으면 좋겠는데 수고비를 얼마나 드려야 할까요?" 은세공사는 말하지. "해드려야죠. 수고비는 안 받겠습니다." 그런 식으로 사람들한테서 거액을 맡아 관리하게 된 거야. 그런데 이 은세공사도 막상 일을 해보니 일정액만 준비해 두면 언제고 예금자의 요구에 응할 수 있다는 걸 알게 되었지. 그래서 거액을 가만히 놀려 두느니 유용한 걸 사들여서 더 많은 재부를 생산하려 했어. 국가가 필요하다고 하면 국가에 빌려주기도 하고. 그때는 국가가 아니라 왕이었지만. 이익이 나겠다 싶은 쪽으로 돈을 빌려줬어. 돈을 맡긴 사람들은 액수에 상관없이 언제든 돈을 찾을 수 있었으니 만족했지. 은행업은 그렇게 해서 생겨난 거야.

내가 역사를 알고 있는 아주 흥미로운 예가 또 하나 있어. 200년이 좀 안 되는 옛날에 잉글랜드 서부에 살았고 지금도 남아 있는 굴지의 은행에 자기 이름을 남긴 대지주 이야기란다. 이 대지주는 아주 부자였고 찾아오는 친구들도 많았어. 이 사람은 판단을 잘 하기로 정평이 난 터라 친구들이 이런 부탁을 하곤 했지. "여기 이만큼 돈이 있으니 좀 맡아주시게." 그렇게 맡기면 그 친구가 돈을 잘 굴려서 이익의 일부를 돌려줄 거란 걸 알았거든. 그런 식으로 이웃들의 돈을 관리했는데 그들의 추천을 받고 돈 관리를 의뢰하는 사람이 크게 늘어나서 '고객'

이 수백 명에 이른 거야. 이 사람한테 돈을 맡기면 일단 돈이 안전하고 언제든지 원하면 돈의 일부를 찾을 수 있는 데다 이 사람이 맡긴 돈으로 이익을 남겨서 나눠주리란 걸 안 거지.

그렇게 시작된 은행 제도는 점점 확대되어서 한 100년 전쯤이나 그보다 조금 더 이른 시기에 영국에서 잘사는 집안은 전부 다 은행에 거액의 돈을 맡겼고 벌어들이는 돈도 은행가의 돈궤에다 두었어. 각자 돈이 얼마가 남아서 얼마를 '찾을' 수 있는지 정확히 알려주는 장부도 있었고. 처음에 고객들, 다시 말해서 예금자들은 당장 돈이 필요해지면 편지를 써서 맡긴 돈의 일부를 찾았단다. 그래서 만약 은행가의 이름이 '스미스'라고 하면 쪽지에다 이렇게 쓰는 거야. "스미스 씨 보시오. 이 편지를 들고 가는 제 하인에게 일전에 제가 맡긴 1000파운드 중에서 20파운드를 지급하시오." 그리고 편지에 서명을 해서 하인에게 줘 보내면 은행가는 20파운드를 하인에게 내주고 하인은 영수증을 써서 은행가에게 주었지.

이게 오늘날 우리가 '수표'라고 부르는 것의 기원이란다. 보낸 이에게 돈을 찾을 권한을 주는 편지는 점점 양식화되었고 수고를 더느라 점점 동일한 용어로 작성되었어. 나중에는 은행가가 이 양식들을 인쇄해서 돈을 찾으려는 고객의 수고를 최대한 덜어주었지. 지금의 수표를 보면 알겠지만 가장 단순한 용어로 적힌 옛날 편지잖아. 수표 상단에는 은행 이름이 있고 그 다음 '지급하시오'라고 적혀 있어. 고객은 지급하려는 액수를 적어 넣고 서명을 함으로써 자기가 그 돈을 받을 자격이 있는 사람이자 요청하는 자임을 증명하지. 때에 따라서는 '지급하시오' 다음에 '소지자'를 적어서 고객 대신에 그 고객에게 돈을 받아야 할 사람이 수표를 가지고 가도 돈을 받을 수 있도록 하지.

그런데 자격도 없는 사람이 종이 쪽지를 가지고서 돈을 취하는 걸 막기 위해 '소지자' 대신 '명령'을 집어넣을 때가 더 많아졌어. 여기서 '명령'이란 주인 곧 자기 돈을 찾으려는 사람이 이렇게 말한다는 뜻이야. "이 돈을 나한테 지급하지 말고 내가 위에서 이름을 언급한, 그 돈을 받았으면 좋겠다고 생각하는 사람에게, 그리고 돈을 지급하라는 본인의 명령이 충족되었음을 보여주기 위해 서명을 할 사람에게 지급하시오."

가령 내가 은행가 스미스한테 1000파운드를 예금했다고 치자. 나는 편지를 쓰지. "존 존스에게 또는 명령에 따라 20파운드를 지급하시오." 이건 이런 뜻이야. "스미스 씨. 이 돈을 나한테 지급하지 말고 이 편지를 가지고 갈 존스 씨한테 주거나 존스 씨가 직접 가지 못할 경우 이 돈을 지급하라는 명령과 함께 존스 씨의 서명이 담긴 편지를 들고 오는 사람에게 지급하시오." 내가 수표를 써준 존스는 이런 편지를 별도로 쓸 거야. "스미스 씨. 귀하의 은행과 거래하는 아무개 씨가 내게 '내 명령에 따라' 20파운드를 받을 수 있게 허락하는 수표를 주어 동봉합니다. 그에 따라 나는 이 수표를 가지고 가는 사람은 누구든지 돈을 지급하라는 내 명령을 전하는 사람임을 알리려고 이 편지를 보냅니다." 그리고 편지에 '존 존스'라고 서명하면 은행가는 누구든지 존 존스 대신 그 편지를 가지고 오는 사람한테 돈을 건네는 거야.

시간이 흐르면서 절차는 간단해졌단다. 편지 대신 수표라는 간결한 양식이 자리 잡았어. "존 존스에게 또는 명령에 따라 20파운드를 지급하시오." 이렇게 쓸 수 있게 말이야. 그리고 존 존스는 서명한 편지를 따로 보내지 않고 수표 뒷면에다 서명만 한다고. 이걸 '이서'라고 하는데 "뒤쪽에 본인 이름을 쓴다"는 뜻이야. '존 존스'라는 이름이 '이서'된 수표, 다시 말해서 존 존스라는 이름이 뒷면에 적힌 수표를 은행에 제시하면 현금으로 바꿔줬어. 존 존스가 그 돈을 지급받도록 수표를 보낸 사람이면 그게 누구든지 말이야. 존 존스에게 20파운드를 지급하라고 요청한 내 수표가 임무를 완수하면, 다시 말해서 누구든지 존 존스가 '이서'해서 준 수표를 은행에 제시해 20파운드를 받으면, 그 수표는 은행에 의해 '이행'되었다고 말했어. '이행'이란 건 내가 은행에 잔고가 있고 돈을 건네도록 요청하는 내 서명을 보고 은행이 돈을 건네야 한다는 사실을 인정했다는 뜻이야.

사업을 하면서 이런 식으로 수표를 쓰면 얼마나 편하겠어. 내가 어떤 사람한테 20파운드 줄 돈이 있고 은행에는 1000파운드 잔고가 있다면 현금 20파운드를 찾아서 그 사람한테 갖다주지 않더라도 지급 명령이 가능하도록 수표를 쓱쓱 써서 그 사람에게 주면 그 사람이 이서해서 돈을 받을 수 있는 거니까.

이제 은행업이 발전해서 점점 더 많은 사람과 거래하게 되면 아마 존스라는 사람도 다른 은행에 계좌를 개설하겠지. 존스가 거래하는 은행은 스미스 은행이 아니라 브라운 은행이라고 하자. 앞에서 말한 대로 사람들은 자기가 은행에 예금한 원금을 찾기만 하는 게 아니라 번 돈을 넣기도 해. 은행에서 안전하게 지켜주니 엄청 편하잖아. 아마 존 존스는 내 20파운드 수표를 받고서 스미스 은행에 가 현금과 맞바꾸지 않고 이서한 뒤 자기가 거래하는 브라운 은행에 그냥 맡기지. 이렇게 말하면서 말이야. "스미스 씨라는 은행가한테 이 돈을 받아서 브라운 씨 당신 은행에 있는 내 계좌에 이 액수를 얹어주시오." 브라운이 이 요청에 응하면 내가 처음에 서명해서 존 존스한테 넘긴 수표는 빙빙 돌아 나한테 와 거래가 성사되었음을 증명하겠지.

은행업이 더 발전하면서 이런 체제는 크게 확대되었어. 수많은 사람이 수표로 지급하고 지급받아도 그중 일부만 현금으로 바꾸고 훨씬 많은 수표는 은행 사무실에 쌓여 은행들끼리 결제했지.

이런 제도가 도입된 후 오랜 시간이 지나자, '어음교환소'란 걸 세우면 하루에도 몇천 장씩 수백 가지 방식으로 오고 가는 수표를, 그 수많은 거래를 간단히 처리할 수 있겠다는 생각이 들기 시작했어.

스미스, 브라운, 로빈슨 세 은행이 있다고 가정하자. 나는 스미스 은행과 거래하는데 브라운 은행과 거래하는 존스한테 수표를 써줘. 존스가 내 일을 해주고 청구서를 보내서 대금을 지급한 거지. 나는 또 하딩한테도 수표를 써줘(다시 말해서 하딩이 지급 명령을 내릴 수 있도록 한 거야). 내가 줄 돈이 있거든. 하딩은 로빈슨 은행과 거래해. 한편 하딩은 존스한테 줄 돈이 있어서 (자기 거래 은행인) 로빈슨 은행에 일정액을 지급 명령하는 수표를 존스한테 줘. 존스는 이 수표를 자기 거래 은행인 브라운 은행에 넘기고. 그리고 어느 시점이 되면, 가령 한 달 뒤에 스미스, 브라운, 로빈슨 세 은행이 한 자리에 모여 자기들이 받은 수표들을 좍 비교해. 분명 여기서 각각이 주고받을 거액의 돈이 상쇄되지 않겠냐고.

가령 내가 존스에게 20파운드 수표를 주면 내가 거래하는 스미스 은행은 존스가 거래하는 브라운 은행에 그만큼을 지급해야 해. 그런데 로빈슨 은행은 존스가 하딩에게 지급하라고 브라운 은행에 요청한 20파운드 수표가 있어. 하딩이 자기가 거래하는 로빈슨 은행에 존스의 수표를 준 거지. 한편 하딩은 뭔 일 때문에 나한테 줄 돈이 있어서 10파운드 수표를 줬어. 세 은행이 만나서 비교해보니 스미스 은행은 브라운 은행에 20파운드를 빚졌고 브라운 은행은 로빈슨 은행에 20파운드를 빚졌고 로빈슨 은행은 스미스 은행에 10파운드를 빚졌어. 일일이 돈을 주고받지 않아도 '차액'만 따져서 스미스 은행이 로빈슨 은행에 10파운드를 지급하면 계산이 끝나.

수천 명의 고객 곧 '예금자'를 보유한 은행이 수십 개 세워졌을 때 이런 제도가 얼마나 편리하겠어. 일주일에 최대 1만 장의 수표가 발급되었다고 할 때 브라운이 스미스한테, 스미스가 로빈슨한테, 로빈슨이 브라운한테 1만 번의 거래를 따로따로 하지 않아도, 수십 개 은행이 모여서 수표를 비교해 차액만 '결제'하면 되잖아. 어음교환소는 여러 은행들의 수표를 주기적으로 전부 모아서 서로 비교해 특정한 은행과 다른 은행들과의 채무 관계를 정리하는 곳이었어.

그런데 은행 제도가 성장하면서 공동체 안의 현찰이 대부분 은행 손에 들어오는 일이 생겼어. 돈은 쉴 새 없이 들락날락하고 입금되기도 하고 출금되기도 하지만 은행들 전체로 따지면 어마어마한 액수의 돈이 일종의 저수지처럼 가만히 놀고 있는 거야. 은행들이 지불을 요청받을 수 있는 전체 금액 중 3분의 2를 훨씬 웃도는 돈이 거의 언제나 잠자고 있는 거지. 다시 말해서 어느 때고 한 번에 예금의 3분의 1 이상을 요청하는 경우가 없었다는 소리야. 따라서 은행가의 수완은 이런 수중의 한가한 돈으로 실속 있는 품목을 사들여서 추가로 재부를 생산하면서도, 바꿔 말해 '자본 사업'에 '투자'하는 요령을 알면서도, 그와 동시에 언제 닥칠지 모르는 예금자들의 갑작스러운 요구에도 응할 수 있을 만큼 거액의 준비금을 유지하는 신중함을 항상 잃지 않는 데 있었단다.

여기까지는 좋았어. 이때까지만 해도 은행 제도의 발전은 공동체에도 개인에게도 이익이었거든. 따로따로는 썩 요긴하게 쓰이지 못했던 소액이 아주 많이 모이니 큰 사업을 벌일 수 있게 해주었으니까.

1000명이 1000파운드씩 예금하면 은행 손에는 100만 파운드가 들어오지. 이 중에서 50만 파운드 이상의 돈을 '개발'을 위해, 다시 말해서 자연 자원을 개발하는 데 필요한 수단을 구입하는 자금으로 언제든지 쓸 수 있어. 깊숙한 갱도에서도 석탄을 캐내 지상으로 끌어올리면 나라는 더 부유해질 수 있지만 탄광을 만들려면 50만 파운드가 들어. 소액 예금자 1000명 중 누구도 이 일에 나서진 못할 거야. 그렇지만 은행은 소액 예금을 전부 끌어모아 이 일에 나설 수 있고 또 실제로 나섰지.

그렇게 해서 은행 제도는 나라의 재부를 빠르게 늘려 갔고 그건 모두에게 좋았단다. 사람들은 돈을 안전하게 맡길 수 있어서 좋았고, 누구한테 줄 돈이 있거나 누구한테 받을 돈이 있으면 무거운 주화를 번거롭게 일일이 들고 다니면서 주고받지 않아도 수표만 써서 주고받으면 되니 엄청나게 편리해졌어. 그리고 이렇게 은행을 이용하는 과정에서 재부의 수원지가 끊임없이 채워져 투자에 이용될 수 있었지.

요즘 사람들의 머릿속에도 좋았던 그 시절의 기억이 남아 있을 거야. 다시 한번 말하지만 그 당시 은행 제도는 모두에게 이익이었단다. 반대할 이유가 조금도 없었지.

그러다가 (사람이 운영하는 제도란 게 웬만큼 시간이 지나면 다 그런 때를 맞이하기 마련이지만) 은행 제도가 어떤 단계에 이르러 위험과 해악을 만들어내기 시작한 거야. 위험과 해악이 커지니까 은행과 은행 권력에 대한 적대감도 커지면서 지금은 유럽과 미국 전역에서 모두가 불만을 표출하기 시작한 거지. 현대의 정치경제를 따라가려면 은행 권력이 뭔지를 알아야 해. 은행 제도에서 어떻게 해악이 생겨났는지 지금부터 살펴볼게.

은행에 1000파운드를 맡긴 사람은 그 총액만큼 돈을 찾을 수 있지. 100파운드 수표를 끊고 다시 500파운드 수표를 끊고 (도합 600파운드야) 다시 400파운드를 끊을 수 있지. 그사이 입금한 돈이 없다고 가정하면 그 사람은 은행에 넣었던 돈을 전부 써버린 거야. 이걸 은행 용어로는 '잔고'가 바닥났다고 표현해. 그럼 이 사람한테 수표를 끊을 만한 능력이 없어졌구나 하고 생각해야겠지. 돈을 전부 찾았으니 이제 이 사람하고 은행은 아무 관계도 없잖아. 처음에는 당연히 그렇게 일이 굴러갔어. 은행에 넣은 돈만 찾을 수 있지 그 이상은 안 됐거든. 그게 상식적으로 보였지.

그런데 은행은 다른 사람들이 맡겨 놓고 안 찾아간 돈 중에 아직 광산 같은 자본 사업에 투자되지 않은 잠자는 돈이 넉넉히 있어. 그래서 은행은 전에 1000파운드를 맡긴 적이 있지만 이제는 돈을 전부 찾아 써버린 사람에게 이렇게 이야기해. "사업을 계속하고 싶으신데 저희한테 맡겨 둔 돈을 다 쓰셨군요.

지금 선생님 사업에서 취급하시는 물건을 팔아 차차 돈이 들어와 형편이 호전될 때까지 요 고비만 넘길 수 있도록 돈을 좀 빌렸으면 좋겠다고 생각하시겠군요. 다른 분들이 맡겨 놓은 예금을 가지고 저희가 선생님께 돈을 빌려드릴 수 있습니다. 대출금에는 일정액의 '이자'가 붙습니다만 (예를 들어 저희가 빌려드리는 돈 100파운드에 대해서 연간 5파운드를 내셔야 합니다만) 여력이 될 때 갚으시면 됩니다." 은행은 이렇게 제안하면서 가령 1000파운드만큼 수표를 끊을 수 있는 권한을 주고 수표를 결제해주지. 다시 말해서 은행이 고객에게 그 고객의 잔고가 아니라 다른 사람들의 잔고에서 빌려준다고. 은행이 고객에게 맡긴 돈 이상을 빌려줄 때, '초과 인출'이라고 하지.

처음에 은행은 '초과 인출'(다시 말해서 '대출')을 허용하기 전에 모든 대출자에게 담보 제공을 요구했어. 금붙이나 은붙이, 토지 저당권을 넘기라고 했어. 그래야만 나중에 그 사람이 대출금을 못 갚더라도 담보를 팔아서 은행의 손실을 만회할 수 있으니까.

하지만 고객이 거대한 사업체를 운영하는 경우에는 내놓을 담보가 없더라도 때에 따라서는 '초과 인출'을 해주는 게 아무래도 편리하고 유용했어. 은행은 속으로 이렇게 생각하겠지. "이 상인은 매년 엄청난 이익을 내고 있어. 외국에 판 물품 대금을 받으려면 시간이 좀 걸리겠지만 조만간 돈은 받을 거야. 그러니 담보를 요구하지 않아도 (보아하니 내놓을 만한 금붙이도

땅문서도 없겠고) 다른 사람들이 맡긴 돈으로 초과 인출(다시 말해서 대출)을 해줄 만한 가치가 충분해. 이 사람이 이자를 내니 우린 이익을 얻고 외국에서 돈이 들어오면 이 사람은 우리한테 돈을 갚겠지."

이런 식으로 은행은 담보가 없는 사람들에게도 돈을 빌려주는 전방위 대출업자가 됐어. 그래서 은행이 밀어주느냐 아니냐가 사업자한테는 무척 중요해졌단다.

이게 다가 아니야. 어떤 사람이 자본은 전혀 없는데 좋은 아이디어가 있어. 예컨대 어떤 식민지에서 구리 광산을 발견했다고 하자. 이 사람은 은행에 와서 이렇게 말하지. "나는 이 광산에서 땅을 팔 노동자들에게 지급할 돈이 없소. 하지만 은행이 나한테 돈을 선지급하고 이익을 공유한다면 광산은 살아나오." 은행은 이 사람의 '제안서'를 보고 괜찮겠다 싶으면 돈을 선지급해서 나중에 사업자가 낸 이익을 나눠 갖겠지. 세계 도처의 은행이 온갖 유형의 사업에서 이런 식으로 이른바 '자금줄' 역할을 한 거야.

은행은 여기서 멈추지 않았어. 바로 이 단계까지 왔기 때문에 우리가 지금 고생하는 거야. 여태까지는 담보를 받건 안 받건 누구한테 초과 인출을 허용할 때, 혹은 심지어 자본이 하나도 없는 사람한테 대출을 해주면서 유망해 보이는 사업을 '밀어'줄 때는 다른 고객들이 맡긴 돈으로 했어. 그런데 시간이 좀 흐르고 가만 보니까 남의 돈을 전혀 안 써도 되겠다 싶은 거

라. 은행은 수표와 맞바꿔줄 돈이 실제로 없더라도 은행에서 돈을 빌린 사람이 끊은 수표를 자체적으로 결제하겠다고 약속할 수 있었어.

어떻게 그럴 수 있었을까? 은행 제도가 성장하면서 이 단계가 되면 실제 금으로 지급되는 거래는 드물었어. 실제로 오가는 돈은 미미한 수준이었다는 거지. 무수한 거래 중에서 극히 일부만 빼놓고는 다 '신용 화폐'를 썼어. 잉글랜드은행이 발행하는 은행권은 금으로 지급하겠다는 약속이잖아. 하지만 100만 파운드를 은행권으로 지급하겠다는 약속은 교환해줄 진짜 돈이 100만 파운드보다 훨씬 적더라도 언제든지 할 수 있지. **그래서 은행은 초과 인출이라는 형태로 종이돈이나 그에 상응하는 돈을 만들어낼 수 있었던 거야.** 예금액이 없는 사람한테 은행이 "선생님께서 발급하시는 수표를 1000파운드까지 결제해드리겠습니다."라고 말하는 건 무슨 뜻이냐면, 1000파운드만큼 지폐를 '늘릴' 작정이라는 뜻이야. 전체 금액 중에서 실제 돈이 필요한 액수는 비율상 극히 작다는 걸 알기 때문에 마치 은행권처럼 결제 약속을 하는 거라고.

예금이 없는 사람에게 은행이 자체적으로 수표 발급 권한을 주는 건 은행이 새 종이돈을 인위적으로 찍어내는 거나 다를 게 없어. 물론 지폐 발권 체계를 견제할 수는 있었어. 정부가 국가 은행을 통제함으로써 말이지. 영국의 잉글랜드은행 같은 거 말이야. 잉글랜드은행이 지폐를 뒷받침하는 금보다 일정 비율 이상의 지폐를 못 찍게 하는 법이 있었단다. 그 법에 따르면 민간 은행들은 초과 인출, 곧 대출을 무한정으로 할 수 없어. 왜냐하면 지급하는 데 필요한 지폐를 잉글랜드은행으로부터 일정량 이상 얻어낼 수 없고 잉글랜드은행도 보유한 금의 일정 비율 이상으로 지폐를 찍을 수 없기 때문이지.

그래서 궁극적으로 진짜 돈인 금의 보유량, 국가 은행이든 개인 은행이든 은행들이 보유한 금의 양은 은행이 가짜 돈을 찍어내는 걸 견제하는 역할을 했단다. 그런데 제1차 세계 대전이 터지면서 금 지급이 중단되자 이 견제 장치가 무너졌지. 설령 금 지급이 중단되지 않았더라도 이미 은행의 신용 '창출' 능력, 다시 말해서 개별 사업체에다 "선생님의 수표를 결제하겠습니다 결제하지 못하겠습니다, 선생님은 사업을 계속할 수 있습니다 계속할 수 없습니다."라고 말할 수 있는 힘은 공동체 안에서 은행이 누리는 큰 위세를 점점 키우고 있었어.

그래서 1차 대전 이후로 현대 국가에서 시민의 삶을 통제하는 은행 제도에 대한 반감이 어마어마하게 커졌단다.

사람들이 항의하는 건 크게 두 가지야.

1. 은행은 두 경쟁자 중에서 누가 살아남을지 결정할 수 있어. 기업의 절대다수가 은행에 빚을 진 상황에서, 즉 은행이 '만든' 돈으로 해준 대출로 굴러가는 상황에서, 은행이 가령 이런 말을 하면 경쟁사 중 하나는 죽는 거야. "더는 돈을 빌려드리지 않겠습니다. 바로 '회수'하겠습니다. 하지만 당신의 경쟁

사에는 이런 압력을 넣지 않을 생각입니다." 은행에 이런 힘이 있기 때문에 현대 산업의 태반을 주무르는 거란다. 은행은 기분 내키는 대로 움직이는 게 아니라 건실한 기업은 밀어주고 부실한 기업은 솎아내는 게 생리라고들 하잖아. 크게 보면 맞아. 하지만 원한다면 마음 내키는 대로 움직일 권한이 은행을 지휘하는 사람들에게 있거든. 몇 사람이 이런 큰 힘을 쥐고 있으면 그 힘은 악용되기 쉽겠지.

2. 은행은 특히 영국에서는 모두 한통속이고 우리 모두의 세세한 정보를 갖고 있다는 거야. 은행은 은행만 만들어낼 수 있는 돈을 찍어서 안 내놓거나 편애하는 사람들한테 주는 권한을 이용해 산업을 통제해. 그뿐인가, 어느 관공서 못지않게 속속들이 파악한 자세하고도 폭넓은 정보도 갖고 있어. 은행은 국가보다 더 광범위하고 강력한 비밀 첩보망이 있는데, 사적이고 은폐된 지식이지만 이런 은행의 숨겨진 힘 앞에서 평범한 사람들은 자꾸 짜증이 날 수밖에 없지. 사람들은 자기들이 자유롭지 않고 본질적으로 국제적인 은행 제도가 어디서나 숨은 실세라고 느끼고 있단다.

그래서 세계 어디서나 사람들은 이렇게 말하지. "은행 제도와 그걸 지휘하는 몇 사람이 너무 강력하다. 우리 삶을 통제한다. (특히 영국에서) 국가의 공공 정책까지 통제하기 시작하고 있다. 은행보다 우위에 있는 국가 기구를 세워 감독해야 한다."

상위 기구를 세우자는 제안들이 최근에 사방에서 봇물처럼 터져 나오고 있어. 영국에서는 '더글러스 사회신용 구상'*을 지지하는 운동이 아주 강력하고, 사회주의자들도 모든 걸 국가 통제 아래 두자고 주장하면서 은행 제도의 사적 소유를 종식시키려 하고 있어. 은행가를 포함해 국가 안에서 그 누구도 범접하지 못할 강력한 권력을 국왕에게 주고 싶어 하는 사람들도 있고.* 하지만 우리 시대의 정치경제를 이해하는 데 꼭 필요한 점들이 뭐냐면, 방금 말한 대로 은행 제도가 뭐고 어떻게 발달했고 어떻게 부자연스러울 정도로 막강해졌고 왜 사방에서 이 은행 제도에 반기를 드느냐야.

모든 문명국에서 은행 내지 금융 집단의 이익과 국민 사이에서 앞으로 피치 못할 싸움이 벌어질 거야. 하지만 누가 이길지는 아무도 모르지. 산업 국가에서는 은행 곧 자금줄이 승산이 높아. 농업 국가는 그렇지 않고.

더글러스 사회신용 구상 클리퍼드 휴 더글러스(C. H. Douglas, 1879~1952)의 영향을 받아 영국에서 벌어진 사회신용 운동. 더글러스는 생산이 늘어나면 그에 부응하여 구매력이 늘어나야 경제가 원활하게 작동한다며 구매력과 가격의 격차를 보전하도록 모든 시민에게 소득 이외의 돈을 균등하게 지급해야 한다고 주장했다.
* 이론적으로는 의회가 은행보다 강하지만 의회는 실질적 통치 권력으로 여겨지지 않는단다. 은행이 의회보다 훨씬 강력하거든.(저자 주)

16장

세금을 걷는 방법
– 국채와 조세

어느 나라든지 국무를 수행하려면 시민한테 세금을 걷어야 해. 세금은 돈으로 부과하지만 당연히 물품으로, 다시 말해서 물적 대상에 부가되는 경제적 가치로 바뀐단다.

우리는 국가가 시민한테 가령 매년 1억 파운드를 '국가 용도'에 쓰려고 '거둔다'고 말해. 그런데 국가가 실제로 얻는 게 뭐고 얻은 걸 어떻게 쓰는지 들여다보면, 국가는 수많은 장화, 수많은 빵, 수많은 주택 자재, 수많은 의복 따위를 거둬서 이걸 다시 국가 공복을 유지하는 데, 다시 말해서 군인, 경찰, 공무원, 학교 교사 같은 이들을 입히고 재우고 먹이는 데 쓰는 거라고.

그런데 지난 200년 동안 거의 모든 국가가 '국채'에 붙은 이자를 지급하느라 세금을 올려야 했어.

국채 곧 나랏빚은 이런 식으로 생겨. 국가가 특별한 용도에 쓸 엄청난 물품이 필요해. 용도라는 건 대개는 아주 비생산적인 전쟁 수행 목적이지. 탄약과 대포를 만들려면 금속이 많이 필요하고 군인을 먹이려면 식량이 많이 필요하고 군인을 실어 나르려면 석탄도 많이 있어야 돼. 국가가 이런 걸 얻는 데는 두 가지 방법이 있단다. 첫 번째 방법은 돈이 필요한 그 시기에 아주 무거운 세금을 부과해서 국민한테 필요한 걸 전부 직접 얻는 거야. 다른 방법이 시도되기 전까지 수백 년 동안 국가는 이런 식으로 돈을 조달해 왔어. 한 나라의 왕이 전쟁을 벌이고 싶다고 하면 신하들한테 돈을 갹출한 거지. 그래서 전쟁 규모는 갹출된 돈의 수준을 넘어설 수 없었어.

그런데 200년 전쯤에 두 번째 방법을 쓰기 시작했는데(그리고 이후 아주 큰 폭으로 늘었지), 그게 바로 '국채'란다.

국채

가령 국가가 시민의 생산물 중 10분의 1을 보통세로 가져간다고 하자. 그런데 갑자기 나라 전체 생산물의 절반에 해당하는 양을 써야 하는 상황이 된 거야. 생산물의 절반을 바로 세금으로 가져가겠다고 하면 국민은 납세를 거부할지도 모르지. 혹은 예컨대 전쟁처럼 돈이 들어가는 정책이 민심의 호응을 얻지 못해서 국가가 그 정책을 수행하지 못할지도 모르고. 그래서 정부가 시민들한테 돈을 꾸게 된 거란다. 원금에다가 빌린 액수에 비례해 이자까지 얹어 갚겠다는 약속도 덧붙이지. 가령 정부는 농부한테서 밀 10짐에 해당하는 돈을 세금으로 받을 뿐 아니라 밀 100짐을 빌려 군자금을 조성할 수 있어. 밀 100짐을 언젠가 모두 갚을 때까지 몇 년이 걸리든 해마다 밀 5짐을 이자로 주겠다는 약속하면서 말이야.

국채를 발행하기 시작했을 때만 해도 정부는 꾼 돈을 정직하게 갚을 생각이었단다. 그런데 워낙 편하게 돈을 얻다 보니 세월과 함께 부채는 자꾸 쌓였고 급기야는 갚을 수 없게 됐지. 국가가 할 수 있는 건 세금으로 이자를 무는 게 전부였어. 국가는 돈 많은 개인들에게 빌린 원금이 그대로 남아 있는데도 계속 전쟁을 치렀어. 그러다 보니 이 부자들이 공동체 전체를 점점 더 휘어잡게 돼버렸지.

이제 '국채'는 항구적 제도로 자리 잡았고 돈을 꿔준 부자들에게 이자를 주느라 시민 모두에게 세금을 물려야 하는 상황에 이르렀어. 국채로 인한 이자 부담은 깜짝 놀랄 만큼 불어나서 지금은 영국 국민이 생산하는 전체 재부의 12분의 1이 제1차 세계 대전 동안 정부에 거액을 빌려준 영국과 외국에 사는 소수의 부호들에게 이자로 지급된단다.

정부가 국채를 발행하면서 이자만 내는 게 아니라 '감채 기금'이라고 해서 원금을 조금씩 갚으려고 매년 추가 징세를 통해 적립금을 마련하는 건 맞아. 하지만 처음 진 빚을 다 갚기도 전에 새로운 용처가 생겨서 정부는 다시 거액을 빌려야 해. 전체 빚은 끊임없이 늘어나는 거지.

그래서 어떤 결과를 초래했을까? 지금 유럽의 열강은 하나같이 갚을 수 있는 수준보다 훨씬 많은 빚을 짊어졌어. 그래서 부담을 덜어보려고 온갖 조치를 취하고 있지. 아주 부정직한 방법으로 이런저런 꼼수를 쓰면서 말이야. 이를테면 이런 식이야. 꾸었을 때 돈과 똑같아 보이지만 가치는 판이하게 달라진 돈으로 갚는 거지. 가령 밀 100톤을 살 수 있었던 1000파운드를 전쟁 비용으로 빌렸다고 하자. 그러고는 통화를 절하해서 액수는 여전히 1000파운드지만 밀 20톤밖에 살 수 없는 돈을 내밀며 갚는다고 하는 거지. 사실은 빌린 돈의 5분의 4를 꿀꺽하면서 말이야. 독일과 러시아 두 나라가 이런 방식을 밀어붙이는 바람에, 빌려준 쪽은 거의 돈을 돌려받지 못하는 처지가 됐어. 1차 대전 중 독일 정부에 전쟁 비용으로 밀 100만 톤을 살 수 있었던 돈을 빌려준 사람은 지금(1923년 10월) 명목상으로는 똑같지만 밀 10만 톤밖에 못 사는 돈을 돌려받는다고. 빚을 못 받은 거나 다를 바 없는 거지.

1차 대전에 참전한 전체 유럽 국가 중에서 그나마 영국이 국채 문제와 관련해 제일 정직했어. 하지만 영국에서도 가령 양 1000마리에 해당하는 돈을 빌려준 대가로 매년 양 50마리를 이자로 받기로 한 사람은 돈 가치가 달라지는 바람에 매년 양 25마리밖에 못 받게 되었지.

국채 문제에서는 '내국채'와 '외국채'를 구분해야 해. 내국채는 자국민한테 진 빚이야. 세금을 매겨서 한쪽 시민은 어렵게 만들고 이자를 물어서 다른 쪽 시민은 살찌우는 거지. 하지만 나라 전체가 더 가난해지진 않아. 외국채는 외국인한테 진 빚이고 거기에 붙는 이자는 빚진 나라한테 고스란히 손실이야. 게다가 절하된 자국 통화로는 갚지도 못해. 정부는 가짜 돈으로 자국민을 속일 순 있지. 하지만 돈을 꿔준 외국인한테는 진짜 돈으로 갚아야 해. 외국채는 (보통) 금으로 갚아야 되거든. 그래서 영국은 매년 수백만 파운드에 해당하는 금을 미국에 갚고 있지.

조세

이제 국가 '부채'에서 국가 '조세'로 넘어가려고 해. 지금 조세의 가장 중요한 목적은 내국채와 외국채의 이자를 갚는 거란다.

국가는 시민에게 어떻게 세금을 물릴까?

국가의 징세는 '직접세'와 '간접세' 두 가지가 있어.

직접세는 가처분 재산에 매기는 세금이야.

가령 내 연수입이 1000파운드고 그만큼을 신고하면 국가가 연간 100파운드를 징세하는 게 바로 직접세란다.

간접세는 어떤 품목을 만드는 제조업자나 어떤 품목을 들여오는 수입업자에게 매기는 세금인데, 이 사람들은 그 세금만큼을 해당 품목의 가격에 얹어서 팔아. 결국 소비자가 세금을 떠안는 셈이지. 그래서 내가 차 500그램이나 와인 한 병을 사면 간접세를 내는 거야. 내가 치른 차 값은 차의 진짜 가치를 훨씬 웃돌아. (별로 의식하진 못하지만) 우리가 내는 차 값은 차가 영국 항구에 도착했을 때 가격보다 훨씬 비싸다는 소리야. 맥주를 만드는 양조업자도 맥주 1리터당 정부에 내는 세금이 굉장해. 그리고 이 세금은 맥주 원가에 얹혀서 맥주를 사는 사람에게 고스란히 떠넘겨지는 거고.

세금을 어떻게 매겨야 하는지에 관해 똑똑한 사람들이 이야기한 다섯 가지 원칙이 있어. 불행하게도 이 원칙들을 지키는 정부는 하나도 없지만 말이야. 그래도 원칙이 뭔지는 알아 둘 만해. 바람직한 징세가 뭔지를 알려주는 지침이니까.

다섯 원칙은 이래.

1. 세금은 가장 쉽게 낼 수 있는 방식으로 부과되어야 한다.

가령 연간 100파운드의 세금을 한꺼번에 목돈으로 내는 것보다는 일정한 간격을 두고 여러 번에 걸쳐서 조금씩 분납하는 게 훨씬 쉽겠지.

2. 세금은 거두는 데 드는 비용이 최대한 낮도록 책정되어야 한다.

가령 내가 어떤 다리를 건너가는 사람에게 무조건 세금을 매긴다고 치자. 그럼 난 그 다리에서 세금을 거둘 사람을 고용해 돈을 지급해야겠지. 그리고 아마 이 수금원이 횡령하지 않고 일을 제대로 하는지 직접 살피는 감독관도 고용해 돈을 줘야 할 거야. 만일 이런 종류의 세금을 이용자가 별로 많지도 않은 다리까지 전부 매긴다면 세금을 거두는 데 드는 비용이 들어오는 세금에 비해 아주 크겠지. 하지만 만약 은행이 발급하는 모든 수표에다 세금을 매긴다면 그 세금은 거의 비용을 안 들이고 거둘 수 있어. 정부는 인장이 안 찍힌 수표는 안 된다고 말하기만 하면 돼. 그럼 은행은 발급하는 수표마다 인장을 다 찍고, 고객에게 수표책을 팔 때 인장 값을 한꺼번에 받아. 이제 정부는 수표책이 얼마나 발급되었는지 수량만 확인한 뒤 은행에 그 돈을 요구하면 된단다.*

3. 세금은 비율로 따졌을 때 필수품보다는 비필수품에 매기는 쪽이 더 좋다.

필수품보다는 사치품에 세금을 매기는 게 훨씬 낫다는 건 너무나 당연한 소리지. 아주 가난한 사람도 필요한 물품에 세금을 물리는 건 너무 심하지. 없어도 되는 물품에 돈을 내도록 만드는 게 한결 낫고 정의롭겠지. 차에 처음 세금이 부과되었을 때만 하더라도 그건 사치세였어. 부자들만 차를 마셨으니까. 그런데 지금은 아주 가난한 사람도 차를 마시니까 차에 세금을 물리는 건 부당해. 이제 차는 필수품이거든.

불행하게도 지금은 어느 나라도 이 세 번째 원칙을 지키기가 아주 어려워. 써야 할 데가 워낙 많다 보니 필수품에 세금을 안 물리면 국가가 필요한 곳에 쓸 돈을 충분히 마련할 수가 없어.

---

* 이 아주 현명한 과세 방식은 약 60년 전 영국에서 벤저민 디즈레일리가 고안했단다.(저자 주)

그래서 아주 가난한 사람들도 꼭 필요한 차, 설탕, 맥주, 담배 따위에 세금을 엄청 매기는 거야. 영국의 가난한 서민이 부담해야 하는 세금은 세계 어느 국민보다도 많아.

4. 세금은 납세자가 가진 재산에 비례해서 부과해야 한다.

그래야 모두가 공평하게 부담하기 때문이지. 세금이 가벼울 땐 이 원칙을 지키기가 쉬워. 왜냐하면 가난한 사람에게 아주 가벼운 세금만 물려도 수가 워낙 많으니 필요한 소규모 세수가 충분히 들어오고 부자에게 매기는 무거운 세금은 덤으로 들어오는 거니까. 그런데 국가 지출이 많아서 가령 가난한 사람의 수입 중 20분의 1 이상을 과도하게 세금으로 매겨야 하는 상황이 오면 이 원칙을 지키기가 어려워. 가난한 사람을 면세하면 세수가 부족해질 테고 아니면 부자가 부담하는 세금 증가분보다 더 많은 세금을 가난한 사람에게 거둬야 하거든. 세금이 너무 무거우면 부자가 망하든가 빈자가 큰 타격을 입게 돼 있어. 그래서 중과세가 많은 나라를 무너뜨렸단다.

5. 세금은 '확실해야' 한다.

조세의 마지막 원칙은 국가는 받아야 할 걸 확실히 알고 납세자는 내야 할 걸 확실히 알아야지, 불확실하고 불안정한 상태에 있어서는 안 된다는 거야.

가령 영국에서 담뱃세는 '확실한' 세금이지. 영국은 담배를 재배하지 않으니까 수입업자가 담배를 배에 실어 영국으로 들여와. 담뱃세는 비교적 소수라 할 만한 이 선적 화물에 부과하는 세금인데, 수입업자가 내는 돈은 자동적으로 구입자에게 떠넘겨져. 국가는 경험상 한 해 동안 자국에서 얼마나 담배가 팔릴지 알고, 담배를 사는 사람도 얼마나 돈을 쓸지 아니까 마음만 먹으면 그중 얼마가 세금으로 나가는지 확인할 수 있어. 하지만 똑같은 담뱃세가 프랑스에서는 확실한 세금이 아니야. 프랑스는 대부분 국내에서 재배한 담배를 소비해. 당연히 담배를 재배하는 사람은 전체 수확량을 징부 감독관에게 숨기려 애써. 그럼 정부 감독관들은 대규모 인력과 시간을 투입해 담뱃잎을 하나하나 세어보고 몰래 빼돌린 담배가 없는지 저장통을 일일이 뒤져봐야 하는 거지.

영국에서 납세자에게 아주 불확실하고 불평등한 세금은 소득세야. 수입이 투명하게 드러나지 않는 사람은 번 돈을 숨겨도 세무 공무원이 적발하기가 어렵거든. 직장 생활을 하는 정직한 시민은 피를 철철 흘리는데 건달, 사기꾼, 투기꾼은 내뺀단 말이야. 하지만 정부 입장에서 보면 소득세는 확실한 세금이지. 해마다 평균 얼마가 꼬박꼬박 들어오는지 아니까 말이야. 정부가 신경 쓰는 건 계산 가능한 세수지 정의가 아니란다.

이 논의를 끝내기 전에 아주 진지하고 열성적인 소수의 사람들이 생각해낸 '단일세'라는 독특한 발상을 짚고 넘어갈까 해.

사실 이건 조세 제도라기보다는 사회주의 이론에 가까운 편이지. 그래도 '단일세'라고 불리니 여기서도 그렇게 부르자.

단일세의 원리는 이래. 농지가 남달리 비옥해서건 주변에 역이 생겨서건 어떤 땅의 잉여 가치는 그 땅을 소유한 개인의 노력으로 생산되지 않았다는 거야.

내가 황무지를 소유하고 있는데, 너무 척박해서 누구한테 빌려주고 지대를 받을 수 없는 땅이라고 하자. 그런데 그곳에 철도가 놓이고 역도 하나 생겼어. 그럼 출퇴근이 편리한 역 주변에는 집들이 들어설 거고 거기에 노동자들이 거주하면서 시내로 출근하겠지. 그럼 나한테 아무것도 갖다주지 않던 척박한 땅은 불과 몇 년 만에 해마다 수천 파운드를 안겨줄 거야. 내 땅 위에 들어선 집들에 사는 사람들한테 지대를 챙길 수 있을 테니까.

단일세론자의 주장은, 이 황무지에 부가된 가치는 내가 기울인 노력과 무관하고 인구 증가와 공동체 전체의 활동 덕분에 생겨난 거니까 내게 지대를 챙길 권리가 없다는 거야. 같은 논리로 지대를 거의 또는 전혀 못 받을 만큼 토질이 나쁜 땅에 비해 비옥한 땅을 내가 소유했다고 해도 지대를 받을 권리는 없어. 흙을 기름지게 만든 건 내가 아니니까.

그래서 이 사람들은 '나라의 모든 지대에 세금을 매기자'고 제안하지. 다른 세금은 필요 없다는 거야. 내가 어느 제조업체에서 배당금으로 받은 돈이 있으면 세금을 안 내고 전부 가져도 돼. 담배, 술 따위에도 세금이 안 붙어. 하지만 땅에서 얻는 지대는 무조건 국가에서 세금을 매겨야 해. 나는 여전히 내가 가진 땅의 주인으로 불리겠지만 땅이 생산하는 지대만큼은 세금을 물어야 하는 거지.

이 사람들의 이론이 현실에 적용된 적은 한 번도 없단다. 이유야 뻔하지. 사람들이 토지를 다른 물자와 똑같이 사고 판다는 걸 감안할 때 이 체제에서는 지대를 기대하고 수중의 돈을 전부 토지에 쏟아부은 사람은 망하지만 똑같은 돈을 사업체에 투자한 사람은 흥할 테니 아주 공정하지 못하잖아. 만약 새로 나라를 건설하는 경우라면 단일세 체제를 시작할 수 있을지도 몰라. 하지만 그때도 사람들이 땅을 소유하고 싶어 한다는 현실에 직면하고 말 거야. 땅을 소유한다는 건 독립심을 주거든. 하지만 어쨌든 새 나라에서는 이런 제도를 적용한다는 게 이론적으로는 가능하겠지. 오래된 나라에서는 가능성이 희박하지만.

17장

돈의 사회적 가치

경제학에는 거의 제대로 다뤄지지 않거나 아주 조금 다뤄지는 특이한 분야가 있단다. 하지만 따로 공부해도 좋을 만큼 흥미진진한 주제야. 역사를 이해하는 데 도움이 되거든. 다른 곳에서는 가능하지 않지. 바로 '돈의 사회적 (또는 역사적) 가치'를 다루는 분야야.

어디서 읽어본 적이 있을 텐데, 과거 잉글랜드 왕이 큰 전쟁을 벌이고 싶어서 가령 10만 파운드를 어찌어찌 끌어모았고 그게 어마어마한 거금이었다는 이야기 말이야. (지금은 군대 규모는 같은데도 그 30배가 필요해.) 헨리 8세가 연간 4000파운드의 수입을 올리던 웨스트민스터 수도원을 해산해버렸는데, 그 금액이 지금으로 따지면 50만 파운드를 넘어설 만큼 어마어마한 거액이었다는 이야기도 읽었을 테지. (50만 파운드면 굴지의 선박회사가 연간 버는 액수야.) 이후 시기에 관해서는 국채가 100만 파운드까지 치솟아서 국가가 부채를 감당하지 못할까 봐 사람들이 덜덜 떨었다는 내용을 봤을 거고.

그런데 오늘날에는 해마다 수억 파운드의 세금을 걷고 수십억 파운드를 전쟁에 쓰고 있어.

때마다 판이하게 다른 돈의 가치를 어떻게 설명할 수 있을까? 역사를 잘 이해하고 싶은 사람이라면 거의가 난감할 거야. 이 문제와 관련해 실명이 없거든. 실명하려는 대부분의 시도는 실패했거나 아주 불충분했고 몇몇은 아주 모호했어. 이를테면 이런 식이지. "그 시절 돈의 가치는 지금과 아주 달랐다.", "그때 돈은 지금보다 적어도 열 배는 가치 있었다." (그런데 기록을 보면 열 배가 아니라 그보다 훨씬 더 가치가 컸다고!) 불행한 독자는 이런 문장들을 읽고서 전과 똑같이 암흑 속에서 헤매지. 우리에게는 더 정확한 설명이 필요하고 내 생각엔 그런 설명이 가능하다고 봐.

어느 때든 돈의 사회적 가치는 세 가지가 결정한단다. 그리고 이 셋을 '모두' 고려하지 않으면 오류를 범하게 돼. 대부분의 사람이 돈의 사회적 가치에 관한 문제를 풀려다가 오류를 범하거나 포기하는 건 셋 중 첫 번째만 고려해서 그래. 세 가지는 이래.

1. **무엇이든 통화로 쓰이는 것의 실질 구매력.** 유럽 역사의 거의 모든 기간 금이 통화로 사용됐는데,* 금의 구매력이란 어느 때 얼마의 무게(가령 1온스)로 사들일 수 있는 밀, 가죽, 건축 자

재 따위의 양을 말해. 이건 각 시기에 금의 유통량과 유통 효율에 따라 달라져. 이 책 전반부에서(7장) 돈의 구매력을 설명할 때 어떻게 가격이 금의 유통량과 유통 효율에 좌우되는지 알아봤잖아.

2. **한 사회에서 돈을 써서 살 수 있는 물건들의 가짓수.** 혹은 좀 더 그럴 듯하게 표현하자면 '구입 가능한 경제 가치 범주의 수'.

3. **공동체의 경제 규모.** 다시 말해서 특정 시기 해당 공동체의 인구와 총 재부량.

우리가 이 세 가지의 의미를 온전히 살필 때야 비로소 이것들이 짝을 이뤄서 어느 때 어떻게 돈의 사회적 가치를 만들어내는지, 그리고 왜 돈의 가치가 때마다 많이 다른지 알게 될 거야.

통화의 실질 구매력

통화(지난 2천 년 동안 서유럽에서는 이런저런 실용적인 이유에서 금이 쓰였어)가 같다면, 특정 시기에 일정한 무게의 금이 지녔던 구매 가치를 평가할 수 있겠지. '물가지수' 개념을 이용해서 말이야.**

물가지수를 이해하는 게 중요한 이유는, 현대의 논의에서도 역사적 논의에서도 많이 다뤄지기 때문이야. 가령 오늘날 임금

---

* 사실 금과 은을 함께 통화로 썼지만 여기서는 금만 다룰 거야.(저자 주)
** 화폐 구매력의 역수가 물가지수이다. 가령 전년 대비 물가가 5퍼센트 올랐다고 하면, 화폐의 구매력은 5퍼센트 떨어졌다고 할 수 있다.

은 대개 물가지수에 기반을 두잖아.

특정한 시기, 가령 1900년을 잡아서 그해 동안 다양한 물품들이 시장에서 금 얼마에 팔렸는지 기록을 꼼꼼히 살피는 거야. 그럼 당시 금 1온스로 (가령) 밀 200킬로그램, 보리 300킬로그램, 베이컨 40킬로그램, 맥주 400리터, 선철 250킬로그램 따위를 살 수 있었다는 걸 알게 되지. 해당 공동체에서 쓰던 주요 물품들의 목록을 좍 뽑아. 가짓수가 한 100개쯤 된다고 치자. 그리고 그 공동체에서 공통적으로 소비된 모든 가치를 따져볼 때 그 품목들이 차지하는 비중이 가히 절대적이라고 가정해보자. 가령 8분의 7 정도 된다고 하자. 그다음에 할 일은 각 품목의 '무게' 곧 가중치를 매기는 거야. 왜냐하면 빵처럼 아주 많이 소비하는 물품은 주석처럼 많이 쓰지 않는 것보다 통화 구매력에서 더 중요하게 평가받아야 하기 때문이지.

특정 기간 동안 (가령 1년간) 쓰인 각 품목의 가치에 따라 하나하나의 '무게'를 달아. 그래서 (가령) 빵은 납보다 열두 배 중요하다고 평가해. 1년간 해당 공동체에서 쓰인 빵의 가치는 납의 가치보다 열두 배 크다는 말이야. 그리고 가죽 가치는 납가치의 세 배로, 쇠 가치의 다섯 배로 잡아요. 이런 식으로 물자마다 가중치를 매기는 거야.

그다음에는 해당 시기(1900년)에 금 1온스로 주요 품목 하나하나를 얼마나 구입했을지 따져봐야 해. 가령 납은 250킬로그램, 빵은 200킬로그램을 살 수 있었다는 식으로 말이야. 그리고 각각의 품목을 사는 데 든 금마다 그 품목의 가중치를 곱하면 돼. 예컨대 빵을 사는 데 쓴 금을 납을 사는 데 쓴 금보다 열두 배 더 가치 있게 계산해야 해.

이제 금 1온스로 측정한 주요 품목의 구입량을 세로줄에 적어서 각각 가중치를 곱해 합산한 뒤 품목들의 수로 나눠. 그럼 1900년에 금 1온스로 살 수 있었던 '평균 구매력'이 나오는데, 이걸 편의상 100으로 잡는 거야.

그러고는 가령 1920년을 선택해. 그해 금 1온스가 지닌 평균 구매력을 똑같은 조건으로 역시 가중치를 매겨 구할 수 있어. 1920년에 금 1온스의 평균 구매력이 1900년에 살 수 있었던 구매량의 절반에 그친다고 하자. 이건 물가가 두 배가 됐다는 뜻이고 다른 말로 하면 금 가치가 절반이 됐다는 소리야. 그럼 1920년의 수치를 200으로 적어. 평균 물가가 1900년에 비해 두 배로 뛰었다는 의미지. 경제학자는 이걸 "1900년을 기준으로 삼았을 때 1920년의 물가지수는 200"이라고 말해.

1921년을 두고 같은 계산을 했더니 이번에는 물가가 내렸어. 다시 말해서 다른 물품들에 비해 금의 가치가 약간 올라간 거지. 물가가 1900년보다 75퍼센트 높아. 그럼 경제학자는 이렇게 써요. "1900년을 기준으로 삼았을 때 1921년의 물가지수는 175"다. 이번에는 1880년으로 되돌아가서 비슷한 계산을 한 다음 금 1온스로 평균 5킬로그램의 물자를 샀는데 1900년에는 겨우 4킬로그램만 살 수 있었다고 하자. 이건 1880년 물가가

1990년보다 4분의 1 낮았다는 소리야. 그래서 경제학자는 이렇게 쓰지. "1900년을 기준으로 삼았을 때 1880년의 물가지수는 75다."

특정한 해를 '기준'으로 삼아 해마다 물가지수를 계산하면 금이 지닌 구매 가치의 변동을 알 수 있어.

이 과정이 좀 더 명쾌히 머리에 들어오도록 간단한 예를 들어볼게. 어떤 공동체의 시민들이 대량으로 사들이는 게 밀, 베이컨, 철 세 가지뿐이라고 하자. 1880년의 물가를 계산해보니 금 1온스로 밀 1톤, 철 500킬로그램, 베이컨 250킬로그램을 살 수 있었어. 하지만 밀에 쓰는 돈은 베이컨에 쓰는 돈의 열 배고 철에 쓰는 돈의 스무 배였어.

그럼 밀 20톤, 철 500킬로그램, 베이컨 500킬로그램을 합산해. 베이컨은 왜 500킬로그램이 될까? 철보다 베이컨에 두 배나 돈을 쓰니까 값은 철의 절반이어도 액수는 두 배로 쳐줘야지. 사들이는 양이 두 배니까.

이렇게 해서 21톤이 나왔어. 이 21톤을 사는 데 금 3온스가 들어. 21 나누기 3은 7, 평균 7톤의 물자를 사는 거지.

이제 1880년을 '기준년'으로 놓고서 7을 100으로 삼으면 다른 연도의 물가가 오르고 내린 정도를 퍼센트로 비교할 수 있어. 가령 1890년의 물가를 계산하기 위해 이 세 가지 주요 물품을 똑같이 따져보니 금 1온스로 살 수 있는 총량이 7톤이 아니라 14톤이었어. 1880년을 기준으로 잡으면 1890년의 물가지수는 50이 되는 거지.

다시 1920년을 계산해보면 똑같은 금으로 물자를 3.5톤밖에 못 사. 구매력이 7 대 3.5이니까 물가지수는 100 대 200이잖아. 그래서 1880년을 기준년으로 잡으면 1920년의 물가지수는 200이 되는 거란다.

기준년이 언제고 그해의 평균 물가가 얼마였는지를 모르면 물가지수는 무용지물이지만 그게 정해졌다 하더라도 물가지수는 그저 '평균 가격'을 말하는 거야. 비교하고 싶은 이런저런 시기에 일정한 금 무게의 평균 구매력 말이야.

실제로 물가지수를 계산할 때는 복잡한 점이 아주 많고 계산하는 물자의 수도 셋보다 당연히 훨씬 많단다. 하지만 전체 골격은 같으니 찬찬히 들여다보면 이해하기가 별로 어렵지 않을 거야.*

이렇게 어느 시대에 돈에 담긴 사회적 가치를 알아내려면 먼저 주어진 무게의 금, 가령 금 1온스의 구매 가치를 알아내야 해. 헨리 8세가 수도원을 해산하고 그 재산을 차지했을 무렵(1536~1539)과 1차 대전이 터지기 전(1913년)을 비교하면, 1536년에서 1539년 사이를 기준년으로 삼았을 때 1913년의 물가지

---

* 일상에서 접하는 간단하고도 초보적 물가지수 사례로는 가정주부의 '생활비'도 있겠지. 집값 얼마, 빵은 듬뿍, 버터는 조금, 치즈는 더, 옷은 많이 등등 해서 제1차 세계 대전 이전에는 1파운드 나가던 돈이 지금은 2파운드가 나간다고 쳐. 이 말은 "1913년을 기준으로 삼을 때 1923년의 물가지수는 200"이란 뜻이야.(저자 주)

수는 다른 계산 방식도 고려할 경우 2000에서 2400 사이란다. 이건 내가 직접 아주 꼼꼼히 계산한 거야. (예전 역사가들은 아주 철저히 따져보지도 않고 수치를 낮게 잡았지만) 내가 보기엔 최소 2400이야. 무슨 말이냐 하면, 1536년에 영국인이 기본 물품을 사는 데 금 1온스가 들었다면 지금은 금 24온스가 든다는 뜻이야.

과거 돈의 사회적 가치하고 우리 시대 돈의 사회적 가치를 비교할 땐 이런 측면을 고려해야 해. 바로 24를 곱해야 한다고. 가령 왕이 어떤 사람한테 영국 동남부에 있는 도버의 수비대를 보살피라고 해마다 100파운드를 줬다고 하면, "아하 '요즘 돈으로는' 2400파운드를 줬단 소리구나!" 하고 척 계산이 나와야 해.

대부분의 사람은 여기서 멈춰. 문제의 답을 잘못 짚는 건 그래서야. 당시 돈의 '사회적' 가치는 실제로는 지금 돈의 24배가 아니라 그보다 '아주 훨씬' 컸거든. 헨리 8세 시대의 100파운드는 지금의 2400파운드를 '크게 웃돌았다'는 거지.

왜 그런지를 보려면 앞서 내가 말한 두 가지를 더 따져봐야 해.

구매 범주의 수

(바깥 세계와 떨어져 피레네 산맥 계곡에 자리 잡은 작은 독립국) 안도라 같은 촌구석에 어떤 사람을 집어넣고 해마다 1000파운드를 지급한다고 치자. 그 사람은 작은 월세 집 이상에서는 살

지 못해. 거긴 대저택 같은 게 없거든. 다들 수수하고 작은 집에서 살아. 돈을 쓸 데가 많지 않으니까. 도로가 없으니 자동차도 필요 없고 철도가 없으니 기차 요금으로 돈을 쓸 일도 없고 극장도 없고 영화관도 없고, 우리가 여기서 사방에서 누리는 오만 가지 것들이 하나도 없어. 빵하고 고기, 포도주하고 옷 말고는 살 게 드물어. 바꿔 말하자면, 돈을 쓸 수 있는 '살 거리'('범주'란 단어의 뜻이 바로 '살 거리'지)가 런던보다 훨씬 적어. 런던에서 1년에 1000파운드로 가족을 부양하며 사는 사람은 막노동자보다야 당연히 잘살지만 그래도 사람들이 보통 부자라고 말하는 그런 부자는 아니거든. 아마 세금까지 해서 집세로 1년에 200파운드는 나가겠지. 대개 교통비도 1년에 한 50파운드는 들 거고. 집에 친구들을 불러 식사라도 같이해야 하니 돈이 나갈 테고 통신비도 만만치 않게 들 거야. 안도라에서 1년에 1000파운드를 받는 사람은 그 돈으로 정말 할 게 없을 텐데 말이지. 그야말로 '여유가 넘쳐서' 남아도는 절반 이상의 돈을 내버릴 수도 있고 다른 사람을 도울 수도 있고 저축하거나 투자할 수도 있겠지. 그렇지만 생각도 같고 성장 환경도 같고 필요한 물품도 똑같은 사람이 런던에 살면 1년에 1000파운드를 받아도 보나마나 한푼도 저금하기 어려울 거야.

그래서 우린 안도라에서 연수입 1000파운드의 사회적 가치는 런던에서 같은 액수의 사회적 가치와 판이하게 다르다는 걸 알게 되지. 어떤 사람은 이런 차이를 비웃으면서 이렇게 말할지도 몰라. "근데 말이죠! 런던에 사는 사람은 마음먹기에 따라선 이런저런 구매 범주에 돈을 안 쓰고 모을 수도 있는 거 아닙니까?" 맞아. 어떤 개인이 남들처럼 살지 않고 얼마든지 별종으로 살아갈 수 있지. 하지만 런던이라는 '사회 전체', 다시 말해서 런던에 사는 사람들 전부를 놓고 보면, 그들은 수많은 각양각색의 범주에 돈을 쓰는 반면 안도라 사람들은 쓸 데가 없어서 쓰지 않아. 아니 못 쓴다는 게 엄연한 사실이야. 따라서 물가지수가 같고 돈의 총량이 같더라도 그 돈의 '사회적 가치'는 평균적으로 런던보다 안도라에서 훨씬 더 높단다.

이 차이는 물가지수처럼 정확히 수치화할 순 없어. 아무도 범주의 수라든가 범주 하나하나의 중요성을 정확히 계산할 수는 없거든. 하지만 역사를 전혀 모르는 사람이더라도 1536년, 곧 헨리 8세 시절의 살 거리가 지금보다 훨씬 적었다는 걸 모르진 않겠지. 그러니까 헨리 8세가 자기 성채 하나를 보살피라고 해마다 100파운드를 줬던 사람은, 그 돈으로 호밀이라든가 돼지고기라든가 살 수 있는 양이, 다시 말해서 연수입의 구매 가치가 오늘날 연봉 2400파운드를 받는 사람과 맞먹겠지만, '동시대인과 비교하면' 지금 2400파운드 받는 사람보다 훨씬 여유 있게 살았을 거야. 아마 오늘날 연수입 5000파운드인 사람보다 훨씬 부유하지 않았을까 싶어.

하지만 이게 다가 아니란다. 하나가 더 있어. 이제부터 그걸 알아보자.

공동체 전체의 구매 가치

돈의 사회적 가치를 결정하는 세 번째 변수는 특정 금액이 공동체 전체의 총 재부에서 차지하는 비중이야. 이건 당연히 공동체를 이루는 가정의 평균 재부와 이 가정들의 수에 달려 있어.

현재의 물가로 가령 아이슬란드 국민과 호주 국민을 비교해 보자고. 두 나라에서는 모두 금 1온스로 비슷한 양의 물자를 살 수 있어. 아이슬란드에서 살 수 있는 구매 범주가 호주보다 적긴 해도 문명인에게 필요한 건 아이슬란드에서 대부분 살 수 있어. 적어도 수도에선 말이야. 지불할 여유만 있으면 필요한 물품을 아이슬란드 사람들이 수입할 수도 있지. 두 나라 모두 영국과 인종적으로 같을뿐더러 문화 수준과 사고 방식도 엇비슷해. 하지만 아이슬란드는 4000가구에 불과하고 대체로 가난해. 반면 호주는 100만 가구니까 250배인 거고 평균적으로 아이슬란드보다 훨씬 잘살아. 호주는 아이슬란드보다 빈부 격차가 훨씬 심해. 가난에 찌들고 굶주린 사람이 아이슬란드보다 호주에 훨씬 많다고. 하지만 호주 가정의 평균 재부는 아이슬란드보다 훨씬 많지.

이제 아이슬란드 정부가 바다에 접한 수도 레이캬비크에 새 항구를 짓고 싶어 한다고 가정하자. 항구를 완공하는 데 드는 비용이 가령 40만 파운드라고 치고. 돈이야 부자들의 재부를 몰수해서 조달할 수도 있겠고 국민 모두에게 과세할 수도 있겠지. 한편 호주 국민도 항구를 건설하고 싶어 하고 공사에 드는 비용도 똑같이 40만 파운드라고 가정하자. 두 나라의 물가지수는 같아. 금 1온스로 두 나라에서 살 수 있는 물건의 양이 대체로 같다고. 그런데 40만 파운드의 사회적 가치는 아이슬란드와 호주에서 아주 다르지. 아이슬란드에서는 국민 세금으로 공사비를 조달하려면 가구당 100파운드를 걷어야 하고 안 그러면 아마 아주 소수의 부자들이 지닌 재부를 전부 몰수해야 할 거야. 하지만 호주에서는 가구당 0.4파운드만 걷으면 돼. 그것도 아이슬란드보다 평균 소득이 훨씬 높은 가정들한테서 말이야. 이렇게 보면 40만 파운드의 사회적 가치는 아이슬란드에선 어마어마하고 호주에선 작아. 경제적 여파는 굉장할 거야. 성공하면 아이슬란드 역사에서 큰 자리를 차지하겠지. 호주 역사에선 무시당하다시피 할 거고.

이제 이 세 가지 변수들의 영향을 합치면 어떻게 되느냐, 헨리 8세가 수도원들을 해산했을 당시 돈의 사회적 가치와 지금 비슷한 금액의 사회적 가치는 굉장히 큰 차이가 있다는 걸 알 수 있어. 가령 왜 왕이 웨스트민스터 수도원의 연수입을 가로채 독차지한 일이 그리도 엄청나게 관심을 끌었는지 이해가 돼. 웨스트민스터 수도원의 연수입은 금화로 4000파운드에 불과했는데 말이야. 먼저 여기에 24를 곱하면 지금 돈으로 10만 파운드 가까이 되잖아. 그만큼의 밀, 소고기, 호밀, 돼지고기, 맥주를 실제로 해마다 구입할 수 있는 돈을 몰수했다는 뜻이야. 또한 구매 범주, 다시 말해서 돈을 쓸 만한 '살 거리'가 지금보다 훨씬 적었던 공동체에서 일어난 일이란 사실을 감안해야 해.

마지막으로는 영국의 인구가 지금의 6분의 1 수준을 거의 넘지 않았던(어떤 사람은 10분의 1을 넘지 않았다고 해) 시절에 벌어진 일이란 걸 명심해야 해. 그리고 그 시절 영국인은 지금 영국인보다 실제로 무척 가난했어. 하지만 지금 영국과는 달리 그 시절에는 헐벗고 굶주리는 사람이 많지 않았던 것도 사실이야. 그리고 지금보다 일하는 사람도 훨씬 잘살았고. 반면에 아주 잘사는 사람도 그리 많지는 않아서 가구당 평균 수입은 훨씬 적었지. 요약하자면 웨스트민스터 수도원 하나를 몰수한 것만도 그야말로 엄청난 사건이었다는 거지. 요즘 식으로 말하자면 정부가 작은 철도 회사 하나를 몰수하거나, 지금 북부 공장 도시에 사는 세입자들이 대지주들에게 내는 집세를 정부가 가로채서 꿀꺽하는 셈이야.

여기서는 웨스트민스터 수도원 몰수 하나만 따져봤지만 그 시절에 이루어진 다른 지출, 가령 육군과 해군에 들어간 지출도 비슷하게 따질 수 있어. **이런 식으로 돈의 사회적 가치가 이 시대하고 저 시대하고 왜, 어떻게, 얼마나 다른지 비교할 수 있지.**

역사를 읽을 때 이런 경제학의 원리를 머리에 단단히 넣어두는 게 아주 중요해. 예전에는 아리송했던 문제들이 다 설명되기도 하거든.

18장

고리대금
— 생산적인 대출과 비생산적인 대출

이번 주제는 '고리대금'인데, 현대인은 거의 완전히 등한시하고 내가 알기로는 경제학 책에서도 통 거론되지 않아. 하지만 고리대금은 아득히 먼 옛날부터 시작해서 아주 최근까지도 그 중차대한 영향력이 인정되었고, 현대를 살아가는 사람도 본인이 원하건 원하지 않건 그 영향력을 의식할 수밖에 없어. 그래서 늦기 전에 이걸 알아 두면 좋을 거야. 멀지 않은 미래에 이 문제가 아주 폭넓게 논의될 테니까 말이야.

우리가 아는 인간 사회 최초의 모든 법전과 법률가는 '고리대금'을 몹쓸 행위로 질타했어.

고리대금 행위가 국가와 사회 전반에 심각한 해악을 끼치므로 가급적 금지해야 한다고 인식했던 거지.

자, 고리대금이 뭐고 그게 왜 그토록 해로울까?

현대인은 이 엄청나게 중요한 문제를 워낙 소홀히 여겨서 이제는 '고리대금'이란 말을 '대출금에 붙여 받는 높은 이자'라는 뜻으로 느슨하게 쓰곤 해. 그런데 곧 알게 되겠지만 그건 아주 흐리멍덩한 사고야. **고리대금의 성격은 이자를 높게 받느냐 낮게 받느냐와는 무관하기 때문이지.** 고리대금의 본질은 아주 다른 데 있어.

고리대금은 '비생산적' 대출에 그 무엇이 되었건 붙이는 이자란다.

한 사람이 나한테 와서 이렇게 말해. "선생님이 소유한 자본 일부를 저한테 빌려주신다면(가령 자본은 배 한 척 그리고 항해 중에 선원들을 먹일 식량일 수 있겠지), 그 자본으로 이 나라의 잉여 물품을 외국으로 실어 나르고 이 나라에 필요한 외국 물품을 싣고 돌아오면 크게 이익을 남길 텐데, 최소한 100톤의 밀과 맞바꿀 수 있는 이익입니다. 항해는 갔다 왔다 하는 데 1년이 걸립니다."

내 대답은 아마 이럴 거야. "내 배하고 배에서 일할 선원이 먹을 식량을 써서 1년에 밀 100톤의 이익을 낼 수 있다니 당신에겐 좋겠지만 난 뭐가 좋죠? 수고는 다 당신이 하는 거니까 당신이 이익의 일부를 가지는 건 당연하다고 봅니다. 하지만 나도 조금 가져야지요. 배하고 식량은 내 거니까요. (당신은 없으니까) 내가 이것들을 빌려주지 않으면 당신이 말하는 거래를 못할 거 아닙니까? 반반씩 나눕시다. 밀 100톤의 이익이 나면 당신이 50톤 갖고 내가 50톤 가집시다."

배를 빌려 달라고 한 사람이 동의해. 거래는 성사됐고 1년 뒤 나는 자본 덕분에 밀 50톤의 이익을 보겠지.

이게 생산적 대출에서 얻는 이자 소득이야.

이런 거래는 도덕적으로 잘못된 게 하나도 없단다. 국가나 사회를 허약하게 만들지 않을뿐더러 손해 보는 개인이 하나도 없거든. 지혜로운 교환 덕분에 순전히 이득만 생기고(이런 게 생산이지 뭐겠어) 모두가 이익을 봐. 자본을 가진 나도, 자본을 쓴 그 사람도, 대외 무역으로 이익을 보는 사회도. 내 배와 식량이 밀 100톤어치와 맞먹는다고 가정하면 밀 50톤의 이익은 50퍼센트의 이익인 셈이야. 아주 높은 수익이지. 하지만 난 그럴 권리가 있어. 내 자본이 재부를 정말로 그만큼 늘렸으니까. 만약 내 자본이 이보다 열 배 더 컸다고 치면 내 수익은 50퍼센트가 아니라 5퍼센트겠지. 하지만 50퍼센트나 5퍼센트나 그에 대한 내 도덕적 권리는 똑같아. 아무도 나에게 뭐라 하지 못해. 난 아무런 해도 끼치지 않았으니까.

누군가 내가 가진 배와 식량을 빌려 달라고 요청하는 게 아니라 배와 식량을 살 수 있도록 때마침 내 수중에 있던 돈을 빌려 달라고 부탁하는 상황이라 치자. 이전과 거래 성격은 똑같아. '생산적'인 대출이라고. 돈을 빌리는 사람은 진짜 수익을 내. 다시 말해서 공동체의 재부가 진짜 늘어난 거지. 그리고 나도 그 사람도 수익을 나눌 권리가 있어. 나는 자본을 댔고 그 사람은 물자 운송을 조직하고 총괄하는 수고를 들였기 때문이야.

이런 게 바로 '생산적' 대출에서 생긴 이익의 예란다.

이제 빵 가게 주인인 나한테 한 사람이 찾아와서 이렇게 말한다고 가정하자. "빵 여섯 덩어리만 꿔주십시오. 집에 빵이 없는데 하루 이틀은 벌이가 없어서요. 벌이가 생기면 빵 여섯 덩어리를 갚아서 손해가 안 나게 해드리지요." 그럼 내가 이렇게 대답하는 거야. "그런 조건으로는 여섯 덩어리를 꿔줄 수 없소이다. 원한다면 한 달 뒤에 갚아도 좋으니 대신 그때 가서 '일곱' 덩어리로 갚으시오." 이게 고리대금이야.

빵을 빌리는 사람은 대출을 생산적으로 쓰지 않고 바로 먹어버려. 그런 행위에서는 재부가 생겨나지 않지. 세상이 더 넉넉해지지도 않고 내가 넉넉해지지도 않고 사회 전반이 더 넉넉해지지도 않는다고. 이 거래를 통해서는 재부가 전혀 생산되지 않았어. 따라서 내가 추가로 받아내려는 빵은 없는 데다 요구하는 거야. 공동체의 재부에서 받아내려는 거라고. 이 사례에서는 빵을 빌린 사람의 재부에서 받아내는 거지. 그래서 고리대금을 뜻하는 영어 단어 'usury'는 본래 '닳아 없애다', '점점 마모시키다'라는 뜻이었어.

온 세상이 고리대금에 몰두해서 고리대금 천지라면, 빌린 재부가 생산적으로 쓰이지 않고 '비생산적'으로만 쓰인다면, 그런데도 비생산적 거래에 이자를 요구한다면, 빌린 재부가 공동체 안의 나머지 재부를 모두 잡아먹어서 결국 더는 먹어치울 재부가 없는 상황에 이를 거야. 돈을 빌려준 사람들만 빼고는 모두가 망하겠지. 그리고 이 사람들도 더는 빨아먹을 피가 없어지면 죽고 말겠지. 사회가 끝장나는 거야.

배를 빌려주는 예에서 보았지만 빌려주는 게 빵 같은 실물인지 빵을 살 수 있는 돈인지는 조금도 안 중요해. 핵심은 대출이 '생산적'이냐 아니냐야. **꿔준 돈이 비생산적인 용도에 쓰일 걸 알면서도 그 돈에 이자를 붙일 때 고리대금의 의도가 있는 거고, 실제로 비생산적 용도에 쓰인 대출인데도 거기에 이자를 요구할 때 고리대금이 실행되는 거란다.**

옳고 그름을 따지는 문제가 늘 그렇지만 경계선을 긋기가 아주 어려운 모호한 영역이 꽤 있어. 고리대금을 한다고 눈총받는 사람이 자기 변호를 한답시고 심지어 굶주리는 사람에게까지 이자를 붙여서 식량을 꿔주고는 이렇게 말한단 말이야. "이 대출은 직접적으로는 생산적이지 않아 보이지만 간접적으로는 생산적일 수 있다. 꿔준 식량이 그 사람의 목숨을 살린 덕에 나중에 그 사람이 일을 해 재부를 생산할 수 있었으니까."

정반대 상황도 있단다. (요즘은 이럴 위험성이 별로 없긴 하지만) 생산적 대출에서 이자를 회피하려고 이렇게 말할지도 모르지. "사실 이 대출은 생산적이지 않았다. 내가 거기서 이익을 낸 건 사실이지만 그 이익은 공동체에 추가된 재부가 아니다. 그저 내가 거래를 통해 누군가로부터 얻어낸 걸 나타낼 뿐이다."

경계가 불확실할 때는 비슷한 다른 경우도 마찬가지지만 우리가 기댈 건 상식뿐이야. 우린 개별적 사례 하나하나에서 대출이 생산적인지 아닌지 아주 잘 알아. 빌리거나 꿔준 게 생산적 용도였는지, 자선 용도나 사치 용도였는지, 철저히 비생산적 용도였는지 잘 안다고.

고리대금에 대한 상식적 판단이 맞다는 건 개인과 개인의 사적 관계에서 증명돼. 어려운 처지에 있는 가난한 사람이 부자 친구한테 가서 10파운드를 꾼 다음 나중에 형편이 되었을 때 갚아. 부자 친구는 이자를 받는 건 떳떳하지 못하다고 생각할 거야. 하지만 어떤 사람이 돈을 불릴 수 있을 것 같은 일을 해볼 요량으로 나한테 10파운드를 빌리고 나도 그 사람의 대출 의도를 안다면, 나는 그 사람과 이 대출의 결과물을 공유할 완벽한 권리가 있고 아무도 그걸 떳떳하지 못하다고 생각하진 않을 거야.

결국 기본적으로 고리대금은 '요구할 만한 이익 곧 추가 재부가 없는' 곳에다 재부를 내놓으라고 요구하는 거란다. 어려운 사람의 자본을 깎아다가 빌려준 사람의 이익을 불리는 짓이지. 그래서 고리대금을 방치하면 사유 재산이 소수의 고리대금업자 손으로 넘어가.

자, 사정이 이럴진대 고리대금의 생리가 그야말로 뻔하고, 고리대금의 도덕적 하자와 고리대금이 사회에 끼치는 해악이 모두 명백한데, 어째서 우리는 그토록 오랫동안 고리대금을 등한시했고, 어째서 우리는 그렇게 등한시한 고리대금에 다시 주목할 수밖에 없게 된 걸까?

이제부터 이 두 가지 질문에 답해볼게.

고리대금의 해악과 생리가 잊힌 건 17세기 중후반, 그러니까 250년 전쯤 유럽에서 발생한 금융 거래의 대대적 팽창 탓이란 다. 사회가 단순했던 시절의 상거래는 공개적이었고 규모도 비교적 작았을뿐더러 서로 아는 사이에서 이루어졌어. 그래서 대출이 생산직 용도인지 비생산적 용도인지 대개는 잘 알았다고. 사생활 울타리를 벗어나지 않았으니까. 입증 책임은 돈을 꿔준 쪽에 있었지. 꿔준 쪽에서 이렇게 둘러댈 순 없었다고. "그 사람이 그걸로 뭘 하려는지 몰랐기 때문에 십중팔구 생산적으로 쓸 작정이겠지, 생각하면서 이자를 10퍼센트 부과했습니다." 법원은 이런 호소를 인정하지 않았고 그 판단은 지당했지. 그 옛날 단순했던 시절 같으면 판사는 이렇게 답했을 거야. "그걸 알아야 하는 게 당신의 일입니다. 개인적으로 필요하거나 생산적으로 이용할 계획이 있지 않다면 괜히 돈을 빌리지는 않습니다. 만약 생산적 계획이라고 생각했다면 당신은 이익을 공유하기 위해서 보나마나 그 계획에 관해 물었겠지요. 하지만 그게 생산적인지 아닌지 굳이 알려 하지 않았다는 건, 당신이 고리대금의 해악에 무관심한 사람이고 캐묻는 건 당신의 일이 아니라는 구실로 그런 해악을 기꺼이 저지르려는 사람임을 보여줍니다."

예전에 법이 대출을 바라보는 태도는 오늘날 잘 쓰일 수도 있고 잘못 쓰일 수도 있는 특정한 독성 화학 물질을 바라보는 태도와 아주 흡사했어. 화학 물질을 파는 회사는 그걸 어디에 쓸 건지 물어야 하고 묻지 않았을 때는 책임을 져야 하잖아. 마찬가지로 옛날에 교회법은 대출이 생산에 쓰이는지 아닌지는 돈을 꿔주는 쪽에서 알아내야 한다고 판단했어. 교회법이 그렇게 하지 않았다면 고리대금이 일반화돼서 국가를 집어삼켰을 거고 돈을 꿔준 소수만 이익을 봤을 거야. 지금처럼 말이야.

그런데 거래가 자꾸 복잡해지고 규모가 훨씬 커지고 사적인 성격을 잃어 가면서, 은행 제도가 대규모화되고 엄청나게 많은 주주가 있는 대기업이 생기면서, 돈을 꿔준 쪽에다 입증 책임을 묻기가 불가능해졌지. 다시 말해서 대부분의 예금자가 자기 돈을 어디에 빌려주는지 모르고 그저 돈을 불릴 요량으로 금융 기관에 맡기는 상황이 일반화하면서, 고리대금의 기회가 열렸고 곧 고리대금이 상업 전반으로 스며들었지.

가령 오늘 어떤 사람이 보험 회사에 돈을 넣는다고 가정하자. 보험 회사는 이 사람한테 5퍼센트의 이자를 줘. 이 사람은 자기가 넣은 돈이 정확히 어디에 쓰이는지 몰라. 알 수가 없지. 아무도 모른다고. 보험 회사가 조성하려는 거대 자금의 일부로 흡수될 테니까. 태반은 생산적으로 쓰이겠지. 증기 엔진, 식량, 선박 따위를 구입하는 데 들어갈 거고, 이런 것들이 쓰이면 이 세상의 재부가 늘어날 거야. 그래서 이런 생산수단을 사는 데 들어간 돈은 이익을 요구할 완벽한 권리가 있는 거고 이익을 챙긴다고 해서 아무도 해치는 게 아니야. 하지만 일정한 비율은 비생산적으로 쓰일 거야. 원래의 투자자는 이걸 모르고 보험 회사의 간부조차 이런 상황을 전혀 몰라.

한 고객이 보험 회사에 와서 이렇게 말해. "1000파운드를 대출받고 싶습니다." 지금 같은 상황에서 보험 회사는 고객이 이 돈으로 뭘 하려는 건지 알 도리가 없어. 고객은 담보를 걸고 대출을 받아. 돈을 빌려 재정난에 빠져 빚을 갚으려는 걸 수도 있고 사업을 하려는 걸 수도 있지. 보험 회사는 거기까지 알지는 못해. 보통 대출은 생산적으로 쓰일 거라고 당연하게 전제하고서 대출금에 이만한 이자를 붙인다는 일반 원칙만 세우지. 하지만 돈을 꾼 사람은 이걸 비생산적으로 쓸 수 있고 자주 그렇게 하고 또 그러려고 해.

모르는 사람 사이의 거래 규모가 커지면 이렇게 고리대금이 필연적으로 등장해. 고리대금은 원거리에서 간접적으로 실행되기에 딱히 이 사람 혹은 저 사람한테 책임을 따질 수가 없지만 필연적으로 재앙을 불러. 현대 사회는 마침내 그 결과를 뼈저리게 느끼게 되었고.

2천 년 전에 고리대금업자가 꿔준 몇 푼 안 되는 돈도 복리로 계산하면 지금 전 세계의 재부보다 많아질 수 있어. 그러니 고리대금이 부당하고 지속 가능한 거래 방법으로 자리 잡기가 불가능하다는 걸 이보다 더 어떻게 증명할 수 있겠어.

거의 모든 거래가 모르는 남남 사이에서 간접적으로 이뤄지자 고리대금이 자리 잡았고 납부해야 할 고리대금 이자 비율이 커져서 세계 전체에 엄청난 부담을 주기 시작했어. 세계가 폭삭 주저앉을 위험에 처했다고.

늘어난 재부가 실제로는 없는데도 마치 늘어난 것처럼 재부를 자꾸자꾸 챙기면 조만간 종말을 맞게 돼. 더는 열매가 안 맺히는 과수원에 해마다 사과를 100자루씩 요구하는 거하고 뭐가 다르겠어. 말라붙은 샘에 날마다 물을 100통씩 요구하는 거하고 뭐가 다르겠냐고. 사과를 바쳐야 하는 사람은 최선을 다해 구해야겠지만 전 세계 모든 과수원에 똑같은 요구가 가해지면, 고리대금업자가 매년 사과 100만 자루를 요구하는데 생산되는 물량은 50만 자루뿐이라면, 그땐 끝이라고. 이자는 안 들어오고 이자를 회수하는 기제도 작동을 멈춰. 물론 작동을 멈추기 한참 전부터 사람들은 이자를 물기가 점점 어려웠을 테고 전 세계 경제에서 그런 어려움이 나타났을 테지만 말이야.

고리대금이 시작된 지 두 세기 만에, 고리대금 규제가 완전히 풀린 지 한 세기 만에, 지금 바로 그런 일이 벌어지고 있단다. 여태까지는 온갖 술수를 동원해서 벗어났지. 가령 이자를 5퍼센트 내겠다면서 돈을 빌려간 사람한테 2.5퍼센트만 받는 거야. 아니면 이 책 전반부에서 설명했지만 통화 절하 수법으로 돈의 가치를 바꿔서 가령 해마다 양 100마리를 받기로 한 사람한테서 양 30마리나 50마리만 받는 거야. 더 극단적 조치로는 대출금을 아예 '탕감'하는 방법도 있지. "이자가 안 들어오니 아예 이자를 안 받겠다." 하면서 말이야. 정부가 파산하면 그런 일이 벌어져. 독일 정부처럼.

제1차 세계 대전으로 생겨난 고리대금을 보면 사방에서 그런 일이 벌어지는 걸 알게 돼. 참전국들은 이자를 주겠다고 약속하고 개인들한테 돈을 빌렸어. 그 돈은 대부분 생산적으로 쓰이지 않았지. 밀, 금속, 기계 따위를 사는 데 썼지만 정작 그 밀은 재부를 더 생산하는 근로자를 먹이는 데 쓴 게 아니야. 재부를 생산하지 않는 군인들을 먹이는 데 썼어. 배도 금속도 기계도 마찬가지고. 그래서 돈을 빌려준 개인들이 꿔준 돈에 대한 이자를 정부한테 거두기 시작했을 때, 그 사람들은 없는 재부를 해마다 요구한 셈이었고 정부는 별의별 방법으로 부실한 이자를 지급한 거지. (러시아가 그랬지만) 못 주겠다면서 아예 무시하기도 하고 이만큼 저만큼씩 통화를 절하하기도 했어. 영국 정부는 주겠다고 약속한 돈을 절반으로 깎았고 다시 거기에 세금을 물려서 원래 이자의 3분의 1도 안 되는 돈만 지급했단다. 프랑스 정부는 인플레이션(물가 상승)과 과세로 이자 부담을 훨씬 더 줄였어. 원래 약속한 돈보다 4분의 1도 안 되게, 사실상 6분의 1이나 8분의 1 정도 지급한 게 맞을 거야.

독일 사람들은 인플레이션으로 이자 부담을 없애다시피 했어. 지불을 거부한 거나 다름없었지.

정리하면 이렇다.

1. 고리대금은 도덕적으로도 옳지 않고 사회에도 해를 끼친다. 사실은 재부가 늘어나지 않았는데 늘어난 재부를 요구하고, 뭔가를 내놓을 수 없는 곳에서 뭔가를 받아내려고 하기 때문이다.

2. 따라서 고리대금은 사람들이 생산한 재부를 점점 빨아들여 돈을 빌려준 사람들 손에 넘긴다. 이 과정은 결국 모든 재부가 빨아먹힌 뒤에야 끝날 것이다.

3. 현대 사회에서는 대개 전쟁이라는 비생산적 지출 때문에 고리대금이 생긴다. 이런 지출 비용은 빌린 돈으로 충당했다. '어떠한 재부도 추가로 생산하지 않는 돈에 이자를 내겠다는 약속'과 함께.

4. 세계는 이 과정에서 한계에 도달했으며 고리대금 투자의 미래는 의심스럽다.

결론은 이렇게 분명하기 이를 데 없지만, 불행하게도 우리가 봉착한 어려움에서 벗어나는 데는 이런저런 방법이 있다, 혹은 이런저런 법으로 고리대금을 중단할 수 있다, 더 건전한 상태로 돌아갈 수 있다고 말할 수가 없어. 여전히 거래는 세계에 퍼져 있거든. 거래는 여전히 모르는 남남 사이에서 이뤄지고 돈은 계속해서 이자를 받고 비생산적으로 대출되고, 빚을 갚아야 하는데 약속했던 돈을 갚지 못하는 상황이 되풀이되거든. 이런 점에서 보면 사회가 전처럼 '단순'해지기 전까지는 이 문제가 바로잡히지 않을 거야. 힘든 시기를 어지간히 겪은 다음에야 그때로 돌아갈 수 있겠지.

19장

경제 허수
– 허상의 경제적 가치를 계산하다

좀 어려운 주제로 마무리할까 해. 사실 이걸 이야기해야 하나 말아야 하나 고민을 하긴 했어. 너무 어렵다 싶으면 건너뛰어도 좋지만 읽으면서 이해가 되면 들어가볼 만해. 아주 새로운 주제이기도 하거니와(이건 다른 책에서는 못 접해) 현대 사회에서 발생해 점점 위험 요소로 발전하고 있는 문제들을 이해하는 데 아주 도움이 되거든. 바로 내가 '경제 허수'라고 부르는 주제란다.

허수는 수학에서 가져온 용어인데 계산 종이에는 나타나지만 실제로는 실체가 없는 가치를 말해. 수학에서 말하는 허수가 뭔지 설명하려면 너무 길고 굉장히 골치 아프겠지만 경제학에서 말하는 허수가 뭔지는 아주 간단한 예를 들어 설명할 수 있어. 경제학에서 허수는 계산을 할 때는 종이에 나타나서 정말 재부가 있구나 생각하게 하지만 그 본질을 자세히 들여다

보면 사실 없다는 걸 알게 되는 재부의 경제적 가치 내지 재부 덩어리를 뜻해.

내가 말하려는 첫 번째 사례는 수입이 아주 많아서 외국에 사는 아들한테 용돈을 보내는 사람이야. 이 사람은 영국에 살고 있고 연수입이 1만 파운드라고 가정하자. 이 사람은 파리에 있는 아들한테 사업을 시켜. 그런데 아들이 아직 사업을 다 못 배웠고 집에서 도움을 받아야 하는 형편이라 1년에 1000파운드씩 아들한테 지원해줘.

소득세를 부과하는 영국의 세무 공무원들은 모든 사람의 소득을 살피다 보니 이 부자의 연소득이 1만 파운드란 걸 알게 되지. 그리고 영국 국민의 모든 소득 가치를 '산정'할 때 당연히 이 사람이 1년에 1만 파운드를 버는 걸로 계산하지. 그런데 프랑스 세무 공무원들도 프랑스에 사는 모든 사람의 소득이 얼마인지 따지느라 비슷한 산정을 하고 파리에 사는 부자의 아들이 1년에 1000파운드를 버는 걸로 계산해. 어느 경제학자가 영국과 프랑스의 이 소득 산정액을 합쳐 두 나라 국민의 총소득이 얼마인지를 계산하면 연소득 1000파운드가 '두 번' 잡히는 거야. 이렇게 두 번 잡히는 것 중에 하나가 바로 경제 허수란다.

이게 경제 허수의 가장 간단한 사례라 할 수 있어. 같은 돈을 두 번 헤아리는 것, 다시 말해서 중복이지. 이걸 공식화하면 이래.

확인되지 않은 모든 중복은 그 확인되지 않은 중복만큼 경제 허수를 만들어낸다.

너무 간단하니까 어떤 사람은 이렇게 말할지도 몰라. "어휴, 그걸 모를 사람이 어디 있어!" 그런데 그렇지가 않다니까. 심지어 이런 간단한 예에서도 말이야. 사회가 복잡해질수록, 이동이 증가하고 통신 수단이 발전하면서 왔다 갔다 하는 대금, 수고비, 연금, 온갖 결제 방식도 복잡해져. 또한 일반적으로 말해서 사회의 발전과 더불어 이러한 중복들이 확인되지 않을수록, 즉 바로잡히지 않을수록, 중복이 있다는 걸 사람들이 모르는 경우도 늘어나고, 알아도 말하는 걸 소홀히 하고, 말해도 사람들이 자꾸 믿지 않게 돼. 일반적으로 사회가 더 복잡해질수록 단순히 중복으로 생기는 경제 허수도 실재하는 재부의 총량에 비례해서 늘어나고 공동체의 전체 '산정액'은 더 과장되기 마련이란다.

아주 놀라운 실례로 이걸 증명해볼게. 내가 직접 겪은 일이야. 내가 아는 어떤 사람이 몇 해 전에 소득세 환급 신청서를 냈어. 그 사람은 집에 비서를 두고 있었는데 비서한테 주는 봉급이 꽤 많았지. 그리고 시내 사무실에도 비서를 뒀어. 비서들 봉급은 그 사람이 사업으로 벌어들인 돈에서 나갔지만 사업 비용으로 털어내는 게 허용되지 않았어. 그래서 본인의 과세 대상 총소득에 포함되었지. 한편 재택 비서와 사무실 비서도 모두 봉급에 대해 세금을 냈어. 이미 세금을 낸 총소득에서 나간 돈이었는데도 말이야. 보나마나 영국인의 총소득을 산정하는 사람은 공식 기록에다 이렇게 적었을 거라고. "아무개 씨 연소득은 얼마, 그의 비서 A씨는 얼마, 그의 비서 B씨는 얼마", 그리고 합산을 했을 거야. 그렇지만 A하고 B 몫으로 적힌 돈은 허수야.

간단한 사례만 들었지만 지금 영국에서 이렇게 소득이 겹쳐서 잡히는 수천 가지 방식을 일일이 설명하자면 한도 끝도 없어. 아마 이 나라 국민 소득의 추정치 중 최소 4분의 1은 이런 경제 허수일 거야.

이거 말고 다른 게 없다면 허수를 이해하기가 아주 쉽겠지. 총 재부를 평가할 때 그 부분만 감안하면 되거든. 불행하게도 복잡하고 역동적인 사회에서는 파악하기가 훨씬 어렵고 독버섯처럼 사방에서 자꾸만 불쑥불쑥 솟아오르는 크고 작은 갖가지 허수가 있어.

가령 (2) '사치 소비'로 인한 경제 허수도 있단다.

물건의 실제 가치보다 턱없이 높은 가격을 부르는데도 바보처럼 달라는 대로 돈을 내는 부자가 세상 어디에나 있잖니. 런던이나 파리의 큰 호텔에 가서 저녁을 먹으면 내가 소비하는 것의 '경제 가치'는 청구받는 액수의 4분의 1에서 10분의 1 사이 어디쯤일 거라고. 이런 데서 샴페인 한 병을 마시면 1파운드에서 1.5파운드쯤 낼 거야. 샴페인 한 병에 담긴 경제 가치는 그걸 생산하는 데 들어간 온갖 종류의 노동이 누적된 경제 가치를 말하는데 이게 0.125파운드쯤 돼. 그러니까 사람들이 샴페인 한 병에 1파운드에서 1.5파운드를 쓸 때, 소비되면서 파괴되는 실제 경제 가치의 여덟 배에서 열두 배를 내는 거야. 이경우 하나만 봐도 0.875파운드에서 1.375파운드 사이의 경제 허수가 있잖아. 게다가 이 경제 허수는 빙빙 돌아다녀. 먼저 호텔 주인의 이익으로 나타나서. 그 이익은 다시 과세를 위한 선체 국민 소득에도 잡히고. 호텔 임대료에도 나타나. 왜냐하면 손님들에게 그 정도 액수를 지불하게 만들 수 있는 사람이라면 건물 크기도 똑같고 건물을 짓는 데 들어간 벽돌과 모르타르의 실제 경제 가치도 똑같은 초라한 호텔보다 자신의 호텔에 임대료를 훨씬 많이 낼 테니까. 호텔이 지방 자치 단체에 내는 영업세에도 나타나. 그리고 변두리에서 근근이 사는 공무원의 소득에도 나타나고. 0.125파운드짜리 물건에 1파운드에서 1.5파운드를 기꺼이 치르는 어리석은 사람이 만들어낸 경제 허수는 나라 안의 이런저런 산정액에서 자꾸자꾸 나타난다고.

(3) '소득 불평등'으로 인한 경제 허수도 있어.

연수입이 각각 1000파운드인 1000가구가 있다고 하자. 그럼 전체 연소득은 100만 파운드겠지. 누구나 갖고 싶어 하는 멋진 그림, 가령 반 다이크*가 그린 그림이 경매에 나왔다고 가정하자. 1년에 1000파운드를 버는 사람들 중 어느 누구도 일정액 이상 그림 구입에 쓸 수가 없기 때문에 입찰을 해도 가격이 100

파운드 이상으로 올라가긴 어려워. 그럼 공동체의 소득 따위를 평가하는 공무원은 이 공동체가 연소득이 100만 파운드고 집들의 가치는 얼마쯤 되고 현재 시세가 100파운드인 그림 한 점이 있다고 말할 거고 이게 전부 '산정액'에 포함될 거야.

이제 이 1000가구 중 두 가구 빼고는 두 사람한테 집세와 이자를 내느라 모두 형편이 어려워졌다고 하자. 연수입이 다 500파운드 아래로 떨어졌고 50만 파운드가 고스란히 이 두 사람한테 지급되는 거야. 그럼 두 사람은 1년에 25만 파운드씩 벌지. 이 공동체에서 반 다이크 그림이 경매로 나왔다고 치자. 가난한 집들은 당연히 경매장에 발도 들여놓지 못하겠지. 아무리 반 다이크 그림을 갖고 싶다고 해도 여유 돈이 집집마다 끽해야 50파운드를 넘지 않으니까. 하지만 두 사람은 서로 피 튀기게 경쟁할 수 있어. 원하는 만큼 쓸 정도로 재부가 충분히 있으니까. 그래서 반 다이크 그림은 둘 사이에서 5만 파운드까지 값이 치솟을지도 몰라.

공동체 안의 진짜 재부는 전보다 눈곱만큼도 늘어나지 않았어. 그런데 이제 아까 그 공무원은 이 공동체를 먼젓번에 평가했을 때와는 사뭇 다르게 평가할 거야. 총소득을 100만 파운드로 적고 집, 가구 따위도 얼마라고 적고 나서 덧붙이겠지. "5만

안토니 반 다이크(Anthony van Dyck, 1599~1641) 플랑드르 출신의 화가. 왕족과 귀족들의 초상화를 그리며 명성을 날렸으며 잉글랜드 왕 찰스 1세의 궁정 화가로 일하며 여러 작품을 남겼다.

파운드짜리 반 다이크 작품도 있다." 엄청난 소득 격차가 존재하는 현실에서는 이런 식의 일이 당연히 1천 배는 더 벌어지겠지. 선진 문명에서 공동체가 자꾸 복잡해지면서 경제 허수가 나타나는 또 하나의 예란다.

나는 이 주제를 이 얇은 책에 아주 살짝 얹어서 소개하자는 마음뿐이야. 예를 들자면 한도 끝도 없겠지만 굳이 너무 많은 사례를 들진 않으려 해.

마지막으로는 (4) **물적 대상에 부가되는 경제 가치와 용역*을 혼동하는 데서 생기는 경제 허수**가 있다. 이 책 서두에서 재부는 석탄, 의자, 책상 같은 사물로 이루어지는 게 아니라 그런 사물에 부가되는 경제 가치로 이루어진다고 했잖아. 무슨 말이냐 하면, 사물이 소비되기 시작하는 단계까지 사람들의 목적에 맞게 부가되는 쓰임새가 바로 재부라는 거야. 땅 속 석탄은 아무 경제 가치가 없고 그걸 캐기 시작할 때 비로소 가치가 생긴다는 사실, 석탄을 소비하는 단계 가까이로 가져오기까지 부가된 추가 노동분 하나하나가 쌓여서 경제 가치를 이룬다는 사실, 그래서 마침내 내 집 지하실 안으로 들어오면 (땅 속에 있을 때) 아무 가치가 없었던 석탄이 이제는 1톤당 1.5파운드에서 2파운드 나간다는 사실을 배웠잖아.

하지만 관리들이 징세하기 위해, 한 나라의 연간 총소득이

---

* 'services'의 번역어이다. 벨록은 물적 대상에 경제 가치를 부가하는 노동은 생산적이지만 그렇지 않은 용역(서비스 노동)은 비생산적이라고 보았다.

(그 사람들이 보기에) 얼마인지 알기 위해 재부를 산정할 때는 한 나라가 소비하는 사물에 부가된 경제 가치뿐 아니라 '용역'까지도 산정해.

가령 존스라는 사람이 카드놀이를 잘 하는데 부자인 스미스가 존스한테 매년 500파운드를 주면서 자기 집에서 살게 해. 자기하고 계속 카드놀이를 하면서 자기 외로움을 달래 달라고. 사우스웨일스에 정말로 그렇게 하는 사람이 있어! 이건 극단적 경우이긴 하지만, 사실 우리도 모두 하루 종일 용역에 돈을 치르고 있단다. 사물에 경제 가치를 전혀 부가하지 않지만 그래도 산정에는 늘 들어가는 용역에 말이야.

내가 글을 써서 버는 돈도 전부 이런 거야. 이런 용역을 산정할 때 어마어마한 양의 경제 허수가 생겨. 극단적이고 터무니없는 경우를 들어서 왜 그럴 수 있는지 보여줄게.

두 사람이 있다고 가정하자. 둘 중에 스미스는 빵이 한 덩어리 있고 브라운은 아무것도 없어. 스미스가 브라운한테 말해. "나한테 노래를 불러주면 내 빵을 줄게." 브라운은 노래를 부르고 스미스는 빵을 넘기지. 조금 뒤 브라운은 스미스의 노래를 듣고 싶어서 이렇게 말해. "나한테 노래를 불러주면 이 빵을 줄게." 조금 뒤 스미스는 브라운의 노래가 다시 듣고 싶어져. 브라운은 노래를 부르고(제발 새로운 노래였으면!) 빵 주인이 다시 바뀌는 일이 하루 종일 이어져.

이 거래 하나하나가 회계 장부에 기록된다고 치자. 스미스

쪽 장부에는 "노래를 부른 대가로 브라운에게 빵 200덩어리 지급"이라고 적혀 있고, 브라운 쪽 장부에는 "노래를 부른 대가로 스미스에게 빵 200덩어리 지급"이라고 적혀 있겠지. 국민 소득을 산정해야 하는 공무원은 이 숫자들을 열심히 베껴 적은 다음 이렇게 덧붙일 거야. "스미스의 일일 소득은 빵 200덩어리. 브라운의 일일 소득은 빵 200덩어리. 총 400덩어리." 하지만 그 시간 내내 '실제로' 있었던 빵은 한 덩이리뿐이었이! 나머지 399덩어리는 허수야.

이제 이 터무니없고 극단적인 예를 들려주면 또 이렇게 말하는 사람이 있을지도 몰라. "농담으로 하는 말이라면 모르겠지만, 그건 현실 생활과는 무관해." 무관하지 않아. 고도로 발달한 경제 사회일수록 바로 이런 일이 전방위적으로 벌어지고 있다니까. 내가 낮에 음악회에 가서 나를 즐겁게 해준 연주자에게 1파운드를 내. 그 연주자도 저녁에 독창회에 가서 1파운드를 내고. 독창회에서 노래를 부른 성악가는 (진심으로 바라건대) 내 책을 사. 이렇게 되면 가격의 태반은 책이라는 물질에 부가된 경제 가치를 위해 치러진 게 아니라 책을 쓰는 데 들어간 용역, 다시 말해서 재부의 창출과 무관한 용역을 위해 치러진 셈이야. 출판사는 나한테 인세를 지급하고 나는 인세의 일부를 극장에서 곡예사의 공연을 관람하는 데 써. 곡예사는 교회에 1파운드를 희사하고 교회 목사는 열정에 불타서 1파운드를 정당에 기부해!

이런 식이란다. 보다시피 경제 허수가 물리고 물리잖아. 1파운드짜리 지폐 5장이 국민 소득을 정산하는 데 어김없이 나타나지. 진짜 재부와는 무관한데 말이야.

서로 노래를 불러주면서 빵을 주고받는 두 사람의 경우와 원리는 똑같아. 요금과 세금 지출에도 똑같은 원리가 적용되고. 지출의 상당 부분이 사물에 경제 가치를 더하는 노동이 아니라 텅 빈 용역에 쓰인다는 소리야.

예전 경제학자들은 뒤죽박죽 뒤섞어 놓았지만 우린 두 가지를 당연히 구분해야 해. 행복을 만들어내는 훌륭한 가창력이라든가, 신심을 두텁게 해주는 선행이라든가, 이 세상 사람들에게 더없이 귀하게 쓰이는 뭔가가 있더라도, 그걸 경제 가치하고 혼동하면 안 돼. 훌륭한 가창력, 훌륭한 그림, 훌륭한 책에 경제 가치가 없다거나 아주 미미한 물질적 경제 가치밖에 없다고 말한다고 해서(가장 훌륭한 그림이라 하더라도 화가가 비싼 물감이나 아주 커다란 화포를 쓰지 않은 다음에야 액자를 제외하면 진짜 경제 가치는 1파운드를 안 넘어), 그러니까 훌륭한 가창력도, 훌륭한 그림도 다 필요 없다고 말하는 게 아니야. 너무나 많은 사람들이 그런 바보 같은 상상을 하지만 말이야.

내가 하려는 말은 이쪽 것들을 평가하는 작업과 저쪽 것들을 평가하는 작업은 별개로 이루어져야지, 이쪽 것들에 쓰이는 돈이 마치 진짜 경제 가치를 나타내는 것처럼 적으면 그건 잘못된 계산이라는 거야.

자, 경제학에서는 아주 새로운 주제지만 조금이라도 도움이
됐으면 좋겠다 생각해서 끝에다 맛보기로 살짝만 소개했어. 곰
곰이 생각해봐. 사회가 점점 호사스러워지고 점점 복잡해지고
점점 (이른바) '문명화'할수록 이 경제 허수들도 그 사회의 실제
재부에 비해 걷잡을 수 없이 불어나. 그렇게 불어난 덩치의 꼭
대기에서 자기 나름의 산정액을 가지고 갑자기 세금을 높게 매
기면, 매기는 사람은 공동체 전체가 해마다 생산하는 실제 재
부의 5분의 1, 혹은 4분의 1, 혹은 3분의 1만 가져간다고 생각
할지 모르지만 사실은 절반이나 절반 이상을 가져가는 걸 수
도 있어. 고도로 발달했던 많은 사회들이 빛을 잃고 무너진 주
된 원인도 아마 막대한 규모의 경제 허수로 현실 재부를 엄청
나게 부풀린 세리들의 요구 때문일 거야.

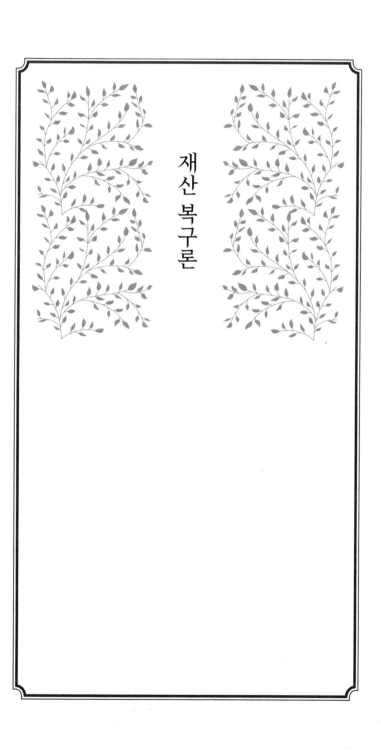

재산 복구론

독자 여러분에게 《재산 복구론》을 내놓기에 앞서 혹시라도 오해가 있으면 안 되겠다 싶어 먼저 드리고 싶은 말씀이 한두 가지 있습니다.

곧 알아차리시겠지만 저는 이 문제를 보편적 사안으로 다루지 않고 특수한 사안으로 다루었습니다. 저는 현대 영국에서 재산을 복구할 수 있는 기회만을 논합니다. 그렇게 논의를 한정하는 제 나름의 이유도 말씀드리겠습니다. 재산 제도가 파괴된 극단적 사례가 영국 사회인만큼 여기서 복구가 가능하다는 걸 보여주면 어디서든 복구가 가능하다는 걸 보여주는 셈이니까요.

또 하나 더 현실적인 이유가 있는데, 바로 영국 사회는 제가 글을 쓰는 사람으로서 그 어떤 나라보다도 사정을 구체적으로 잘 알기 때문입니다.

따라서 영국만을 살피는 것은 시간 낭비도 아니고 편협한 기행도 아닙니다. 재산 복구 문제에서 영국에 들어맞는 것은 영국보다 덜 자본주의적인 사회에 무조건 들어맞을 테니까요. 가령 제 주장은 벨기에, 즉 벨기에의 산업 측면에도 적용됩니다. 벨기에는 일반 대중이 소유한 영역이 아직 많이 남아 있고, 굳이 되살리지 않아도 될 만큼 힘 있는 농민 계층이 건재한데도 말이죠.

제가 분산된 '작은 소유'에 사회적으로 정치적으로 반대하는 쪽의 주장을 논하지 않는다고 비판하는 사람들도 있을 겁니다. 작은 소유의 위험과 결함도 꽤 많은 편이라 확실히 그것의 장점과 견주어볼 만합니다. 재산이나 경영은 소수의 손에 집중되었을 때 더 지혜롭게 쓰이고 더 큰 발전의 기회를 얻습니다. 작은 소유자들로 이루어진 사회는 다수의 임금 노예를 통제하는 소수 금벌 체제보다 지나치게 보수적이고 소심하고 아마도 더 무지합니다. 국제 문제에서도 덜 현명하게 판단하고 덜 신속하게 행동하기 쉽습니다. 새로운 발명도 미심쩍어하고 새로운 도구를 활용하면서 적응하는 데도 서툴고 고집스럽습니다. 저는 지배적일 정도로 많은 수의 가정이 경제적으로 자유로운 '재산 소유 사회(분산 사회)'의 이런 부정적 측면들을 다루지 않겠습니다. 뿐만 아니라 자유에 뒤따르는 도덕적 장점과 자유에 흔히 뒤따르는 현실적 장점도 다루지 않으려 합니다. 그 이유는 범위를 좁혀 그런 자유를 어떻게 복구할 수 있는지에 관한 한 가지 주제에만 집중하고 싶은 마음에서입니다. 다른 고려 사항들까지 건드리면 이 간단한 주제가 흐트러질 테니까요. 생명을 이어가는 것이 때로는 지독한 고통일 수 있다는 걸 잘 알면서도 인공 호흡을 통해 어떻게 생명을 되살릴 수 있는지 논하는 것과 같은 이치라고나 할까요?

이것도 빼먹었지 않았느냐 하고 독자가 속으로 원망할지 모르는 게 또 하나 있습니다. 바로 '사회신용'이라는 새로운 구상을 제대로 다루지 않았다는 사실입니다. 이 글 마지막 장에서 아주 잠깐 살짝 짚고 넘어가긴 하지만 말입니다. 그 이유는 이렇습니다. 신용 구상은 (특히나 주로 언급되는 더글러스의 구상은) '재산'이라는 개념을 직접 내걸지도 않을뿐더러 재산이라는 개념과는 직접 관련이 없습니다. 사회신용은 오직 '소득'이라는 개념과 관련이 있지요. 사회신용은, 특히 더글러스 사회신용 구상*은 산업 자본주의가 망가뜨린 사회 다수 극빈층의 구매력을 복구시키자고 제안합니다.

재산을 잘 분산해도 똑같은 효과가 나타나겠지요. 하지만 신용 구상은 적어도 이론상으로는 단번에 실현되고 보편적으로 적용되지만, 재산 복구는 실현하기가 어려울뿐더러 성공을 거두더라도 적어도 두어 세대에 걸쳐 이루어지는 기나긴 작업입니다. 더구나 재산의 복구는 보편적일 수 없습니다. 사회 전

---

* 177쪽 각주 참조.

체에 균일하게 적용될 수 없습니다.

저 같은 사람들이 이 문제를 생각하면서 목표로 삼는 것은 구매력의 복구가 아니라 경제적 자유의 복구입니다. 구매력 없이는 경제적 자유도 없다는 말도 맞고, 경제적 자유는 구매력과 어느 정도 비례한다는 말도 맞습니다만, 구매력이 곧 경제적 자유라는 말은 맞지 않습니다. 1년에 1000파운드를 버는 회사의 관리자는 구매력은 크지만 경제적 자유는 없습니다. 사장의 변덕에 언제 잘릴지 모르니까요. 제가 새로운 신용 구상을 논의하지 않으려는 까닭은 신용 구상을 잘 몰라서도 아니고 그 중요성을 과소평가해서도 아니고 그저 그게 제가 이 글을 쓰는 목적이 아니라서 그렇습니다. 사람들한테 물에서 살라고 설득하는 게 아니라 땅에서 살라고 설득하려는 건데 헤엄치는 방법을 가르치는 장을 덧붙일 필요는 없지 않겠습니까?

아울러 제가 자유와 재산을 복구하는 일반적인 구상을 제시하지 않는다는 걸 아시게 될 겁니다. 사실 이건 중대한 결함이라고 볼 수 있겠지요. 모든 개혁은 명료하게 설정되고 전개되는 어떤 이론에 기대니까요. 모든 영역을 망라하는 계획을 펼쳐 놓지 않고서 개혁이 꽃피기를 바랄 수는 없어 보이니까요. 하지만 저는 그런 시도를 하지 않았습니다. 가령 저는 기업의 주식을 분산하는 문제에 관해서는 많은 말을 하지만, 회사가 추구하는 정책에 소액 주주가 실제로 어떤 통제력을 행사할 수 있는지 그 방법에 관해서는 거의 말하지 않았습니다.

제가 그토록 중요한 문제를 그토록 가볍게 다루는 이유를 말씀드리면, 지금은 일반적인 수단으로 그 문제를 해결할 수 없다고 믿어서 그렇습니다. 새로운 처방을 설파하는 것도 더없이 값진 일이겠지만 기존의 병폐가 워낙 심각한지라 당장 효과가 나는 새로운 방법을 고안해내기가 불가능해서 그렇습니다. 새로운 구상을 내놓기에 앞서 반드시 새로운 분위기가 조성되어야만 재산은 복구될 수 있습니다. 재산의 복구는 가슴 속에 심은 씨앗에서 자라나야 합니다. 구상에 따라 재주입하면 너무 늦습니다. 우리의 노력은 어디서나 국지적이어야 하고 특수해야 하고 적어도 처음에는 작아야 합니다.

마지막으로 본문에서 한 번 이상 이야기하겠지만, 이 자리에서 말씀드리고 싶은 게 하나 있습니다. 이미 완전히 사라져버린 마당에 재산을 복구할 가능성이 과연 있을까 묻는다면 저는 지극히 회의적이라는 사실입니다.

뭐든지 정치적 논지를 제시할 때는 보통 희망의 요소를 집어넣습니다. 직업 정치인은 항상 성공을 예언하는 버릇이 있고, 명망 높고 진지한 개혁가조차 자신의 이상이 실현될 확률을 과장하고 심지어 궁극적으로는 틀림없이 승리한다고 장담하기를 좋아합니다.

저는 늘 그런 태도가 이만저만 어리석어 보이지 않았습니다. 현실을 바르게 인식하는 것이 지혜입니다. 가장 어려운 과제에

다가서면서 그 과제가 쉽다고 착각하거나 위장하면 지지자들은 환각제 덕분에 강해질지 모르나 실은 헛수고를 하게 만든 탓에 그들을 훨씬 약하게 만드는 것입니다.

저는 현실을 존중하다 보니 재산 제도가 거의 사라진 마당에 재산의 복구는 '거의' 실현 불가능한 과제라고 말씀드릴 수밖에 없습니다. 실현이 '아주' 불가능하다면 굳이 입으로 내뱉고 글로 써낼 가치가 없겠지요. 하지만 실현 가능성이 '아주' 없지는 않습니다. 적어도 변화의 단초를 제공하는 일이 전혀 불가능하지는 않습니다. 하지만 임금 노예의 타성과 관습에 젖은 지 오래된 사회에서 경제적 자유를 재건하는 일은 그 어떤 정치적 과제보다 어렵습니다.

사실 저는 변화의 단초라도 마련하는 것이 가능한지 잘 모르겠습니다. 오늘 여기 우리 영국이라는 사회에서 경제적 자유의 작은 묘목이라도 성공적으로 심는 것이 가능할는지 무척 의심스럽습니다.

하지만 제가 분명히 아는 것은 그런 변화에 실패한다면 우리 산업 사회는 필연적으로 노예제의 복구로 끝날 수밖에 없다는 사실입니다. 한편에는 재산이 중심인 사회가 있고 다른 한편에는 사노비든 공노비든* 노예제 사회가 있습니다. 제3의 길은

---

* 사노비는 자본주의 체제에서 자본가에게 예속되어 살아가는 노동자를 뜻하고 공노비는 공산주의 체제에서 국가 관료에게 예속되어 살아가는 노동자를 뜻한다. 벨록은 자본주의와 공산주의 모두 노예제로 귀결된다고 믿었다.

없습니다.

힐레어 벨록

킹스랜드

1936년 2월

1장

경제적 자유는 좋은 것인가

사람이 살려면 환경을 자신에게 덜 유용한 상태에서 더 유용한 상태로 바꿔내야 합니다. 이 과정을 '재부의 생산'이라고 부르지요.

아울러 사람이 본성에 맞게 쾌적하게 살려면 일정한 종류의 재부를 일정한 시간 단위 동안 일정한 양만큼 소비할 수 있어야 합니다. 가령 영국 사회에서는 어느 정도의 빵, 어느 정도의 고기, 어느 정도의 이런저런 음식이 매일 있어야 하고 어느 정도의 맥주나 와인이나 독주라든가 (혹은 몸이 약해서 술을 못 마신다면) 어느 정도의 차나 커피 따위가 있어야 합니다. 웬만큼 양식을 갖춘 옷도 충분히 있어서 얼마의 시간 동안 버틸 수 있어야 하고 연료도 집도 그 나머지 것들도 일정한 시간 동안 지속되어야 합니다.

'재부의 생산'이라고 불리는 이 환경의 변형은 생산 도구를 써야만 명백히 가능합니다. 어느 문명이든 한 가정이 인간의 본성에 맞게 (다시 말해서 지나치게 고생하지 않고) 편안하게 살아가려면, 다양한 재부를 안전하게 지속적으로 공급받아서 소비할 수 있어야 합니다. 그런데 재부는 특정한 도구를 이용해 자연력을 조작해야만 생겨납니다. 또 인간이 생산 과정을 계속 이어가려면 그동안 식량, 의복, 주택 같은 것이 있어야 합니다. 이런 저장된 재부, 생산 도구, 자연력이 바로 '생산수단'입니다.

생산수단을 통제하는 자가 재부 공급을 통제한다는 것은 물어보나 마나입니다. 따라서 한 가정에 필요한 재부를 생산하는 수단을 그 가정이 아니라 타인이 통제하고 있다면 그 가정은 타인에게 의존해야 할 것입니다. 경제적으로 자유롭지 못한 셈이지요.

필요한 모든 생산수단을 온전히 통제해서 정상적인 생활을 위해 소비해야 할 재부를 생산할 수 있을 때, 그 가정은 이상적 자유를 누립니다.

하지만 그런 이상은 인간적이지 않은 것이라 확고하게 이뤄질 수 없습니다. 사람은 사회적 동물이니까요. 잠시 동안 그런 이상을 실현하는 것은 불가능하지 않습니다. 가족과 함께 비축한 재부를 가지고서 고립된 장소에 정착한 사람이라면 잠시나마 그런 이상을 실현한 것이겠지요. 하지만 그런 완전한 경제적 자유는 영원할 수 없습니다. 가족은 자꾸 늘어나 더 많은 가족으로 쪼개져서 더 큰 공동체를 이루기 마련이니까요. 게다가 설령 고립된 가족이 계속 버티면서 자유를 누리더라도 그런 자유는 인간 본성의 요구 조건을 만족시키지 못한 채 인간의 자유를 저해하고 저하시킬 것입니다. 사람은 다양한 관심과 생각을 통해서만 스스로 만족할 수 있으니까요. 다양성은 생명의 본질입니다. 사람이 진정으로 사람답게 살려면 사회적이어야 합니다.

사람은 사회가 필요하므로 경제 영역에서 경제적 자유를 누리는 데는 두 가지 제약이 따릅니다.

첫째, **직업의 차이입니다.** 사람은 사회에서 자신이 가장 잘 생산할 수 있는 것에 집중해 자신의 잉여분을 다른 사람이 가장 잘 생산할 수 있는 것과 교환해서 모두의 재부를 늘릴 겁니다. 다른 식으로 말하면 모두의 노동 부담을 줄일 겁니다. 그래서 사람은 집집마다 직접 밀을 빻기보다는 밀을 빻아주는 방앗간이 있고 구두를 고치고 만드는 제화공이 있는 농촌 마을에서 살아야 더 행복합니다.

둘째, **통합의 원칙입니다.** 어떤 형태로든 국가는 있어야 합니다. 예술이 발전하고 삶이 더 복잡한 단계로 올라서기에 충분히 큰 단위로 조직되어야 합니다. 조직화된 힘은 정의 실현에 이바지하고 내부 혼란을 막는 데 이바지하고 외적의 침입을 막는 방어 태세를 구축하는 데 이바지해야 합니다. 일반적으로 국가는 가정의 이상적인 경제적 자유를 조금은 제한해야 하는데, 안 그러면 자유 자체를 보장할 수 없습니다.

직업의 차이는 가정의 이상적 자립을 조금 제한할지는 몰라도 (모두에게 반드시 필요한) 이런저런 직종이 자기의 본분을 일부러 수행하지 않는다면 모를까 직업의 차이가 자유 자체를 파괴하지는 않습니다. 하지만 밀을 빻는 도구와 재주를 모두 잃어버린 마을 사람들에게 방앗간이 밀가루 공급을 거부한다면 방앗간은 마을 사람들의 상전이 됩니다. 국가의 통합적 권위도 마찬가지입니다. 만약 국가가 가정의 생계를 끊는다면 국가는 가정의 상전입니다. 그리고 자유는 사라집니다.

그런데 자유의 제약이 어느 단계에 이르면 우리 목적에 역행하는지 알 수 있는 방법이 있습니다. 바로 자유를 제한받았을 때 대응할 수 있는 여력이 가정에 있는지 살피는 것입니다. 노동 분업을 통해서든 국가 행위를 통해서든 가정이 행동을 선택할 자유를 제약하는 힘과 가정 사이에는 인적 관계가 있어야 합니다. 즉 가정은 가정 바깥에서 가정에 행사되는 자의적 통제에 항의할 수 있는 힘이 있어야 하고 그런 항의를 효과적으로 드러낼 수 있는 힘도 있어야 합니다.

다소 제한적인 경제적 자유가 사람의 본성을 만족시킨다는 사실이 현실에서 확인되는데 (다시 말해서 역사에서 발견되는데) 그 바탕에 깔린 것은 가정 단위에서 행사하는 생산수단의 통제입니다. 한 가정이 잉여분이나 생산물 전체를 다른 가정의 잉여분과 교환하더라도 비슷하게 자유로운 가정들로 이루어진 사회 구조가 그 사회의 정신에 부합되는 관습과 법을 통해 영향을 끼치는 한, 가정은 자유를 간직합니다. 가령 눈에 불을 켜고 독점을 감시하고 파괴하며 전승, 특히 작은 가산의 전승을 수호하는 동업조합(길드)이 건재하다면 말이지요. 얼마 전까지 우리 사회도 그랬지만 그런 사회에서는 제 땅에 방앗간을 세운 사람은 농사를 안 짓고 소를 안 먹이더라도 자유인이었습니다. 자작농은 방앗간 주인한테서 밀가루를 얻었지만 자유인이었습니다.

생산수단의 통제를 가리켜 '재산'이라고 합니다. 그 통제가 개인 단위로 개별적으로 행사될 때 공적 조직에 귀속된 재산과 구별하려고 '사유 재산'이라고 부릅니다. 한 나라 안에 충분한 양의 사유 재산을 가진 가정이 그 나라 전체의 색깔을 그려낼 만큼 다수일 때, 우리는 '재산이 널리 분산된' 사회와 만납니다.

'널리 분산된 재산'이 자유의 조건이고 사람의 본성을 정상적으로 만족시키는 데 필요하다는 사실은 현실에서도 확인되지만 우리 모두의 본능도 그 말이 참임을 증언합니다. 재산이 널리 분산되지 않으면 문화 전반이 결국은 쇠락하고 시민 의식도 단연코 후퇴합니다. 정치 공동체라는 몸통의 세포들은 위축되고 다수의 대중이 결국에는 자기 의견조차 없이 토지와 상속분과 비축분을 소유한 소수에게 휘둘립니다. 그래서 재산은 풍요로운 삶에 필수적입니다. 물론 풍요로운 삶을 추구하지 않는 사람도 있을 순 있겠지요. 자신의 자유를 싫어하는 사람도 조금은 있을 거고, 남들의 자유를 싫어하는 사람도 분명히 많을 테니까요. 아무튼 자유는 재산을 필요로 합니다.

오늘날 영국에서는 널리 분산된 재산이 실종되었습니다. 영국보다 정도는 덜하지만 그런 나라가 많습니다. 사회를 규정하는 일반 특징이 이제는 소유가 아닙니다. 반대로 소유의 부재, 다시 말해서 타인의 뜻에 좌우되는 불안한 임금에 의존하는 것이 우리 사회의 일반 특징이자 우리 사회를 규정하는 특성입니다.

가정이 도덕적으로 완전히 건전하고 가정 단위로 이루어진 국가가 도덕적으로 완전히 건전하려면 자유가 있어야 합니다. 하지만 우리 사회의 가정들은 자유가 없습니다. 그래서 우리 사회는 '산업 자본주의'로 알려진 질병을 앓게 되었지요. 산업 자본주의에서는 생산수단의 통제가 비교적 소수에게 귀속되므로 더는 경제적 자유가 사회의 색깔을 드러내는 요소가 되지 못합니다.

'자본주의'는 자본이 축적되고 축적된 자본이 보호받고 그 자본이 다시 재부 생산에 투입되는 사회 상태를 뜻하지 않습니다. 그런 식으로 축적되고 보호받고 투입되는 자본은 공산주의 사회를 포함해서 인간 사회라면 어디서나 '존재해야 합니다'. '자본주의'는 시민들이 자본을 사유 재산으로 소유하는 사회 상태를 뜻하지도 않습니다. 자유로운 소유자들의 사회는 오히려 제가 여기서 이야기하는 자본주의와 반대됩니다. 제가 말하는 '자본주의'는 소수가 생산수단을 통제하고 시민 다수는 무산자로 방치되는 사회 상태입니다. 그렇게 재산을 상실한 시민들을 '프롤레타리아'라고 합니다.

지금 단계에서 산업 자본주의는 자유의 상실 말고도 심각한 병폐가 더 있습니다. 바로 불안정과 불충분이라는 쌍둥이 병폐지요. 시민의 다수를 차지하는 프롤레타리아는 입을거리, 잠자리, 먹을거리가 충분하지 않고 그나마 불충분한 공급도 불안정합니다. 다수의 시민은 끝없이 불안 속에서 삽니다.

그런데 불안정과 불충분이라는 두 가지 병폐를 없애더라도 사회 안의 다수는 경제적 자유를 못 누릴지도 모릅니다.

자유를 되살리지 않고 불안정과 불충분을 없애는 데는 두 가지 길이 있습니다.

첫 번째 길은 제가 다른 자리에서 '노예 국가'라고 부른 길입니다. 이런 형태의 사회에서는 생산수단을 통제하는 소수가 수탈에 동원되지 않는 사람들까지 포함해서 재산이 없는 절대다수 모두를 먹여 살립니다. 그래서 사회는 안정되지만 자유는 사라집니다. 지금 우리 사회가 흘러가는 방향이 그쪽 길입니다. 자본가들은 사람들을 수탈하면서도 그들이 임금으로 근근이 살아가게 합니다. 그리고 근근이 살아가지도 못할 때는 얼마 안 되는 보조금을 주면서 하는 일이 없어도 살아 있게는 합니다.

두 번째 길은 공산주의입니다. 본질상 불안정하지만 엄청난 압박 속에서 짐작건대 비교적 짧은 기간 동안은 굴러가는 체제입니다. 공산주의 체제에서 생산수단은 국가 관리가 통제합니다. 국가 관리가 모든 노동자(국가의 노예)의 상전입니다. 생산된 재부는 국가 관리의 재량으로 각 가정에 배분됩니다. 혹은 만일 가정까지도 없애려는 시도가 이루어진다면 공동체 안의 개인들에게 배분됩니다.

제3의 사회 형태가 있습니다. 여유와 안전을 자유와 동시에 누리는 유일한 사회, **재산이 잘 분산되어서 나라 안에 있는 가정의 상당 비율이 각기 생산수단을 '소유'하고 통제하면서 사회의 전반적 색깔을 규정하는 사회**가 있으니, 이 사회는 자본주의도 아니고 공산주의도 아니고 재산 소유 사회입니다. 우리가 경제적 자유를 좋은 것으로 여긴다면 우리의 목표는 재산을 복구하는 것이어야 합니다. (토지든 자본이든 둘 다든) 충분한 생산수단을 소유한 이들이 사회의 성격을 규정할 만큼 충분히 많아질 때까지 재산을 자꾸자꾸 널리 분산시키는 쪽으로 정치경제 개혁을 추진해야 합니다.

그런데 경제적 자유는 좋은 것일까요?

경제적 자유를 좋은 것으로 여기지 않는다면 재산 복구 방법을 모색하는 일은 부질없거나 백해무익하겠지요. 곧 살펴보겠지만 실제로 한 공동체 내 충분한 수의 시민들이 경제적 자유가 좋은 것이라고 충분히 느끼지 않는다면 경제적 자유는 (다시 말해서 잘 분산된 재산은) 결코 복구될 수 없습니다.

그래서 경제적 자유가 좋은 것인지 안 좋은 것인지 처음부터 이 질문을 생각해볼 필요가 있습니다.

경제적 자유는 우리 본성의 필요를 어느 정도 채울 때만 좋은 것이 됩니다.

사람에게는 자유 의지란 것이 있습니다. 자발적으로 한 행동만이 행동한 그 사람에게 도덕적 의미가 있습니다. 따라서 사람이 존엄해지려면 선택할 수 있어야 합니다. 선택하지 못한다면 인간다움에서 멀어집니다. 우리는 이 비인간성을 어떻게든 나타냅니다. 권위보다는 강압을 통해 타인의 의지에 정당하지 않은 방식으로 매이고 예속될 때 내면에서 꿈틀대는 반감으로 말이지요. 우리는 뭔가를 자유롭게 하지 않으면 좋은 일을 할 수 없을뿐더러 나쁜 일조차 할 수 없습니다. 인간 사회에서 좋음의 관념을 인정한다면 틀림없이 자유는 바늘 따라 가는 실처럼 좋음을 따라다닐 겁니다.

다음으로 경제적 자유가 좋은 이유는 사람이 하는 행동은 욕망으로나 창조적 역량으로나 다양해서 그렇습니다. 이런 다양성이 효과적으로 발휘되려면 경제적 자유가 확보되어야 합니다. 사회를 이루는 단위들이 경제적 자유를 못 누리면 가정도 그렇고 개인도 그렇고 생명 그 자체라고도 할 만한 그 다양성을 표현할 길이 없습니다. 경제적 자유가 없는 인간 사회는 생기 없는 기계적 획일성에 짓눌릴 수밖에 없습니다. 자유의 부재에 비례해서 그 획일성은 점점 납덩어리처럼 무겁게 사람을 옥죌 수밖에 없습니다.

재산의 복구가 두렵거나 불가능하다고 생각하는 사람들은 이 모든 점에 대해 두 가지 답을 내놓을 수 있겠지요.

첫째, 국가 소유 체제에서도 사람들은 경제적 자유를 누린다고 말할 겁니다. 둘째, 경제적 자유가 좋은 것이긴 하지만 물질적 만족에 비하면 중요하지 않다고 말할 겁니다.

첫째 답변에 관해 말하겠습니다. 얼마 전부터 이런 주장이 많이 들립니다. 공산주의 체제에서는 사람들이 집단적 소유이긴 하나 소유하고 있고 대표자를 통한 간접적 방식이긴 하나 스스로 삶을 해결할 수 있어서 재산 제도가 없어도 경제적 자유가 존재한다고 말입니다. 이 잘못된 논리는 죽어가는 의회 정치 이론에서 잉태되었습니다. 집단 행동과 개인 행동을 하나로 볼 수 있다는 논리, 프랑스혁명 때부터 오늘날에 이르기까지 세 세대를 기만한 잘못된 명제에서 비롯되었지요. 사람들은 자기들 손으로 '선택한' 이른바 '대의원'*을 근거로 삼아 말합니다. 하지만 우리가 경험한 현실을 보면 위임을 통한 지속적 집단 행동은 허구에 불과합니다. 아주 간단하고 보편적인 내용이라서 모두가 이해하고 모두가 주시하고 모두가 깊이 공감

---

* 'Representative'는 국민의 목소리를 대변하는 사람이란 뜻이다. 흔히 '국회의원'으로 옮기지만 이 책에서는 '대의원'으로 옮긴다. 일본을 통해서 정착된 한국어 번역어 '국회의원'은 국민과는 무관하게 의회의 주역으로 독자적으로 존재하는 정치인이라는 뜻이 짙게 배어 있어서다. 힐레어 벨록은 '대변자'라는 뜻이 고스란히 담긴 'Representative'라는 말에도 반감을 품었다.

하는 사안에서는 국민 다수의 욕구가 위임을 통해 잠시 표현될 수 있겠지요. 한 가지 명확한 사안에 대해서 분명한 의지를 품고 투표하는 사람들은 남들에게 자기들의 염원을 실행하라고 지시할 수 있겠지요. 하지만 인간사를 이루는 헤아릴 수 없이 많은 선택 행위와 표현 행위는 위임 체계를 통해서는 결코 작동하지 않습니다. 비교적 단순한 정치적 행동 영역에서조차 위임은 자유를 파괴합니다. 도처에서 의회는 민주주의와 양립할 수 없는 것으로 드러났습니다. 의회는 국민이 아닙니다. 의회는 금벌 곧 금권 집단이며 금벌은 국민인 척, 국민을 비추는 거울인 척하면서 거짓 연기를 하는 타락상을 보입니다. 실제로 의회는 직업 정치인 패거리이고 또 그럴 수밖에 없습니다. 아니면 지역 사회가 추앙하는 귀족 계급의 후예겠지요. 귀족이 군림하는 계급 정부는 금권 세력이 주무르기 아주 쉽습니다. 그들의 뜻대로 의회가 효율적으로 굴러가도록 계급 정부가 받쳐 주지요. 금권 세력이 원하는 지배 도구는 지배 계급만이 제공합니다.

정치 하나가 이럴진대 우리의 일상을 이루는 수백만 가지 일들은 여부가 있겠습니까. 위임을 통한 소유는 형용 모순입니다. 가령 사람들이 (잘못된 비유로) 공동체의 각 성원은 스스로를 시민 공원 같은 공공 재산의 주인으로 느끼면서 공원을 자기 것처럼 아껴야 한다고 말한다면, 지금까지 우리 모두가 경험한 바로는 그 사람들은 완전히 거짓말을 하고 있는 셈입니다. 공공 재산을 자기 것으로 느끼는 사람은 아무도 없습니다. 공공 재산을 자기 재산처럼 알뜰살뜰 아끼고 가꿀 사람은 아무도 없을 겁니다. 하물며 자기 것도 아니고 수많은 타인과 공유하는 것을 사용하면서 자신을 표현할 수 있는 사람은 더욱 없을 테고요.

둘째 답변으로 넘어가지요. 오늘날 많은 이들이 눈앞의 물질적 결핍을 만족시키는 것이 자유의 요구를 만족시키는 것과 다른 차원의 문제이고, 앞의 것이 뒤의 것보다 훨씬 중요하다고 말합니다. 설령 경제적 자유가 좋은 것이더라도 눈에 보이지 않는 데다 그게 없어도 얼마든지 살 수 있기 때문에 좋은 것들의 등급을 매긴다면 한참 낮은 등급을 받을 수밖에 없다는 것이지요. 그뿐만 아니라 경제적 자유를 누리다간 물질적 결핍을 충족시키지 못할 위험성이 있는 만큼 안전한 생계 유지라는 훨씬 더 좋은 가치에 양보해야 한다고 주장합니다.

이 답변은 어느 정도 진실이기에 이런 주장에 힘이 실립니다. 하지만 절반만 진실이라서 절반의 진실에 달라붙은 허위가 전체 논증을 무력화합니다.

절박한 물질적 결핍이 충족되지 않을 때는 먼저 그걸 만족시켜야 합니다. 뗏목을 타고 바다를 떠도는 난파선 선원들은 살아야 합니다. 예외적인 상황에서도, 공산주의 체제에서도 말입니다. 자본주의 사회에서 재산을 잃은 사람들도 적어도 생존할 수는 있어야 합니다. 하지만 부자연스러운 해악에 관해 그런 예외적인 처방이 내려졌다고 해서 더 큰 물적 재부를 누리려고 경제적 자유라는 좋은 가치를 계속해서 파괴해야 한다는 주장은 옳지 않습니다.

자본주의 체제를 옹호하는 사람들이나 공산주의 체제를 옹호하는 사람들이나 공통적으로 내세우는 논리가 바로 이 마지막 논리입니다. 공산주의도 자본주의도 똑같이 잘못된 철학에서 쌍둥이로 태어난 결과물이니까요.

자본주의 옹호자들은 자본주의가 사람의 경제적 자유를 파괴했을지 모른다고 말합니다. 자본주의 체제에서는 원하는 것을 선택하고 자기의 개성과 성격을 표현할 기회가 점점 줄어드니까요. 하지만 이들은 반론합니다. 적어도 자본주의는 자본주의가 일어나기 전보다 훨씬 많은 재화를 사람에게 안겨주지 않았느냐는 것입니다. 공산주의는 한술 더 뜹니다. "그렇다. 우리 체제는 경제적 자유를 아예 없애서 사람들에게 더 많은 재화를 안겨줄 것이고 모두에게 거의 무한정으로 재화를 안겨줄 것이다."

경제적 자유가 대량 생산과 양립하기 어렵고 충분한 분산과 더 양립하기 어렵다는 말이 정말로 맞더라도, 경제적 자유를 위해서라면 물질적인 좋은 것을 조금 희생하는 것은 그럴 만한 가치가 있고, 분배의 불평등을 허용하는 것은 더욱 그럴 만한 가치가 있는 일이겠지요. 하지만 나중에 살펴보겠습니다만 자유와 풍요 사이에, 자유와 풍요의 보편적 향유 사이에 있다고 하는 그 갈등은 자본주의에서 태어난 환상입니다. 그건 환상에 취한 사람들이 자본주의 체제에서 평생을 살아온 터라 자본주의가 공산주의로 점점 발전해 간다는 대안 말고는 어떤 대안도 떠올릴 수 없다는 사실에서 비롯된 것입니다.

하기야 말이 되는 반론도 있습니다. "내가 보기에는 뭐가 되었든 경제적 자유가 위험에 빠뜨리는 것이 경제적 자유보다 더 귀하다." 가령 이 사람은 국가의 군사적 위용이 더 좋은 것이고, 소수의 출중함이 더 좋은 것이라고 생각할지도 모르지요. 이런 반론에 맞서 우리 취향은 다르다고, 우리는 자유를 더 귀하게 여긴다고 말할 수밖에 없습니다.

경제적 자유는 우리 눈에는 좋은 것입니다. 경제적 자유는 세속적인 것들 중에서 가장 좋습니다. 인간의 존엄성을 통해서, 인간 행위의 다양성을 통해서 사회를 드높이려면 경제적 자유가 꼭 필요하기 때문이죠. 다양성은 곧 생명이니까요. 사회를 이루는 단위들은 잘 분산된 재산을 통해서만 국가에 반응합니다. 잘 분산된 재산을 통해서만 여론이 꽃핍니다. 세포가 대체로 건강해야만 유기체 전체가 튼튼합니다. 그래서 우리는 경제적 자유를 복구하려 하는데, 이 경제적 자유는 재산이 제도로 자리 잡은 곳에서만 날개를 폅니다. 우리 앞에 놓인 문제는 어떻게 재산을 보편적 제도로 복구하느냐 하는 것입니다. 재산이라는 보편적 제도를 잃은 지 이미 오래되었으니까요.

이 문제로 다가가서 실제 해법을 모색하기 전에 머리에 똑똑히 담아 두어야 할 세 가지 조건이 있습니다.

첫째는 재산을 복구하면서 우리가 이루려는 것은 기계적 완벽성이 아니며, 또 그 완벽성에 도달할 수도 없다는 것입니다. 우리는 그저 사회의 기본 색깔을 바꾸려는 것이고 재산을 보편적 제도가 아니라 흔하게 눈에 띄는 제도로 복구하려는 것입니다.

둘째는 사회에 우호적인 정서가 충분치 않다면, 다시 말해서 재산을 소유하려는 욕망이 재산 복구 운동을 지지하고 유지할 만큼, 또 재산 제도에 자양분이 되어 그 운동을 지속시킬 만큼 충분하지 않다면, **우리는 그런 개혁에 나설 엄두조차 못 낸다는 것입니다.**

셋째는 경제적 자유를 복구하려고 시도할 때 국가 권력을 불러내야 한다는 것입니다.

첫째 조건에서 제가 말하려는 것은 노예 국가나 공산주의 국가와 달리 재산 소유 국가는 이상적 해법을 제시하지 않는다는 점입니다. 재산 소유 국가에 완벽함이란 있을 수 없습니다. 불완전하게 남아 있어야 합니다. 재산 복구가 인간의 본성과 맞아떨어지는 인간적인 시도라는 점을 이보다 더 잘 증명할 수는 없으니까요.

노예 국가를 세우려면 일정한 노선을 따르기만 하면 되고 그 노선은 금세 이상적 결론으로 이끕니다. 소수의 자본가와 다수의 프롤레타리아 '모두'가 안전하게 자양분을 공급받습니다. 후자는 임금 아니면 질병 보조금으로요. 공산주의 국가도 마찬가지입니다. '모두'가 정부의 노예로서 안전하게 자양분을 공급받습니다. 간단한 공식이지요. 이 간단한 공식을 정확히 적용하면 상상했던 이상적 사회가 각각 탄생합니다.

앞의 경우인 완전한 노예 사회를 만들어내려면 모든 가정이, 혹은 가정을 없앤다면 모든 개인이, 일정한 수준의 안락과 여유를 유지할 최소한의 재부를 받게끔 일련의 법규만 세우면 됩니다. 그리고 이 최소한의 재부는 소유자들이 통제하는 비축분에서 비소유자들에게 제공되지요. 임금 형태로, 다시 말해서 비소유자들이 소유자들의 허락을 받고 생산한 재부 중 일부를 소유자들이 비소유자들에게 주는 형태로 배분되기도 하고, 고용되지 않은 사람들에게는 부득이 노는 동안 부조금 형태로 배분되기도 합니다.

이것이 지금 영국에서 아주 빠르게 다가가고 있는 이상 사회입니다. 실상 거의 그곳에 도달했지요.

소유자만 경제적 자유를 누리고 절대다수를 차지하는 비소유자는 누리지 못합니다. 하지만 거의 모두에게 적어도 '약간의' 수입은 보장되고 만약 알맞게 조직되면 모두가 여유를 누릴 수도 있습니다. 좋은 것 중에서 대중이 유일하게 잃어버리는 것은 자유입니다. 자유를 좋은 것이라고 말할 수 있다면 말이지요. 그런 사회(노예 국가)를 지배하는 기본 색깔은 자유의 결핍입니다. 사회의 지배적 다수는 경제적 자유를 전혀 경험하지 못합니다. 지배 계급은 사회를 관리하고 자유를 누리지만,

사회는 다수인 임금 노동자가 사고하고 행동하는 대로 굴러갑니다. 대중은 살려 둡니다. 어릴 때는 보조금으로 가르치고 아프면 보조금으로 치료하고 나이 들거나 홀몸이 되거나 사고로 불구가 되면 보조금으로 떠받쳐줍니다. 얼마 안 가 아무도 굶주리거나 추위에 떨지 않게 되고 그 사람들이 살아가는 문명에 부합하는 소박한 필수 물자가 없어서 고생하는 일도 없게 됩니다. 하지만 그 사람들의 활동은 싱긴들의 선심에 좌우되는 것이지요.

공산주의 체제에서는 문제가 더 간단합니다. 누구든 소유하는 것은 위법이고 가정이나 개인이 축적한 것을 사용할 권리가 모두 부정되고 상속받을 권리도 모두 부정되니까 공동체의 모든 생산물을 모두에게 배분할 수 있습니다. 그리고 개수가 아주 적고 간단하지만 절대적으로 강압적인 법률이 작동해 경제적 자유는 모두에게서 사라집니다.

두 체제의 공식은 고인이 된 오리지* 씨가 이삼십 년 전 잡지 〈새로운 시대〉에 글로 아주 잘 정리했습니다. 정확한 구절은 기억이 안 나지만 요지는 이랬습니다.

앨프리드 리처드 오리지(Alfred Richard Orage, 1873~1934) 사회 운동가이자 신비주의 연구자. 사회주의자로서 국가가 국민 모두에게 기본 소득을 보장하는 사회신용 운동을 주도했지만 상명하달식의 공산주의 체제에는 반감을 품었다. 〈새로운 시대(The New Age)〉 같은 잡지를 발행해서 새로운 진보 사상과 아르메니아 출신 명상가 게오르기 구르지예프(Georgii Gurdzhiev)의 의식 단련법을 소개하는 데도 앞장섰다.

"그 사회에 필요한 것을 한 대의 기계로 전부 생산할 수 있는 상황을 한번 상상해보자. 그 기계를 (그리고 자연력을) 한 사람이 통제한다고 하자. 그 사람은 완전무결한 산업 자본주의 체제의 자본가다. 그 자본가는 기계를 돌리는 데 필요할 만큼의 인원을 산업 노동자로 직접 고용할 것이다. 노동자들은 임금이라는 형태로 생계를 이어갈 것이다. 자본가는 기계를 다루어 직접 재부를 생산하지는 않지만 자기를 즐겁게 해주는 일에 종사할 여러 사람들도 고용할 것이다. 이 사람들은 자본가를 위해 그림을 그리고 책을 펴내고 연기를 하고 가사를 돕고 그 밖의 여러 일을 할 것이다. 나머지 사람들은 실업자가 될 것이다. 하지만 나머지 사람들이 굶어 죽어야 한다면 사회가 절대로 안정될 수가 없으므로 법이 생겨서 세금을 걷거나 자발적 조직이 생겨서 관습을 만들어 기계가 만드는 생산물 중 실업자를 먹여 살리는 데 필요한 만큼을 떼어낼 것이다. 하지만 실업자들은 소유자가 아니므로 무엇을 받을지 결정하지 못할 것이다. 실업자들의 생계는 시혜로 이어질 뿐이다. 실업자들은 이 문제에서 아무런 재량권이 없다. 그게 노예 국가다. 아니면 기계가 있고 자연력이 있는데 그걸 자본가 혼자가 아니라 공동체의 관리들이 운영하고 통제한다고 상상해보자. 그 관리들은 자기들 재량으로 사람들을 고용하고 각자에게 기계가 만들어낸 생산물을 나눠줄 것이다. 그게 바로 공산주의 국가다."

하지만 우리 선조들이 살았던 사회, 재산이 잘 분산되어 있던 재산 소유 국가는 이런 단순성도 인정하지 않을뿐더러 인간적인 만큼 이런 기계적 완벽성도 인정하지 않습니다. 재산은 워낙 개인적이고 인간적인 제도이고 보편적으로 정상적인 것이므로 언제나 다양화될 것이고 또 다양화될 수밖에 없습니다. 토지와 자본을 정확히 배분하는 데는 그 어떤 도덕적 혹은 사회적 이점도 찾을 수 없고 또 그렇게 보편적으로 배분될 가능성도 전혀 없지요. 재산 복구의 개혁이 끝나는 단계에 이르리 많은 가정이 (충분한 양의) 재산을 소유하여 국가의 기본 색깔로 자리 잡을 정도라면 그것으로 재산 복구를 통해 국가를 건강하게 만들었다고 충분히 말할 수 있습니다. 지금의 임금 노동자와 봉급 생활자, 곧 모든 유형의 프롤레타리아가 국가에 '자기들의' 프롤레타리아 색깔을 입히듯이 말이지요. 오늘날 프롤레타리아는 비소유의 수준이 제각각입니다. 어떤 사람은 입고 있는 옷밖에 없고 어떤 사람은 가구도 조금 있고 어떤 사람은 주식 조금이라든가 대출로 마련한 집이라든가 작고 불충분하나마 축적한 것도 있습니다. 하지만 이 사람들이 그려내는 기본 색깔, 이 사람들이 빚어내는 사회의 성격은 급격히 노예 국가로 바뀌어 가는 임금 노동자의 국가입니다.

우리가 지금 그리로 급격히 기울고 있는 노예 국가는 완전할 수 있는 반면 재산 소유 국가(또는 분산 국가)는 완전할 수도 없고 완전해서도 안 됩니다. 본질상 기계적일 수가 없으니까요. 비교적 가난한 사람도 많을 것이고 비교적 부유한 사람도 조금 있을 겁니다. 짐작건대 가진 게 하나도 없는 사람도 있겠지요. 하지만 재산과 그에 따르는 경제적 자유는 사회 전반을 식별하는 특징이 될 겁니다.

우리에게 우호적인 정서가 없으면 아무것도 할 수 없다는 둘째 조건은 그 모든 노력을 헛되어 보이게 만들지도 모릅니다. 우리가 지금 살아가는 영국이라는 사회는 재산이 무엇인지 대체로 망각했습니다. 사람들은 고용과 임금만 논합니다. 소유를 입에 담을 때는 소수가 차지한 대규모 재산의 소유권을 떠올립니다. 변화의 단초를 제공하기에 충분할 만큼 지금 영국에 경제적 자유를 향한 열망이 (다시 말해서 재산을 향한 열망이) 남아 있는지 여부는 결국 실험으로만 판가름 나겠지요. 하지만 대부분의 사람이 관심을 두는 것은 소유권이 아니라 수입의 증가입니다. 분명 소유권은 '대부분의' 사람에게 관심 사안이 아닙니다. 소유권에 관심이 있었다면 임금 노동 체제에 반대하는 저항이 진작에 성공을 거두었을 겁니다.

우리 모두 잘 아는 대로 산업혁명이 처음 일어났을 때, 그리고 산업혁명 초기 단계에 어수선한 저항이 조금 있었습니다. 공유지에 담을 못 쌓게 하려고 폭력이 행사되기도 했고 새로운 기계를 도입하는 데 맞서 폭동이 일어나기도 했습니다. 하지만 그건 오래 전 일입니다. 첫 단계부터, 그러니까 공유지 재산을 대대적으로 몰수한 16세기부터 다수의 소규모 자영농이 재산을 잃은 17세기의 사기방지법*을 거쳐 19세기 중반에 이르기까지, 자본주의가 자리 잡는 과정 전체를 놓고 보면, 어느 단계에서도 잘 배분된 재산을 유지하겠다는 결의는커녕 잘 배분된 재산을 옹호하는 여론의 호응조차 찾아보기 어렵습니다. 자본주의가 우리에게 온 것은 그런 정신이 없었기 때문입니다. 그런 정신이 있던 나라에서는 비록 자본주의가 뿌리내리더라도 영국처럼 꽃을 피우지는 못했고 언제나 자본주의가 어려움을 겪었습니다.

하지만 사유 재산을 소유하려는 욕구가 약해졌다 하더라도, 그런 욕구가 임금 노동 인구의 다수에서 여전히 발견되지 않는다 하더라도, 최초의 실험들이 이루어질 수 있다면 아직 남아 있는 욕구가 사회라는 몸통 전체에 점점 생기를 불어넣을 만큼 충분히 살아 있다는 것이 '어쩌면' 밝혀질지도 모릅니다. 영국에서조차 재산을 '다시 심는 것'이 '어쩌면' 가능할지도 모릅니다. 마치 꽤 괜찮은 땅뙈기를 찾아내 거기에다 새로운 성장의 발판을 마련한 다음 모종을 잘 가꾸어서 충분히 강해졌을 때 저절로 퍼지게 내버려둠으로써 헐벗은 땅을 다시 숲으로 만들 수 있는 것처럼 말이지요. 다만 우리는 단순한 기계적 개혁을 믿어서는 안 됩니다. 재산이라는 것은 원래가 인간 욕망의

사기방지법(Statute of Frauds) 1677년 찰스 2세 때 만들어진 법으로, 특정한 계약의 경우 서면으로 이루어져야 한다는 내용을 담았다. 사기방지법에 따라 토지 문서가 없는 이들이 토지 소유권을 행사할 수 없게 되자, 관습적으로 소액의 지대만 내고 대대로 농사를 지어온 많은 농민이 대지주에게 땅을 빼앗기고 고액의 소작료를 내는 소작농이나 농업 노동자로 전락했다.

산물입니다. 우리는 그 욕망이 성취되는 것을 도울 수는 있어도 욕망 자체를 만들어내지는 못합니다. 소유할 것을 사람들에게 주는 것만으로는 소유자를 만들 수 없습니다. 거듭 말씀드리지만 재산을 소유하려는 욕망이 우리가 승부를 걸어볼 만큼 충분히 남아 있는지 여부는 오직 경험으로만 판가름 날 것입니다.

우리가 국가의 도움을 요청해야 한다는 셋째 조건은 전혀 어려울 게 없습니다. 현실에서 들어맞은 적도 없고 들어맞을 수도 없는 '개인주의'라는 용어처럼 19세기의 잘못된 범주에 휘둘리는 사람이라면 모를까요.

오늘 우리가 겪는 병폐는 국가의 간섭이 아니라 자유의 상실입니다. 자유를 복구한다는 목적을 위해서라면 국가를 언제든지 불러낼 수 있고 또 아주 자주 그럴 수밖에 없을 것입니다. 국가는 동업조합에도, 상속 절차에도, 과도한 부담을 제한하는 일에도 힘을 실어주어야 합니다. 오늘날 많은 것을 소유한 자가 분산된 작은 재산을 파괴하는 것을 북돋는 공적인 조직이 있는 것처럼 작은 재산의 확산을 북돋는 공적인 조직이 있어야 합니다. 국가가 정의 구현이라는 미명으로 힘을 행사해서는 안 된다는 미신에 가로막힌다면 재산을 복구하려는 노력은 필연적으로 실패할 것입니다. 자본주의는 노예 상황을 복구하는 데 모든 국가 권력을 불러들였습니다. 우리도 똑같은 방법을 동원하지 않으면 노예 상황에 제대로 대응하지 못할 것입니다.

2장

재산 복구의 두 가지 원칙

　재산 복구 문제에 접근할 때 명심해야 할 두 가지 주요한 원칙이 있습니다.

　첫째 원칙은 재산 제도를 복구하려는 (다시 말해서 우리 사회처럼 프롤레타리아 사회에서 재산의 좋은 분산을 재수립하려는) 모든 노력은 경제의 자연스러운 추세를 일부러 뒤집어야만 성공할 수 있다는 점입니다.

　둘째 원칙은 복구된 만큼의 사유 재산을 보전하도록 작용하는 법규가 뒤따르지 않으면 우리의 노력은 실패한다는 점입니다.

　두 원칙을 모두 지켜야만 성공합니다. 앞에서도 말했지만 충분히 많은 사람이 재산을 소유하겠다고 충분히 욕망하지 않으면 우리의 시도는 어찌 되었든 성공하지 못합니다. 하지만 그 욕망이 아무리 강하고 아무리 널리 퍼졌더라도 이 두 가지 원칙이 동시에 지켜지지 않으면 우리의 노력은 실패할 것입니다.

앞에서 저는 재산이 망가진 우리 사회 같은 곳에서 재산을 복구하는 과정을 숲을 다시 조성하는 일에 비유했습니다.

또 하나 들 수 있는 비유는 습지 개간입니다. 자연스러운 흐름에 따라 땅의 일부는 늪이 됩니다. 지대는 낮고 강우량은 많고 흙은 물기를 잘 안 받아들이고 끈적거립니다. 이런 땅을 개간하려면 자연스러운 흐름에 '맞서야' 합니다. 물을 빼고 물길을 내고 둑을 쌓아야 합니다. 그렇게 한 다음에도 그 땅을 다시 습지로 되돌려 놓으려는 자연의 줄기찬 노력에 맞설 수 있도록 둑과 배수관과 물길을 끊임없이 살펴야 합니다.

재산도 마찬가지입니다. 잘 나뉘어서 사회 전반의 제도로 자리 잡았던 재산이 사라지고 자본주의가 그 자리를 차지한 마당에 경제의 자연스러운 흐름에 '맞서지' 않고서는 추세를 뒤집지 못합니다. 자본주의 사회에서 재산이 잘 나뉘는 일이 저절로 일어날 리 없습니다. 인위적으로 북돋아야 합니다. 공산주의는 자본주의 사회에서 저절로 싹트고 꽃필 수 있습니다. 공산주의는 자본주의적 사고의 산물이고 자본주의와 같은 노선을 따라 움직이니까요. 하지만 재산이 잘 나뉘는 일은 그렇게 발생하지 않습니다.

게다가 일단 복구된 재산도 끊임없이 떠받쳐주어야지 안 그러면 다시 자본주의로 돌아갑니다.

사유 재산을 보호하지 않으면, 다시 말해서 작은 소유자의 자립을 보전해주는 모든 안전 장치를 없애면, 결국 사유 재산은 필연적으로 소수가 통제하는 생산수단이 되어버립니다. 다시 말해서 경제학적으로는 자본주의로, 정치학적으로는 금권주의로 흐릅니다.

사회주의를 지지하는 독자라면 이 대목에서 제 쪽에서 나오는 이런 자백을(그 독자는 아마 이런 표현을 쓰셨지요) 듣고 두 가지 반론을 제기할 테죠. 잠시 옆길로 새 이 반론들을 설명하겠습니다. (공동 재산이 가장 정의로운 경제 제도라고 믿는) 적극적인 사회주의자건 (공동 재산은 혐오스럽지만 최악이 아니라 차악이고 소수의 부자에 의한 통제를 막는 유일한 대안이라고 믿는) 소극적인 사회주의자건 사유 재산이 사회 제도로 존재하는 어디서든 산업 자본주의는 결국 '필연적으로' 생겨난다는 믿음을 당연시합니다.

특별한 수단으로 보호받지 않는 사유 재산은 자본주의로, 자본주의의 그 모든 병폐로 돌아간다는 대목을 읽고서 사회주의자는 우리 쪽에서 드디어 '자백'이 나왔구나 하고 재산을 방어하겠다는 사람들이 자백을 했으니 토론을 더 이어가는 것은 시간 낭비라고 생각할지도 모릅니다. 아니면 이런 말을 할지도 모르지요. "아마도 상황이 더 간단했다면 사유 재산을 복구할 수도 있었겠지만, 첨단 기계와 빠른 통신을 자랑하는 현대 사회에서 그런 시도를 하기에는 너무 늦었다."

두 입장 모두 옳지 않습니다.

첫째 입장은 여기저기 모든 곳에서 가장 흔하게 들을 수 있는데, 실은 현대 정치적 사유의 두 가지 주요한 특징인 잘못된 역사와 잘못된 철학에 기반을 두고 있습니다. 단순한 사유 재산 제도에서 자본주의가 저절로 그리고 필연적으로 생겨났다는 생각은 나쁜 철학에 동원된 나쁜 역사의 결실입니다.

사유 재산을 원칙으로 삼는 경제 제도의 불가피한 발전으로 인해 자본주의가 필연적으로 등장했다는 것은 맞지 않습니다. 사악한 의지가 나타나 잘 분산된 재산을 보장하던 안전 장치를 일부러 제거한 '이후에야' 자본주의가 등장했습니다. 충분한 저항조차 없던 상황이었죠. 자본주의가 먼저 발생해 잘 나뉜 재산들을 점점 해체한 것이 아닙니다. 잘 나뉜 재산이 살아남을 수 있도록 하는 유일한 조건이자 또 실제로 여러 세기 동안 살아남게 만든 조건들이 먼저 파괴되었습니다. 그리고 나서, 다시 말해서 조건들이 파괴된 후에 정치에서는 금권주의가, 국가 경제 구조에서는 자본주의가 활개 칠 수 있는 들판이 펼쳐졌죠. 자본주의라는 거대한 혁명이 벌어지기 전에도 프롤레타리아 비슷한 이들이 있었습니다. 중세가 끝날 무렵이면 땅이 없는 사람도 많았고 운송이나 유통 쪽에서 일하는 사람도 벌써 많았고 변변한 재산이 없는 공인도 있었습니다. 하지만 중요한 사실은 그런 사람들이 국가에 기본 색깔을 좌우할 정도는 아니었다는 것입니다. 16세기 종교 혁명이 도시의 자유를 지켜온 아주 오래된 성벽을 파괴하기 전까지 그런 사람들은 사회의 성격을 규정할 만큼 그렇게 많지 않았습니다.

맨 먼저 크게 얻어맞고 무너진 것은 동업조합이었습니다. 뒤이어 종교개혁이 이루어진 모든 나라, 특히 영국에서 가장 철저하게 모든 영역에서 교회 재산이 몰수되었습니다. 이후 영국에서는 일련의 법이 적극적으로 제정되었는데 그중에서도 특히 사기방지법이 영국의 자영농을 파괴한 주범일 겁니다. 그 모든 악행이 자행된 '이후에' 그리고 그 악행이 자행된 '덕분에' 자본주의가 본격적으로 꽃을 피울 수 있었습니다.

둘째 입장인 현대의 공간 정복(물자와 사상의 신속한 교류)을 포함해서 다양한 형태의 기계가 이 현대적 병폐의 뿌리라는 것도 맞지 않습니다. 기계는 인간의 정신에 영향을 끼치긴 해도 정신을 통제하지는 않습니다. 인간의 정신이야말로 기계를 통제할 수 있고 또 통제해야 합니다.

게다가 기계가 필연적으로 인간의 경제 활동을 집중화한다는 주장도 맞지 않습니다. 어떤 경우에는 그렇지만 다른 경우에는 그렇지 않습니다. 철도는 자기 이익 때문에 경제 활동을 집중화하고 싶어 하는 사람들에게 유리하게 작용했습니다. 이미 확립된 자본주의 체제에 새로운 버팀목을 세워주었지요. 하지만 내연 기관은 반대로 작용했습니다. 자동차 엔진은 사람과 물자를 분산화의 방향으로 실어 나르고 작은 소유자의 명령에 따릅니다. 자본주의식 독점이 작동해서 작은 단위들을 집어삼키기 시작하고 불리한 법규로 작은 단위들이 더 탄압받는 상황에서, 시골 버스는 여객 운송에 대한 통제를 분산하고 화물 트럭은 작은 물자 수송에 대한 통제를 분산합니다. 지방 운송 사업자에게 영업 허가를 내주면서 누진세를 매겼더라면, 그래서 가령 차량 다섯 대를 가진 사람에게는 세금을 높게 매기고 열 대를 가지면 감당이 안 될 정도로 무겁게 세금을 부과했더라면 운송업에서도 작은 재산이 계속해서 무럭무럭 자라났을 겁니다. 19세기 초중반 증기 기관을 사용한 공장 기계는 이미 확립된 자본주의에는 유리하지만 작은 재산에는 적대적인 방식으로 작용했습니다. 전력은 정반대로 작동했지요. 반드시 집중화해야 한다는 법은 없지만 전력원을 집중화하면 더 효율적입니다. 하지만 배전은 끝없이 다양화할 수 있고 아주 작은 단위로 쪼갤 수 있습니다.

게다가 현대식 장비가 비싸서 집중화가 필요하더라도 동업조합 재산이나 분산된 주식으로 안전 장치를 잘 마련해 소유하고 운영할 수 있습니다.

닳고 닳은 필연성 논리를 들이미는 구식 사회주의자의 입장, 아니 그 논리적 귀결인 공산주의자의 전반적 입장은 인간에 관한 그릇된 관념, 다시 말해서 잘못된 철학에 뿌리를 두고 있습니다. 그리고 이 잘못된 철학은 잘못된 역사적 순서로 사건들을 배열하는 바람에 생겨난 역사 과정에 대한 그릇된 관념에 의해 뒷받침되고 있습니다. 견제받지 않는 경쟁은 결국 소수가 소유권을 지배하는 상황을 낳을 수밖에 없다는 것은 맞습니다. 하지만 인류는 언제나 이런 상황을 위험하다고 느껴서 작은 재산을 보호하는 제도들을 마련해 위험으로부터 본능적으로 스스로를 안전하게 지키려고 했으며, 이런 제도들은 한 번도 저절로 무너진 적이 없고 언제나 의도된 적대적 공격이라는 의식적 행위가 있을 때만 무너졌다는 것 또한 맞는 소리입니다. 티그리스강과 유프라테스강의 정성껏 설계된 관개 시설이 습지와 사막으로 되돌아가려는 자연의 흐름에 맞서 잘 싸운 것과 같은 이치랄까요. 문명의 안전 장치였던 그 시설은 몽골군이 의도적으로 파괴하기 전까지는 저절로 무너지지 않았습니다.

견제받지 않는 경쟁으로 말미암아 생산, 운반, 교환 수단, 그러니까 사회 전체가 소수의 통제를 받게 되는 데는 크게 일곱 가지 경로가 있습니다. 국민 대다수가 잘 분산된 소유권을 지닌 건강하고 정상적인 인간 사회가 부유한 소수가 다수를 착취하고 금권 세력이 도처에서 활개를 치는 자본주의 사회로 전락하는 데는 크게 일곱 가지 길이 있습니다.

일곱 가지 경로를 다음과 같이 정리할 수 있습니다.

1. 큰 단위가 작은 단위보다 관리비, 임대료, 유지비 등 상업 용어로 '고정비'라고 부르는 지출의 부담이 상대적으로 작다. 유일한 제약이라면 일정 규모 이상으로 단위들을 조직하고 운

영하기가 어렵다는 점인데 이 어려움도 더 완벽해진 조직의 개발과 실행으로 점점 쉽게 극복된다.

2. 큰 경제 단위가 기계가 되었건 광고가 되었건 정보가 되었건 생산, 배분, 교환에 필요한 고가의 도구들을 모두 더 잘 구입할 수 있다. 다른 조건이 동일하더라도 정보에서 유리하므로 부자는 빈자보다 더 좋은 판단을 내릴 수 있는 기반이 있다.

3. 큰 단위가 작은 단위보다 상대적으로 더 쉽게 돈을 빌릴 수 있다. 오늘날 은행 융자는 모든 종류의 경제 활동에서 핵심 요소인데 큰 단위는 특히 은행 융자를 더 쉽게 받아낸다.

4. 작은 사업체가 흔들리거나 나가떨어질 때까지 큰 사업체가 손해를 감수하면서 작은 사업체보다 싸게 팔 수 있다. 잘사는 사람은 혼자서 혹은 다른 사람과 함께 작은 소유자를 '옭아매거나 내몬다'. 다시 말해서 부담스러운 조건을 받아들이도록 몰아가거나 실제로 망가뜨린다.

5. 큰 단위가 작은 단위보다 더 편한 조건에서 자본을 축적할 수 있다. 부자는 절약으로 인한 궁핍을 덜 느끼고 이윤이 조금 줄어들거나 이자가 조금 늘어나도 자본을 축적하려는 마음이 충분히 들지만 빈자는 이런 희생을 상대적으로 감내하기가 어렵다.

6. 금권주의가 한번 자리 잡으면 입법부를 타락시켜서 금권 세력에게 이로운 법들이 만들어진다. 이로 인해 작은 소유자는

점점 어려워지고 큰 소유자는 점점 유리해질 것이다.

7. 마찬가지로 금권주의가 한번 자리 잡으면 사법부를 타락시켜서 법의 저울이 빈자보다 부자 쪽으로 기울 것이다.

이 일곱 가지 위험성을 하나하나 따져봅시다.

1. **고정비 부담.** 공산주의가 들고나오는 단골 레퍼토리 중 하나인데 통할 때까지는 잘 통합니다. 영국에서는 오래 전부터 전형적 사례로 도시에서 하는 우유 배달 사업이 거론됐습니다. 페이비언 사회주의자*는 작은 규모의 두 사업자가 우유 배달 구역이 겹치는 사태를 통탄했습니다. 그래서 지적했지요. 얼마 전까지 그렇게 되어 있었지만 작은 우유 배달 구역들을 하나로 통폐합해서 하나의 체계로 운영하면 배달비가 크게 줄어들 거라고 말입니다. 이 페이비언 사회주의자는 생전에 적어도 이 나라에서는 어떤 결과가 나타났는지 지켜보았을 테죠. 우유 산업에서 작은 자유 사업자들이 거의 사라졌습니다. 하지만 그들은 사회주의 국가로 통합되지 않았습니다. 그들은 임금 노예가 되었습니다. 거대한 독점이 그들을 집어삼켰습니다.

우유 사업에만 적용되는 이야기가 아닙니다. 다른 모든 유통

---

* 페이비언협회(Fabian Society)는 1884년 영국에서 과격한 혁명 방식이 아니라 입법을 통한 점진적 방식으로 사회주의 국가를 만들겠다는 목표를 내걸고 만들어졌는데, 이 협회가 추구한 사회주의를 페이비언 사회주의라고 부른다. '페이비언(Fabian)'이라는 이름은 전면전보다는 지구전으로 한니발 군대를 상대한 로마의 장군 파비우스(Fabius)에서 따왔다.

사업과 대부분의 생산 사업에도 들어맞는 이야기입니다. 체인점은 독립 소매점을 파괴했습니다. 4만 명의 독립 사업자가 있던 자리에 4만 명의 관리자, 곧 기업 연합의 임금 노예가 들어앉았습니다. 체인점은 사업을 운영하는 비용이 덜 들어 경제적 혜택을 보니까 작은 소유자는 이런 거인을 상대하기가 점점 어려워집니다. 지난 한 세대 동안 적어도 영국에서는 점점 **빠른** 속도로 이런 일이 사방에서 벌어졌고 그 결과 오늘날 우리는 온통 독점에 갇혀 있습니다. 우리 세대는 런던 일대에 일상 생활에 필요한 100가지 필수품 하나하나마다 가게와 공방이 있었던 시절을 기억합니다. 지금은 **빠르게** 사라지고 있지요. 대부분이 벌써 사라지고 없습니다.

2. **정보.** 정확한 판단을 위한 정보를 사들이는 데서 큰 자본 집단은 작은 자본 집단보다 분명히 유리합니다. 다른 것을 다 떠나서 정보를 많이 알면 모든 경제 활동에서, 그러니까 경제 활동의 부문마다 아무래도 협상이 쉽겠지요. 큰 기업 몇 개를 합병하면 그 기업들이 생산하거나 유통하는 것에서 독점을 할 수 있지만, 작은 회사들은 수가 많아 합병이 어렵습니다. 견제를 안 하고 그런 힘을 발휘하도록 그냥 내버려두면 모든 경쟁 과정은 필연적으로 독점을 낳을 것입니다.

가령 전기 같은 현대의 과학 생산 부문에서도 큰 단위는 많은 기술 전문가를 거느리는 데다 정보 실행 능력에서 거의 독점을 누립니다. 그런 만큼 정부도 큰 공사를 할 때는 부득이하게 손을 내밀어야 합니다. 큰 단위가 고가의 물적 수단을 구입하는 능력은 누가 봐도 명백합니다. 작은 단위는 (연합하지 않고서는) 그 수단을 구입할 수 없습니다. 큰 단위가 가공할 위력으로 쉽게 장악할 수 있는 또 하나의 수단, 이번에는 비물적 수단이 있습니다. 하지만 이러한 사실은 사람들 눈에 명백해야 하지만 늘 똑같이 그렇지는 않습니다. 여기서 비물적 수단은 바로 홍보입니다. 우리 모두는 광고가 현대 영국인의 생활을 휩쓰는 최악의 전염병 중 하나라는 것을 압니다만, 또 하나 항상 명심해야 할 것은 작용하는 단위가 증가할수록 광고의 폐해가 기하급수적으로 증가한다는 사실입니다. 광고비로 쓰이는 10만 파운드*는 1000파운드의 백 배 효과를 내는 것이 아닙니다. 천 배를 훨씬 능가하는 효과를 냅니다.

기계적인 국가 교육 체계 속에서 자란 흐리멍덩한 도시 거주 집단은 아무리 비상식적이고 말이 안 되는 제안이나 명령도 충분히 반복되기만 하면 순순히 따르는 것으로 밝혀졌습니다. 그런 제안과 명령을 내놓는 데서 큰 소유자는 작은 소유자보다 압도적으로 유리합니다. 큰 소유자는 말하자면 제안만으로 밀어붙일 수 있습니다. 제안만으로도 작은 소유자는 절대로 취급할 수가 없는 품목들의 시장을 열어서 작은 소유자를 시장 밖

---

* 이 책이 나온 1936년의 1파운드는 지금으로 치면 약 65파운드다. 1파운드를 원화 1500원으로 환산할 때 1936년의 10만 파운드는 현재 원화 가치로 약 100억 원에 해당한다.

으로 몰아낼 수 있습니다.

우리 모두는 금권 세력이 누리는 이 특별한 형태의 이점이 생산과 유통에서 소수의 부자나 몇몇 상전 집단을 만들어낼 뿐 아니라 최악의 물건들을 생산하고 유통한다는 엄연한 진실을 거론하고 개탄해야 합니다. (저는 여기서 한 가지 사례만 들지만 그건 모든 사례 중에서 가장 적나라하고 역겨운 사례라서 그렇습니다.) 우리 모두는 유리한 쪽으로 '광고 공세'가 시작되고 나서 물건의 품질이 어떻게 떨어지는지 똑똑히 보지 않았습니까?

자본주의 일반의 병폐가 늘어나면 이 특별한 병폐가 저절로 바로잡히리라는 건 맞습니다. 모든 게 독점이면 광고조차 불필요할 테니까요. 하지만 지금 상황으로 보면 광고의 곰팡이 같은 성장은 우리 선조들이 상상할 수 있었던 수준을 뛰어넘는 해악을 끼쳤습니다. 의심할 나위 없이 언론을 이토록 타락시킨 가장 강력한 힘은 광고입니다. 언론은 힘 있는 광고주가 억누르려고 하는 진실을 아무리 지면에 찍어내고 싶어도 찍어낼 수가 없습니다. (언론 자체가 독점자들의 손아귀에 들어가 있으니 진실을 찍어내고 싶어 하지도 않겠지만요.) 가장 절박한 공공 사안에서도 우리의 시야가 자꾸만 좁아지는 것은 그래서입니다.

3. 오늘날 융자를(물론 특히 은행 융자겠지요) 얻는 힘이 무엇을 뜻하는지는 산업 자본주의에서 금융이 맡은 역할을 알아보는 자리에서 논할 생각입니다. 하지만 이 문제에서도 더 큰 단위가 누리는 이점은 다른 사례들과 마찬가지로 단위의 규모가

커질수록 기하급수적으로 커진다는 것을 알게 됩니다. 작은 공인은 개인적으로 말도 안 되는 이자를 물면서 몇 푼이나 빌릴 수 있을까요? 거의 빌릴 수가 없습니다. 좀 더 큰 사업자는 사업체를 담보로 삼아 일개 공인보다야 상대적으로 더 많이 빌릴 수 있지만, 이런 사람은 은행의 '관심' 밖입니다. 아주 큰 사업체의 소유주 곧 사주가 빌릴 수 있는 규모는 차원이 다릅니다. 그 사람이 빌릴 수 있는 돈은 사업체 규모가 10분의 1인 경쟁사의 열 배가 아닙니다. 스무 배에서 서른 배에 달하는 돈을 더 좋은 조건으로 빌립니다.

이점은 크게 세 가지로 작동합니다.

⑴ 큰 단위는 작은 단위에 허용되는 것보다 더 낮은 금리를 특별히 적용받을 수 있습니다. 왜냐하면 대출 '처리' 비용이 상대적으로 적고, 작은 소유자의 경우 거래가 일방적인데 큰 소유자의 경우 거래가 상호적이거든요. 식품점을 운영하는 존스 씨에게 1000파운드를 대출해주느냐 마느냐는 은행에 별로 중요하지 않지만, 존스 씨에게는 생사가 걸린 문제입니다. 존스 씨가 가령 8퍼센트에서 10퍼센트의 이자와 '비용'을 낸다 하더라도 은행은 존스 씨를 쥐어짤 만한 가치를 못 느낄 겁니다. 하지만 해니벌 스미스 경을 고객으로 두는 것은 은행에 엄청나게 중요합니다. 100만 파운드를 대출받아서 1년에 4만 5천 파운드쯤의 이자 수입을 은행에 안겨주니까요. 4만 파운드라고 해도 그게 어딥니까. 해니벌 경도 그 점을 너무나 잘 알지요.

(2) 큰 소유자의 경우 은행은 '손해가 났지만 돈을 더 빌려주는 것'이 '이득'일 때가 많을지도 모릅니다. 하지만 작은 소유자의 경우는 은행에 결코 이득이 되지 않습니다. 그래서 작은 소유자는 바로 희생되고 작은 소유자의 넉넉한 담보는 채권자가 가로챕니다. 은행은 작은 소유자를 내몰기를 꺼리지 않습니다. 작은 소유자는 성가신 존재가 되었으니까요. 하지만 큰 소유자는 이야기가 달라집니다. 큰 소유자를 팔아치우면 은행은 향후의 잠재 수입원을 잃습니다. 그래서 '큰 소유자가 고비를 넘기도록' 돕지요. 그래서 경기 불황으로 제분소들이 재산 가치보다 훨씬 많은 빚을 졌는데도 은행들이 끝까지 살려준 것입니다. 큰 부동산업자도 마찬가지입니다. 큰 부동산업자가 보유한 민간 주택들의 대출 상환금을 사실상 은행이 대주는 셈이었는데도 은행은 부동산 시세를 떠받치는 편이 자기에게 유리하다는 걸 알기 때문에 해주었습니다.

(3) 민감하지만 아주 현실적인 문제인데 큰 고객은 은행과 '정서'가 같습니다. 둘 다 '큰손'이지요. 이 점에서 대출의 심리가 아주 큰 소유자에게 유리하도록 강력하게 작용합니다. 한 사업가가 크게 실패했지만 그 사람 이름만 보고서 혹은 담보가 아주 부족한데도 은행 융자가 이루어지는 경우가 아주 많다는 사실은 이것이 정말이라는 증거겠죠.

4. 큰 단위는 사기를 치거나 혹은 고정비 부담을 낮춰서 작은 단위보다 더 싸게 팔 수 있습니다. 이것이 집중화된 자본을

향한 가장 오래된 불만이자, 큰 소유자가 작은 소유자를 집어삼키는 가장 악독한 수법입니다. 또한 점점 커지는 자본주의 체제에서 가장 먼저 눈여겨봐야 할 해악입니다. 19세기 중반 이후부터 벌써 기승을 부렸지요. 공정 가격의 원칙을 인정하는 모든 사람이 보기에 이러한 행위는 당연히 명백한 도둑질이었습니다.

원리는 이렇습니다. 큰 자본가는 작은 자본가보다 더 오래 물건을 손해 보면서 팔 수 있습니다. 큰 자본가와 작은 자본가가 특정 품목을 모두 1파운드에 생산하는데 경쟁이 붙어서 둘 다 0.75파운드에 팔면 물건 하나를 팔 때마다 0.25파운드씩 손해를 보는 셈입니다. 이러한 상황이 무한정 지속될 수는 없습니다. 하지만 큰 자본가는 작은 자본가보다 더 오래 손실을 견딜 수 있습니다. 작은 자본가는 망할 것이고 큰 자본가는 계속 버틸 것입니다. 큰 소유자가 작은 소유자를 파괴하는 이 지극히 부당한 방법은, 그 형태와 면모는 엄청나게 다양하지만 가장 명백할 뿐 아니라 가장 그악스러운 자본주의의 행태입니다. 이 문제는 다루기 가장 어렵기도 합니다. 왜냐하면 어떤 사람이 정직하게 선의로 손해를 보면서 파는 상황도 많은데 이런 상황과 경쟁자를 무너뜨리려고 싸게 파는 상황을 구분하기가 어렵기 때문입니다.

5. 큰 자본 단위는 작은 자본 단위보다 상대적으로 더 작은 보상이 주어지더라도 자동적으로 축적됩니다. **이것은 자본주의**

의 초기 비판자들이 간과했지만 굉장히 중요한 점입니다. 거대한 축적이 참담하게 부풀어오르고 그에 맞물려 작은 재산과 경제 개혁이 사라지는 주원인이기 때문입니다.

자본은 일정한 보상이 있어야 축적됩니다. 자본은 미래의 생산을 염두에 두고 생산물을 절약할 때 생겨납니다. 개인 소유자가 되었건 공산주의 국가가 되었건 일정한 수준의 보상이 없으면 자본은 누구에 의해서도 축적되지 않을 것입니다. 자본 축적을 촉발하기에 충분한 이 특정한 양의 보상을 존 스튜어트 밀*은 '축적 실현 욕구'라고 불렀는데, 더 좋은 용어가 없으므로 이 말을 그대로 쓰겠습니다. 개인이든 공산주의 국가의 명령 체계든 '자본 축적 실현 욕구'가 없으면 생계를 위한 비축, 생산수단의 유지 보수, 추가로 생산된 자본은 (당연히) 쪼그라들고 재부는 내리막길을 걸을 것입니다. 누구든 허리띠를 졸라매봤자 1년 뒤에 똑같이 10파운드밖에 남지 않는다는 걸 안다면 10파운드로 얻을 수 있는 당장의 즐거움을 일부러 포기할 리 없습니다. 1년 뒤에 겨우 0.5파운드밖에 더 얻지 못한다면 10파운드를 절약하지 않을지도 모릅니다. 1년 뒤에 10파운

존 스튜어트 밀(John Stuart Mill, 1806~1873) 영국의 철학자, 경제학자, 정치가. 뛰어난 고전주의 경제학자이자 자유주의 철학자로 명성이 높았으며 하원의원으로 활동하며 정치 활동을 벌이기도 했다. 고전경제학을 집대성한 《정치경제학의 원리》, '공리주의'를 이론적으로 발전시켜 도덕 철학에 큰 영향을 끼친 《공리주의》, 시민적 자유의 본질을 논한 자유주의 사상의 고전 《자유론》 등의 저서를 남겼다.

드가 11파운드가 된다면 아마 10파운드를 절약하겠지요. 아무튼 아끼는 마음이 생기려면 돌아오는 것이 조금은 있어야 합니다. 그리고 아끼려는 마음이 샘솟을 만큼의 이윤, 당장의 즐거움을 포기하기에 충분한 양의 보상이 바로 '축적 실현 욕구'의 크기입니다.

방금 말씀드렸지만 '축적 실현 욕구'가 자본주의에만 존재한다고 생각하면 오산입니다. 공산주의에도, 재산이 잘 나뉜 사회에도, 아니 어떤 경제 체제든 꼭 있습니다. 가령 공산주의 체제에서 정부 관리들은 나중에 돌아오는 이익이 없어 보이면 국가 노예들을 더 쪼들리게 만드는 위험을 감수하지 않을 겁니다. 이 점은 재산이 잘 나뉜 사회에서도 명백합니다.

그렇다면 일반적으로 자본은 지금의 자본 크기보다 더 크게 돌아오는 미래의 생산을 염두에 두고서 축적되며 만약 그런 추가분을 기대하기 어려울 때는 아예 축적되지 않을 것입니다.

사정이 이렇다면 이제 부유한 사람(혹은 더 큰 단위를 장악한 사람)은 상대적으로 더 작은 추가분에도 가난한 사람보다 축적 실현 욕구를 더 느낄 것입니다. 쉽게 말하자면 5만 파운드의 자본에서 해마다 2500파운드를 얻는 것은 그만한 값어치가 있지만, 연말에 0.5파운드를 얻겠다고 연초에 1파운드어치의 즐거움을 내던지는 것은 그만한 값어치는 없다는 식이겠지요. 다른 방식으로 말하자면 빈자는 아낄 수 있는 폭이 좁고 부자는 아낄 수 있는 폭이 넓다고 할 수 있겠습니다. 해마다 1만 파운드에서 5000파운드를 아끼는 것이 해마다 1000파운드에서 500파운드를 아끼는 것보다 쉽습니다. 해마다 50파운드를 벌면서 해마다 25파운드를 아끼면서 살아남기는 (지금의 영국에서는) 불가능합니다. '만약의 경우에 대비해' 아끼는 사람, 나중에 버틸 수 있게 목돈을 만들려고 저축하는 사람은 이자가 아무리 낮더라도 없는 것보다는 감지덕지 여길 것입니다. 이자가 없더라도 거래 은행이 있다면 그냥 계좌에 돈을 넣어 두려 할 것이고 자본주의 국가의 정부가 저축 은행과 증권에 터무니없이 낮게 붙이는 이자도 감수하면서 고이 간직할 것입니다. 하지만 한 사람이 독립적으로 일을 벌이기에 충분한 양이 있느냐 하는 문제가 되면 이야기가 달라집니다. 코딱지만 한 이익을 얻겠다고 소농으로서 점주로서 생계가 파탄 날 위험을 무릅쓰려 하지는 않을 것입니다.

바꿔 말해서 대자본이 너끈히 감당할 조건을 소자본이 진지하게 받아들이도록 만들기는 어렵습니다. 작은 소유자가 축적하려면, 다시 말해서 아끼고 아껴서 어느 정도의 소자본을 만들려면, 그 사람에게는 일찌감치 상대적으로 더 높은 보상을 제시해야 합니다.

따라서 이 경우에도 제약받지 않는 경제는 큰 단위에 유리하게 작용하기 마련입니다. 다수의 소액 저축 은행 계좌를 관리하는 비용은 소수의 거액 계좌를 관리하는 비용보다 상대적으로 훨씬 많이 듭니다. 그리고 말이야 바른대로 말이지 현대 자본주의 체제에서 최초의 소액 예금에 주어지는 보상은 거액 예금보다 언제나 낮습니다. 제1차 세계 대전이 끝난 뒤 우체국은 국채 이자율의 겨우 절반을 주었고, 국민의 예금 증권도 굵직한 국가 대출보다 이자율이 낮았습니다.

6. 입법 기구를 오염시키는 금권 세력의 영향력을 굳이 이론적으로 논증할 필요는 없습니다. 오늘날 우리 모두는 그런 오염이 도처에 퍼져 있음을 알고 있으며, 의회제보다 금권 세력이 위력을 더 발휘하는 곳은 없으니까요. 금권 세력의 영향력은 정치인들에게 굳이 주식이나 돈을 실제로 건네지 않고도(물론 이런 간단한 형태의 부패가 굉장히 많이 발생하긴 합니다) 행사할 수 있습니다. 입법 기구를 향해 그런 직접적 행위가 이루어지지 않더라도 온갖 유형의 간접적 '압력'이 있으니까요. 이런 병폐는 건강한 왕조 체제에서 위세가 가장 덜합니다. 절대 군주제가 내세우는 취지가 바로 군주는 워낙 부유해서 압력에 굴하지 않는다는 점이니까요. 하지만 다른 모든 정부 형태에서는 부유한 계급 전체가 입법 기구에 가하는 압력이 느껴집니다. 그리고 부유한 계급이 군림하면서 시민 다수를 경제력으로 완전히 휘어잡으면 그런 체제를 영속시키고 재산의 훌륭한 분산을 저해하는 데 유리한 법이 필연적으로 만들어질 것입니다. 법령뿐 아니라 온갖 유형의 규제와 관습도 이 원칙에 순응할 것입니다.

얼마 전에는 새로운 유형의 '압력'도 생겼습니다. 가령 전기

같은 거대한 생산 단위가 의회를 통해 대규모 공공 사업을 밀어붙이면 국민에게도 물질적 편익을 안겨줄 때가 많지만, 그 생산 단위를 장악한 부유한 사람들은 지출되는 공공 자금 중에서 거액을 이익으로 챙길 것이고 같은 이야기입니다만 납세자들로부터 거액의 봉급을 받을 것입니다.

7. 마지막으로 금권 세력이 휘두르는 압력은 법 집행 영역에서 두드러지게 발휘됩니다. 여기서도 엉성하고 단순한 형태보다는 간접적 형태가 더 위험합니다. 법관들에게 직접 뇌물을 먹이는 경우를 제외하면 금권 세력이 입김을 발휘하는 두 가지 강력한 사례가 있습니다. 첫째는 정의를 실현하는 데 드는 비용이고, 둘째는 사법 판결의 입법 효과입니다.

첫째 방식은 오늘날 도처에서 목격하는 것입니다. 아주 작은 빚을 회수하는 데 드는 비용은 큰 빚을 회수하는 비용보다 턱없이 비쌉니다. 한 시민이 사법부의 도움을 얻기까지 치러야 하는 비용은 우리 사회처럼 금권 정치가 뿌리내린 곳에서는 다른 어떤 정부 형태보다 높습니다. 소액이 걸린 재판에서 법관들은 정의를 터무니없는 가격으로 팔아치우며 그보다 더 큰 액수가 걸린 재판은 항소 비용까지 부담해야 하니 더 어려워집니다. 이 나라에서 부자들이 재판을 항소 법원까지, 상원까지 끌고 가는 경우는 흔히 볼 수 있습니다. 가난한 쪽은 상대가 안 됩니다.

똑같은 입김이 사법 판결에 끼치는 효과가 지난 350년간의 역사에서 똑똑히 드러났습니다. 특히 대규모 토지 몰수에서 잘 드러났지요. 지난날 황무지, 광산, 삼림, 공유지 따위가 군주로부터 강탈되어 부유한 신하들 손에 넘어갔습니다만, 대개는 직접적 입법이 아니라 사법 판결을 통해 이루어졌습니다. 그런 사태는 엘리자베스 1세 여왕 치하에서 왕권의 급격한 쇠락과 함께 시작되어 17세기 내내 이어졌습니다.

그리기에 이 문제에 접근할 때는 이 일곱 가지의 공격을 견제하고 저지하고 억제할 수 있는 처방을 어디서 찾을 수 있을지 먼저 고려해야 합니다. 큰 재산이 작은 재산을 흡수해서 작은 소유자를 프롤레타리아로 만들고 또 만들려고 하는 줄기찬 공세 속에서 말이지요. 이제부터 그 처방을 생각해보기로 하겠습니다.

3장

작은 소유자를 되살리는 길

우리 앞에 놓인 실천적 문제는 재산이 거의 파괴되고 재산의 원리가 망각되고 시민의 지배적 다수가 재산을 접한 적이 없는 영국 사회에서 어떻게 하면 재산을 복구하는 일의 단초나마 제공할 수 있을까 하는 것입니다.

영국이라는 특정한 나라에서 이 특정한 순간에 말이지요. 그러므로 이 문제를 다룰 때는 아직도 재산을 대부분의 사람이 선망하고 더 많은 사람이 경험으로 아는 나라에서 선택하는 방법과는 아주 다른 방법으로 접근해야 합니다.

우리는 실험적으로만 재산 복구를 시도할 수 있을 따름입니다. 어느 정도까지만 회복하려고 시도할 것입니다. 시민의 지배적 다수가 프롤레타리아로, 다시 말해서 임금 노예로 전락해 산업 자본주의의 제물이 되어버린 나라에서 재산 복구의 씨앗을 겨우 뿌리는 정도일 뿐입니다.

"어떻게 나아가야 할까?" 이 핵심 질문에 누구나 수긍할 만한 똑똑한 답변을 제시한다면 병폐의 뿌리를 발견해서 그 뿌리를 공격해야 한다는 것이겠지요.

표면상으로는 병폐의 원인은 제약받지 않는 경쟁으로 보입니다. 제약받지 않는 경쟁으로 인해 여러 세기 동안 재산이 유지될 수 있게 해준 그 모든 안전 장치가 파괴되고 종교개혁과 함께 재산 제도가 무너지기 시작했으니까요. 하지만 우리는 그보다 더 깊이 들어갈 수 있습니다. 모든 사태의 근원적이고 궁극적인 뿌리는 어떤 분위기라고나 할까요, 정신 자세입니다. 잘 나뉜 재산을 지지하는 여론이 있고, 잘 나뉜 재산을 당연시하기에 이에 부합하는 철학이 있는 사회에서는 재산을 보전하려는 제도라든가 관습이 자발적으로 일어날 것입니다. 그래서 작은 소유자를 파괴하려는 큰 소유자의 공격도 물리칠 것입니다.

(머리를 쓰는 관찰자는 이 문제에 관해 이렇게 말합니다.) "따라서 우리는 궁극적 원인 자체로 들어가서 우리의 처방을 적용해야만 우리가 그리는 웅대한 변화의 단초나마 제공할 수 있다. 우리는 철학을, 다시 말해서 우리가 살아가는 사회의 종교를 바꿔야 한다. 잘못되고 유해한 철학이 임금 노예를 양산하고 보통 사람의 경제적 자유를 파괴한 산업 자본주의를 낳았다. 우리는 올바른 제도가 나올 수밖에 없는 건전한 철학, 아니 차라리 종교를 새로 세워야 한다. 우리는 영국을 올바른 종교로 개

종시켜야만 영국인을 자유롭게 만들 수 있다."

자, 누가 보아도 급진적인 이 접근 방식에 대해 제가 이율배반을 무릅쓰고 이의를 제기하겠습니다.

저는 지금의 영국이라는 나라에서 이 모든 병폐를 가져온 철학을 사람들 마음속에서 바꿀 가능성은 없다고 생각합니다. 자유로운 시민의 자리에 1백만 프롤레타리아 계층이 사회의 지배적 특징으로 자리 잡은 어마어마한 산업 자본주의 구조가 이상주의의 전파를 통해 금세 뒤집힐 수 있다고 생각하지도 않습니다. 이런 전면적 의식 개조 노력은 항상 문제를 실천적으로 다루려는 노력과 함께 진행되어야 하고 또 그런 개조 노력 자체가 실천이기도 합니다. 하지만 당장은 이런 노력으로부터 주목할 만한 정도의 효과를 기대할 수 없고, 기대하는 동안에 사회는 노예 사회로 가파르게 기울어 갑니다.

역사 지식이 충분하고 자본주의를 혐오할 만한 상식이 충분하고 동시에 사회주의를 경멸할 만한 지성이 충분한 사람들이 대부분 경제적 자유를 재현할 구체적 계획을 내놓기보다 옆으로 비켜서거나 (옆으로 비켜서는 것과 같은 선택이긴 하지만) 경제적 자유라는 추상적 원리를 논하기로 마음먹은 이유는 '이른 시간 안에 도움이 될 만큼' 철학을 바꾸는 것이 불가능하다는 확신 때문이었습니다. 우리 주변의 모든 것이 그나마 얼마 남지 않은 잘 나뉜 재산을 파괴하는 쪽으로 작용합니다. 우리 사회의 모든 조직 단위가, 우리의 모든 사고 습관이, 앞뒤가 뒤바

뀐 지금의 문명을 당연시합니다. 어떤 사람들은 사회주의가 자본주의 병폐의 유일한 해법이라고 당연한 듯이 말합니다. 사회주의의 문제는 본질상 자본주의의 병폐와 똑같은데도 말이지요. 그 사람들은 말합니다. "우리는 경제적 자유를 잃었고 이걸 되찾기는 불가능하다." 아니면 이렇게도 말합니다. "독점이 불가피하고 사람들 다수가 독점의 노예가 될 수밖에 없다면 적어도 소수의 백만장자가 독점하는 것보다 국가가 독점하는 게 낫다."

저는 이런 반론에 이렇게 답합니다. 이른 시간 안에 파국에서 벗어나도록 잘못된 철학을 바꾸기는 확실히 불가능하지만 아무리 미약할지언정 자유를 사랑하는 평범한 마음이 아직은 충분하고 그걸 출발점으로 삼을 수 있을지도 모른다고. 여기저기에 불씨가 아직 충분히 남아 있어서 작은 불길을 되살려낼 수 있을지도 모른다고요.

공격해야 할 진지가 철통 같은 것은 사실입니다. 누군가 난공불락이라고 철옹성이라고 말해도 그 사람을 나무랄 일은 아닙니다. 상전 패거리와 그 밑에서 눈칫밥을 먹는 수많은 종을 거느린 영국의 산업 자본주의는 요새입니다. 우리는 그 요새를 상대로 법을 여기저기 뜯어고친다든가 새로운 단체를 여기저기에 만들어낸다든가 하면서 맞붙으려고 애쓰지만 그건 마치 무기가 없는 사람들이 단단한 돌로 지어진 오래된 성채를 공격하는 것에 빗댈 수 있을지도 모르겠습니다. 돌은 꿈쩍도 안 할 겁니다. 그들은 그 무적의 방어벽에 어떤 균열도 내지 못할 만큼 확실히 무력합니다.

하지만 우리가 동원 가능한 수단으로 요새를 공격할 수 있으려면 먼저 어디가 약점인지 찾아내야 합니다. 약점이 사소해 보일지 몰라도, 그렇게 거대하고 고도로 조직된 힘에 맞설 가능성이 희박해 보일지 몰라도, 우선은 아주 작더라도 실마리를 열 수 있는 기회가 '어디에' 있는지 '최소한' 알아내야 합니다. 바꿔 말해서 산업 자본주의를 바로 한꺼번에 뒤흔들겠다고 나서는 것은 실속이 없습니다. 그것은 시민들의 종교나 철학이 바뀌어야만 가능합니다. 그렇다고 해서 방어벽에 갑자기 커다란 균열을 내겠다고 나서는 것도 실속이 없습니다. (그건 우리에게 없는 무기가 있어야만 가능합니다.) 그보다는 아무리 하찮아 보여도 거대한 과정을 산발적으로 뒤집기 시작할 수 있는 지점들을 찾아내야 합니다.

따라서 저는 실속 있는 방안을 검토해서 그 방안의 여러 지점들을 머리가 요구하는 순서와 거의 정반대로 늘어놓을 것이고, 지금이라도 당장 할 수 있고 부분적이고 제한적이더라도 조금이나마 성공할 가능성이 있는 것들을 시작할 것입니다. 이 과정은 나무 뿌리를 뽑아내기는커녕 나무를 자르기에도 벅찬 가지가위처럼 빈약한 연장만 가지고 나무를 없애야 하는 시도에 빗댈 수 있을지도 모릅니다. 가지가위는 나무 줄기에 심한 상처 하나 제대로 내지 못하고 굵은 가지나 그에 버금가는 가

지도 잘라내지 못할 만큼 빈약하지만, **그래도 나뭇잎까지 잘라
내지 못할 정도는 아닙니다.**

잎을 충분히 잘라내면 나무는 죽습니다. 도끼나 톱이나 가래
가 없는 사람도 작은 가지가위와 두 손의 보잘것없는 힘으로
나뭇잎들을 하나하나 없애기 시작할지도 모르지요. 이 원칙을
염두에 두고서, 이런 목적을 지니고서 저는 산업 자본주의를
약화하고, 사회주의라고 하는 산업 자본주의의 열매도 약화할
수 있는 구체적 방안을 묻습니다. 어떻게 씨앗을 뿌려야 재산
제도가 다시 자라나기 시작할 수 있을까요? 크게 세 가지 방면
이 있습니다.

⑴ 작은 경작자, 배달업자, 공인을 개별 가정으로서 복구하거나,
가족적이고 인간적인, 다시 말해서 개인적으로 아는 소수의 직원
들을 다루는 '고용주'로 복구하는 것. ⑵ 필연적으로 커진 사업체
들의 재산을 쪼개서 충분한 양의 재산을 가진 많은 소유자들로
나누는 것. ⑶ 그런 건강한 배분을 유지하고 재산이 다시 자본주
의로 퇴락하지 않도록 제도로 확립하는 것.

이 세 가지 방면을 살펴보기 전에 잠시 옆길로 샙니다만 오
늘날 '국가'라고 불리는 것의 기능이 무엇이고 예전에 (사람들이
현실을 존중하던 시절에) '왕'이라고 불렸던 것의 기능이 무엇인
지 잠깐 생각해보겠습니다.

국가 권력을 쓰지 않고서는 우리가 생각하는 개혁을 도모할 수도 없고 지속할 수도 없다고 앞에서 이미 말씀드렸습니다. 그런데 이 필요성을 이해하려면 사람들이 사회주의와 개인주의를 대립하는 두 방법론으로 여기게 만드는 잘못된 범주를 없애야 합니다.

사회주의와 개인주의는 진정으로 대립하지 않습니다. 개인주의 같은 건 없습니다. 인류를 자유롭게 만들고 시민에게 경제적 독립을 안겨주는 국가의 행위와 그 독립을 앗아가는 국가의 행위는 정반대입니다. 재산이 실제로 잘 분산되고 강력한 군주제에 가까웠던 시절에 사람들은 이렇게 말했겠지요. "왕은 큰 소유자의 전횡에 맞서 작은 소유자의 자유를 안전하게 지켜주기 위해 존재한다." 이것이 왕의 주된 기능입니다. 왕이 이런 기능을 하는 것과 왕이 모든 인간을 노예로 부리는 절대적 소유자라는 동방적 관념 사이에는 아무런 공통점이 없습니다. 왕권을 자유의 중재자이자 수호자로 보는 온당한 발상은 왕권을 절대적 전제로 보는 잘못된 발상과 어긋나며, 이 잘못된 발상을 파괴합니다. 우리는 경제적 자유를 모색하는 여정에서 대기업의 찬탈된 권력과 대립하고 그 권력을 최대한 파괴하는 데 국가 권력을 불러내지 않고서는 몇 걸음도 내딛지 못한다는 걸 알게 될 겁니다.

그럼 처방을 위한 구체적 방안으로 돌아가겠습니다. 우리는 소농, 공인, 작은 (그리고 튼튼한) 소매업자를 되살리자고 제안합니다.

모든 것의 토대이자 모든 것 중에서 단연 가장 중요한 소농
은 별도의 장에서 다루겠습니다.

오늘날 산업 사회를 보면 작은 유통업자(다시 말해서 작은 점
포주)를 복구할 기회와 작은 공인(다시 말해서 공방)을 복구할
기회가 있는데, 지금 영국에서는 둘째 기회보다 첫째 기회가
훨씬 기능성이 높습니다.

작은 유통업자를 복구하는 방안에 대해 말하자면(혹은 아직
도 많이 살아남아 있으니까 '작은 유통업자를 구한다'고 말해도 되겠
지요) 현실적으로는 상반된 두 가지 경제 정책이 있다고 보여집
니다. 첫 번째는 과세를 달리 해서 큰 유통업자에게 불이익을
주는 것입니다. 두 번째는 작은 유통업자를 경제적으로 보호하
는 인위적 장치를 이용하는 것입니다. 물론 두 정책 모두 우리
를 엉망진창으로 몰아넣어 아직도 허우적거리게 만든 지난날
의 통념을 정면으로 거스릅니다.

대형 유통업자를 겨냥한 차등 과세는 세 가지 형태가 있습니
다. (1) 체인점 (2) 복합 점포 (3) 거액의 소매 매출을 각각 겨냥
한 차등 과세입니다.

(1) 한 사람이나 한 회사가 똑같은 종류의 점포 다수를 통제
하는 체계, 곧 체인점에는 세금을 다르게 물려야 합니다. 점포
두 개를 통제하면 세금을 조금만 내도 되지만 점포 세 개를 통
제하면 그만큼 많이 내야 하는 식으로 부담이 가파르게 늘어나

서, 행정력이 미치는 곳에서는 점포를 가령 열 개 이상 소유하는 것이 경제적으로 불가능하게 만들어야 합니다.

그런데 우리가 지금 아는 체인점은 작은 유통업자를 파괴하는 해악을 저지를 뿐 아니라 도매 유통과 심지어 생산까지 장악하는 해악을 저지르고 있습니다.

예를 들어 생선가게 체인점이 있다고 가정합시다. 특정 집단이 세력을 뻗쳐 생선 소매 유통업의 절반, 정확성을 기하기 위해 가령 생선가게 1만 개를 장악했다고 합시다. 이 집단은 생선가게를 자유롭게 운영하던 1만 명의 경제적 독립인을 파괴했습니다. 이 사람들을 자신들과 아무런 인간적 관계가 없는 탈인격화된 상전의 변덕스러운 결정 때문에 언제 쫓겨날지 모르는 임금 노예로 만들었습니다. 그뿐 아니라 이 집단은 항구에서 육지로 생선을 보내는 사람들에게 가격을 일방적으로 통보하고 수산업의 성격과 방향을 전적으로 통제하는 지위로 올라섰습니다. 이것은 명백한 사회 권력 찬탈이므로 부숴버려야 합니다.

(2) 복합 점포도 차등 과세로 불이익을 주어야 합니다. 다루는 범주들의 수를 기준으로 삼아 말이지요. 구체적으로 설명해보겠습니다. 하나의 복합 점포(또는 백화점)가 가령 50개 범주를 겸합니다. 약국, 제화점, 주류점, 담뱃가게 노릇도 하고 문방구 노릇도 하는 식이지요. 또 어떤 복합 점포는 70개 범주, 어떤 복합 점포는 25개 범주를 겸합니다. 우리는 범주의 개수

로 과세를 차별화할 필요가 있습니다. 작은 유통업자가 주된 영업 활동에 더해 추가 활동을 할 수는 있겠지요. 신문도 팔고 담배도 판다든지 하는 식으로요. 하지만 너무 많은 범주에 발을 들여놓으면 차등 과세를 물려야 합니다. 지금은 주요 백화점의 엄청난 수의 범주들을 상대해야 하지만 진작 그렇게 했으면 영역을 넓힐 엄두를 못 냈을 겁니다.

물론 이런 제도 탓에 관료주의가 확대된다, 다양한 범주들을 정의하기 어렵다 같은 반론이 가능합니다. 이 모든 개혁에서 한동안은 관료주의적 행위가 확대되어야 하는 것은 사실입니다. 현대 세계의 성격상 개혁에 성공하려면 국가로부터 최소한의 도움을 받는 것이 불가피합니다.

하지만 실제 위험은 보기만큼 그리 크지 않습니다. 다양한 소매 유통 형태가 상당히 잘 정착되어 있으니까요. 일반 상식에 맞게 구분되어 있고 또 많은 경우 국가로부터 허가를 받거나 담뱃가게처럼 국가로부터 면허를 구입해야만 영업이 가능합니다. 이런 인허가 제도를 더 많은 사업 영역으로 확대하기만 하면 됩니다.

담뱃가게를 할 때도 주류점을 할 때도 면허가 필요합니다. 식료품점, 생선가게도 면허제를 도입합시다. 사업을 하려면 면허 취득을 당연하게 여기도록 만듭시다. 한두 가지 면허만 얻으려 한다면 쥐꼬리만큼만 비용을 받읍시다. 하지만 신청하는 면허의 수가 많아질수록 비용이 점점 가파르게 오르도록 만듭시다.

(3) 세 번째는 매출에 붙는 세금입니다. 사업장이 하나뿐인 대형 소매 유통업자는 영업 종목이 하나뿐이더라도 체인점을 소유한 대형 유통업자나 복합 백화점만큼이나 그 나름의 방식으로 작은 유통업자에게 파괴적입니다. 충분히 높은 일정 수준까지는 매출에 세금을 매기지 말고 그다음부터는 가파르게 올려서 감히 덩치를 키울 엄두를 내지 못하게 만듭시다.

이제 정반대로 작동하는 두 번째 경제 정책을 알아봅시다. 차등 과세를 적용해 대형 유통업자한테 거둔 돈, 대형 유통업체로 분류되는 지점과 차등 과세가 덩치를 불릴 엄두를 못 내게 만드는 지점 사이의 중간 지대에서 들어오는 돈을 큰 유통업자로부터 작은 유통업자를 보호하는 데 써야 합니다. 나중에 별도의 장에서 다루겠지만 이 돈은 작은 유통업자가 속하는 동업조합의 공동 자금을 만들고 유지하는 데 써야 합니다. 예외적으로는 심지어 작은 소유자의 창업을 돕는 지원금으로 써야 합니다.

여기서 이런 반론이 나올지도 모릅니다. 우리가 작은 유통업자들을 구하고 그 수를 늘리려고 하지만 그들은 말만 사업자지 실은 이미 머슴이 되었으니, 많은 경우 이런 개혁은 생산적 효과를 전혀 못 거둔다는 것이지요. 담뱃가게만 하더라도 그렇습니다. 도매 생산업자와 유통업자는 소매 담뱃가게를 자기 하수인처럼 만들었습니다. 자기가 부르는 값에 사고 팔지 않으면 없애버리겠다고 소매 담뱃가게를 협박합니다. 자본가의 전횡이죠. 요식업계에서 특정 회사의 술만 파는 주점과 마찬가지입니다. 이 문제에 대한 처방은 별개의 문제라서 나중에 생산과 도매 유통의 통제에 필요한 개혁을 논할 때 다루기로 하겠습니다. 지금은 소매 유통을 복구하는 데 필요한 개혁 방안을 제시하는 게 우선이니까요.

앞에서 말한 대로 혼자서 일하는 장인과 공방을 운영하면서 몇 사람을 쓰는 공인을 복구할 가능성은 작은 유통업자를 복구할 가능성보다 훨씬 적습니다. 이유는 두 가지입니다. 먼저 많은 품목에서 거대 자본 집단의 집중된 생산은 개별 집단이나 중소 집단보다 '약간' 싸게 생산하는 정도가 아니라 '엄청' 싸게 생산합니다. 물론 모든 부문에서 그런 건 아니지만요. 다음으로는 (이게 정말로 더 중요한데) 유행과 습관이 끼어들어서 병폐를 거듭니다. 구입자는 선택하는 습관과 욕망을 잃어버렸거든요.

저는 이 영혼의 질병이 염가 생산이라는 단순한 기계적 사실보다 더 중요하다고 말씀드립니다. 현대인이 다 그렇지만 은근한 물질주의에 익숙해진 사람들의 귀에는 기상천외하게 들릴지도 모르겠습니다. 하지만 다른 분야에서도 그렇지만 여기서도 지배하는 것은 정신이지 물질적 조건이 아닙니다. 한번 생각해보세요. 우리가 사는 현대 세계에서 선택이 행사될 때 그 효과가 실제로 어떨지, 그리고 선택의 범위가 널리 확대될 때 그 효과가 어떨지 말입니다.

특정 지역에서는, 그리고 아주 많은 사람을 상대하는 특정 업종에서는, 아직도 선택이 행사되고 있고 그 효과가 아주 크다는 것은 익히 알려진 사실입니다. 예를 들자면 랭커셔에 사는 직공들은 체셔 치즈 수요가 높지요. 그 사람들은 자기들이 원하는 걸 알고 그걸 고집합니다. 다른 걸 주거나 질이 떨어지는 걸 주면 받아들이지 않을 겁니다. (사실 제한된 영역이긴 합니다만) 선택의 효과가 빛을 잃지 않은 또 다른 사례가 있습니다. 중상류층을 상대로 하는 특정한 가구나 디자인 같은 범주입니다. 거의 모든 영역이 그렇지만 가구나 디자인 분야에서도 올바른 과정이 대체로 뒤집혔습니다. 사람들은 자기들이 선택하는 것이 아니라 자기들에게 강요되는 것을 삽니다. 공급이 수요를 통제하지 수요가 공급을 통제하지 않지요. 하지만 가구업에 종사하는 사람이라면 누구나 알겠지만 비싼 가구 쪽에서는 충분한 선택의 폭이 남아 있어서 상당한 효과를 낼 수 있습니다. 선택 전반의 습관을 되살리는 것과 같은 도덕적 혁명을 일으킬 수 있을지는 직접 해봐야만 알 수 있겠지요. 어떤 영역에서는 성공했고 어떤 영역에서는 실패했습니다. 하지만 대부분의 영역에서는 시도조차 이루어지지 않았습니다. 개인의 의지로 이게 낫다 저게 낫다 선택권을 행사해서 바라는 걸 얻는 것은 장인에게, 개별 공인에게, 주문받고 물건을 만드는 사람에게, 얼굴을 맞대고 같이 일하며 가르치며 몇 사람을 고용하는

업자에게 기회의 장을 넓혀준다는 뜻입니다.

여기서는 경제적 독립을 복구할 수 있는 영역이 상당히 제한적임을 인정해야 합니다. 집중된 기계식 생산은 어떤 제조업 분야든지 어쩔 수 없이 오랫동안 경제 부문의 많은 영역을 차지할 겁니다. 그렇지만 경제적 독립의 도덕적 효과를 퍼뜨리고, 그렇게 해서 현대인이 경제적 독립이라는 생각에 익숙하게 만들려면 생산 부문의 일부에서 아무리 적은 수의 공인이라도 '인가와 동업조합'으로 보호해 다시 살려내는 것보다 더 가치 있는 일은 없을 것입니다.

예를 들어 집중된 기계식 수단에 기대지 않고 몸소 배운 기술을 발휘해 소규모로 간단하거나 그보다 조금 더 손이 가는 장식 목재 가구를 만드는 사람이 있습니다. 옛날에는 그런 공인들이 공동체에 필요한 가구를 모두 만들었지만 이제 그럴 수야 없겠지요. 앞으로도 오랫동안 공인은 극히 일부만 차지할 겁니다. 하지만 지금보다 다섯 배, 심지어 열 배, 어쩌면 그 이상으로 수를 거뜬히 늘려서 공동체의 귀감으로 삼을 수는 있습니다. 그뿐인가요, 이제는 사람들 눈에 낯설어졌지만 모양이 제대로 된 가구가 나올 수 있습니다. 어쩌다 일부 자본가 집단에게 가장 싼 것으로 눈에 띄어 대량 생산된 흉측한 모양이 아니라 말입니다.

물론 우리의 노력이 시작 단계에서는 광활한 들판 언저리에서 그저 깨작거리는 수준도 못 된다는 것을 인정해야 합니다.

우리의 반대편에 선 사회주의자들이 보면 처음에는 하찮을 뿐 아니라 우스꽝스러울 겁니다. 처음에는 윌리엄 모리스* 일파가 거둔 효과보다 훨씬 못 미치는 효과를 내겠지요. 왜냐하면 그 사람들은 속으로는 경제적 독립을 좋아했지만 스스로 사회주의자라고 불렀고 그러다 보니 재산이 무엇인지 잊어버린 사람들이 약간 존중하며 주장을 귀담아들어주었거든요. 하지만 우리가 도덕적 효과에다가 확실한 정치적 무기까지 얹는다면, 다시 말해서 대기업을 희생해서 작은 장인을 지원하고 보호한다면, 동업조합 제도를(이 책 뒷부분에서 이 문제를 다루겠습니다) 입법화해서 작은 장인의 지위를 뒷받침한다면, 우리는 19세기의 호사가들이 만들어냈던 효과보다 더 많은 효과를 거둘 수 있을 겁니다. 물론 그 당시에는 비율로 따졌을 때 살려낼 수 있었던 독립 장인들이 지금보다 훨씬 많았지만요.

따라서 우리는 앞서 점포의 경우처럼 장인의 경우도 정치 원리에 혁명을 일으키는 데 주력해야 합니다. 새로운 발상을 받아들여서 새로운 입법을 해내야 합니다. 산업 자본주의를 세웠던 법을 뒤집어야 합니다. 우리는 큰 유통업자에 맞서 작은 유통업자를, 큰 제조업체에 맞서 작은 공인이나 기계를 쓰지만

. **윌리엄 모리스**(William Morris, 1834~1896) 영국의 예술가, 작가, 사회주의 운동가. 19세기 말 미술공예운동을 주도함으로써 산업주의의 대량 생산이 만들어내는 조잡한 공예를 배척하고 수공업을 복원하여 고딕의 아름다움을 부활시키려 노력했다. 모리스의 혁신적인 운동은 1860년대부터 건축가와 공예가의 큰 호응을 받았을 뿐 아니라 직공을 예술가로 끌어올리는 데 기여했다.

규모가 작은 제조사를 인위적으로 이롭게 하는 구속력 있는 법과 실행력 갖춘 제도가 필요합니다. 물론 그것은 '비경제적'입니다. 바꿔 말해서 노력이 들어갑니다. 하지만 오늘날 대자본가들이 개인적으로 누리는 사치품도 그렇습니다. 모양이 추하지도 않고 기계적이지도 않은 잘 만든 가구 한 점은 대량 생산으로 찍어낸 가구 한 점보다 비용이 더 듭니다. 하지만 그 값을 치를 때 우리는 사회를 위해서 뭔가를 사는 것입니다. 사회가 충분히 공을 들일 만한 것, 우리 눈에는 싸구려 가구보다 훨씬 가치 있는 것입니다. 그 '뭔가'는 시민 의식이자 노예로부터의 탈출입니다.

여기서 저는 이 글을 읽는 독자가 머릿속에 떠올릴 만한 반론을 한번 알아맞혀볼까 합니다. "이건 다 헛소리다. 왜냐하면 현대 산업 국가에는 그런 정치적 변화를 준비할 정신 자세가 전혀 안 돼 있거든." 안 돼 있는지도 모르지요. 하지만 아무튼 그게 변화를 불러낼 수 있는 유일한 길입니다. 그런 방식으로 작은 유통업자와 작은 수공업자는 다시 설 수 있습니다. 모든 영역에서 그렇게 되지는 않습니다. 처음에는 지금의 작은 소수 집단보다는 좀 더 큰 소수 집단에 불과하겠지요. 하지만 처음부터 공동체 안에서 아주 많은 수를 차지하지 않더라도 지금보다는 더 안전할 겁니다. 그리고 그 수도 점점 늘어날 겁니다.

하지만 수가 얼마인지를 떠나서 우리가 작은 소유자를 안전하게 만든 다음에는 그 안전한 작은 소유자의 존재만으로도 치유 효과가 생깁니다. 작은 소유자의 존재는 자유와 제도의 좋은 본보기가 되며, 바라건대, 그 사람의 이웃들에게 여건이 허용한다면 임금 노예에서 독립인으로 처지를 바꿔보라는 암시를 주게 됩니다.

우리의 정책이 큰 성공을 거두어서 지금 가능해 보이는 한계를 뛰어넘더라도, 개별 공인이라든가 기술자 몇 사람을 고용한 작은 주인, 작은 점포를 꾸린 개별 가정이 들어설 자리가 없는 분야는 여전히 아주 넓을 것입니다. 현대의 생산과 거래의 방대한 영역은 어쩔 수 없이 거대한 단위들을 상대할 것이고 거대한 단위들하고만 상대할 것입니다. 이 문제를 어떻게 다루어야 할까요? 현대 사회의 성격상 작은 단위는 들어설 자리가 없는 경제 활동의 드넓은 영역에서 잘 나뉜 재산을 어떻게 다시 세울 수 있을까요?

이제 이 질문에 대한 답을 다루려고 합니다. 그다음에는 어떻게 비슷한 정책을 토지에 적용할 수 있는지 알아보려고 합니다. 마지막에는 작은 재산의 지위를 동업조합과 인가로 굳히는 데 필요한 정치 조직과 작은 재산이 복구된 이후의 신용 문제를 다루겠습니다.

4장

독점 해체하기

앞 장 끝 부분에서 말씀드렸지요. 작은 유통업자를 '어느 정도' (하지만 가급적 많이) 복구하고 공인을 어쩔 수 없이 그보다 덜 (하지만 가급적 많이) 복구하는 비교적 수월한 작업 이후에, 더 심각한 작업, 다시 말해서 일의 성격상 대장간, 공방, 식료품점과는 달리 '따로따로' 처리할 수 없는 생산, 유통, 수송 따위의 거대한 단위에서 소유권을 분산시키는 일과 씨름해야 한다고요. 영국처럼 고도로 산업화된 나라는 이 거대한 단위들이 거의 모든 분야에 걸쳐 있고 현대의 거의 모든 강국들도 많은 분야에 적용됩니다. 심지어 아직 농업이라고 부를 수 있는 영역에서도 눈에 띌 정도입니다.

지난 두 세대 동안 큰 단위가 차지한 영역은 갈수록 커졌고 지금도 커지고 있습니다. 작은 유통업자와 작은 공인을 되살려내기 어려운 경제 영역은 늘어나고 복구할 수 있는 영역은 줄어드는 추세입니다.

이런 추세는 아주 다른 두 가지 원인에서 비롯되는데 둘을 구분하는 것이 굉장히 중요합니다. 특히 현대 경제에서 이 문제를 논하는 사람들이 대부분 몹시 혼동하거든요. 첫 번째 원인은 이렇습니다.

⑴ '사용되는 도구의 성격상' 대규모로 작업해야 하는 경제 단위가 있습니다. 대표적 사례가 철도망입니다.

두 번째 원인은 이렇습니다.

⑵ 일의 성격상 그런 것은 아닌데 자꾸 커지는 경제 단위가 있습니다. 사용되는 도구를 모아 놓고 조합해서 중앙에서 통제해야 하기 때문이 아니라, 경쟁에 들어가는 비용을 없애고, 통합 덕에 작업 방식까지 완성도가 더 높아지는 거죠.

여기서 작용하는 힘은 기계적이지 않습니다. 사람들의 성향이 문제이지 관련된 도구들의 성격하고는 전혀 상관없거나 거의 무관합니다. 무분별한 경쟁이 가져오는 효과와 훨씬 더 관련이 깊습니다.

독점의 원리는 체인점과 대형 매장에서 분명히 확인했지만 생산과 유통에서도 당연히 똑같이 작용합니다. 덩치 큰 버스

회사 연합체들이 작은 버스 회사들을 삼키는 걸 보세요. 하나의 거대한 '연합체'로 성장하는 논리적 수순을 밟을 테죠. 축음기 음반 같은 걸 집중화된 거대한 공장에서, 중앙에서 통제하는 수많은 공장에서 만드는 경우도 마찬가지입니다. 예를 들라면 당연히 수십 가지는 더 들 수 있습니다.

다시 말씀드리지만 이 두 가지 추세를 구분하는 것은 정말 중요합니다. 둘을 아주 다른 방식으로 다루어야 하거든요. 아직도 산업 자본주의를 옹호하는 몇몇 사람들과 똑같은 종류의 사고방식으로 사회주의를 지지하고 그 논리적 귀결점일 수밖에 없는 공산주의를 옹호하는 사람들은 통합이 불가피하다고 누차 말합니다. 그들은 통합을 '경제적 필연'이라고 부릅니다. 생산이나 수송의 특수한 목적을 이루는 데 더 효율적이고 더 저렴한 도구나 방식은 그보다 덜 효율적이거나 덜 저렴한 도구나 방식을 필연적으로 몰아낼 수밖에 없다는 것이지요. 그들은 이런 주장을 통해 더 탐욕스럽고 더 영악스러운 사람이 더 너그럽고 덜 깨친 사람을 집어삼키는 것이 필연적이라는 뜻을 내비치기도 합니다.

그렇게 말하는 사람들은 여기서 자기들이 말하는 '필연'과 사람의 의지와 무관하게 보편적 물리 법칙으로 인한 필연을 혼동합니다. 사용되는 도구가 그 자체로 자꾸 더 큰 단위를 강요하지 않는다면 자꾸 더 큰 단위로 통합하는 것은 '필연적'이지 않습니다. 여기서의 '필연'은 특정한 인적 제도를 선택했을 때 뒤따르는 결과로서 논리적 필연입니다. 시합의 규칙을 특정한 방식으로 정해 놓으면 필연적으로 특정한 결과가 나오겠지만 시합의 규칙을 바꾸면 더는 같은 결과가 나오지 않을 것입니다.

시계를 훔친 사람을 처벌하지 않겠다고 선언하면 다른 물건에 비해 시계 절도가 필연적으로 크게 늘어날 겁니다. 폭행을 처벌하지 않으면 도처에서 힘이 약한 사람이 강한 사람에게 괴롭힘을 당할 겁니다. 마찬가지로 경쟁이나 소유의 규모나 통합의 크기나 통합의 통제에 아무런 제약이 없으면 필연적으로 경제 단위가 커지는 쪽으로 나아가겠지요. 하지만 그것은 규칙을 그렇게 정했기 때문에 생겨난 '필연'입니다. 규칙을 바꾸면 사라집니다.

그렇지만 사용되는 도구의 성격상 대규모로만 사용되어야 한다면 그때는 큰 경제 단위가 정말로 필연적입니다. 앞에서 철도를 대표적 사례로 들었습니다. 에스파냐 북부의 빌바오에서 레온까지 철도를 놓으려면 막대한 비용이 들어가겠지요. 철도를 깔 자리를 준비하기 위해 다리를 놓고 언덕을 파내고 산을 뚫어 터널을 내야 할 테고 그다음에는 기관차도 객차도 다 마련해야 합니다. 아주 큰 단위가 아니고서는 이걸 운영할 수가 없습니다. 하지만 빌바오에서 레온까지 이미 도로가 나 있는데, 그 도로를 달리는 모든 버스를 큰 기업 연합체 하나가, 혹은 부자 한 사람이 소유하는 것은 '필연적'이지 않을뿐더러 중앙에서 다 통제하는 것도 필연적이지 않습니다. 우리가 제약 받지 않는 경쟁을 허용할 때만, 다시 말해서 우리 사회와 법률이 재산은 안전하게 지켜주되 재산의 좋은 분산은 안전하게 지켜주지 않도록 조직되었을 때만 그렇게 흘러갈 겁니다.

제 생각에 뚜렷이 구분되는 이 두 개의 큰 단위 집단을 다루려면 네 가지 정책이 필요합니다.

1. 큰 도구로만 직업이 가능해서 '필연적으로' 단위가 커지는 문제는 큰 단위를 작은 단위로 교체할 수 있는 기회가 없을지 새로운 발견이 그것을 가능하게 할 때마다 부지런히 살펴봐야 합니다. 하지만 그런 기회가 없더라도, 큰 단위가 불가피하더라도, 그 큰 단위를 통제할 수 있어야 합니다. 우리가 그 큰 단위의 주식을 잘 분산된 재산으로 만들어내기 위해서라도 그 큰 단위를 공동체의 사업으로 유지하기 위해서라도 말입니다. 예를 들면 우리 시대의 집중화되는 기계식 생산 중 대부분은 고가에다 필연적으로 집중화되는 증기력이 인력을 대체했을 때 생겼습니다. 지금은 널리 분산된 전력을 이용해 분산화가 가능합니다. 동력에 차등 과세를 하면 이런 효과가 나겠지요. 전력이 대규모로 사용될 때보다 소규모로 쓰일 때 단위당 전력이 더 싸도록 차등 과세를 해야 합니다.

2. 통합과 큰 단위들의 형성이 도구의 성격이 아니라 무분별한 경쟁 때문이라면 점포와 공방의 경우처럼 이 과정을 의도적으로 뒤집어야 합니다. 통합을 제재하고 단위들의 분할을 지원

해야 합니다. 예를 들어 밀을 빻아 밀가루로 만드는 제분은 몇 개의 큰 제분소가 독점하게 됐고 이 제분소들은 제1차 세계 대전에서 이득을 보았습니다. 차등 과세로 이 제분소들에 벌금을 물리고 거기서 생긴 돈으로 작은 제분소들을 지원해 복구하는 것은 당장 가능하겠지요.

3. (거의 모두가 가능할 텐데) 단위마다 따로따로 주식을 소유하는 것이 가능한 경우 주주의 수를 가급적 늘려서 한 사람이 주식을 지배하는 것을 막는 데 주력해야 합니다.

4. 경제 단위가 주주들에게 제대로 책임을 지는 법 없이 운영되고 심지어 실제로 주식을 소유하지도 않은 사람들이 주식을 통제하는 이른바 '무책임한 지배'라고 하는 현대의 전형적 병폐에 맞서 특단의 조치를 취해야 합니다.

네 가지 정책을 하나하나 살펴봅시다.

1. (19세기 이후로 사람들이 제멋대로 단정하듯) 발견과 적용의 과정은 반드시 큰 단위로 흐르지 않습니다. 새로운 발견과 새로운 적용이 비싸지 않은 도구는 제쳐 두고 비싼 도구만 불가피하게 요구하지는 않습니다. 그것이 불가피하다는 발상은 이른바 '과학적' 사고가 대부분 그렇지만 문제의 논리적 본질을 헤아리지 않고 맹목적이고 습관적인 경험에서 끌어낸 비합리적 결론입니다.

현대식 기계를 쓰기 시작하면서 사람들은 기계가 효율성이 높을수록 점점 더 비싸지고 대개는 크게 집중화된 방식으로만 훨씬 더 잘 쓰인다는 사실을 체득했습니다. 작은 생산 단위에 훌륭히 쓰일 법한 새로운 도구가 나타났지만 대규모 생산 체계가 이어진 지 이미 한참 지났고 더욱 가속이 붙은 뒤였습니다. 일찍 자리 잡은 큰 단위의 생산 체계에 가속이 붙었다는 바로 그 이유 때문에 새로운 기회는 충분히 활용되지 못했습니다. 먼저 전기 모터가 등장해 동력을 거의 무한정 쪼갤 수 있게 해주었고 그다음에는 내연 엔진이 특히 운송에 필요한 동력을 더욱 잘게 쪼갤 수 있게 해주었습니다. 둘 중에는 내연 엔진을 이용할 때 좀 더 이로웠지만 두 경우 모두 통합 탓에 이익은 급속히 유명무실해졌습니다. 이 통합은 도구의 특성과는 무관하게 고삐 풀린 경쟁과 정치적 부패의 결과로 생겨날 수밖에 없었지요. 부자는 빈자를 집어삼켰고 자신의 초라한 경쟁자에게 족쇄를 채우는 규제를 통과시키라고 '압력'을 넣었습니다. 그 온갖 형태의 뇌물과 공갈에서 '압력'이 뜻하는 바를 모든 의회는 잘 압니다.

우리는 새로운 도구와 관련하여 어떤 미래가 다가올지 알 수 없지만, 어쨌든 이미 손 안에 있는 도구만을 놓고 보면 잘 나눠 갖는 체제가 확산될 수 있는 영역은 무한히 넓습니다.

앞에서 말한 대로 도구가 아주 비쌀 수밖에 없는 경우에는 두 방법 중 하나를 택할 수 있겠지요. 하나는 도구 소유권의 주식 분산을 장려하는 것인데, 어떻게 소유권을 제대로 나누고 어떻게 주식이 무책임한 지배 아래 들어가는 것을 막을지는 나중에 논하겠습니다. 다른 하나는 동업조합이 되었건 국가가 되었건 공동 소유 원칙을 받아들이는 것입니다. 하지만 국가 소유는 가급적 피하는 것이 좋겠다는 조건을 달아야 합니다. 왜냐하면 개인은 동업조합과 달리 국가에 대해서는 아무런 통제력을 행사하지 못하니까요.

물론 국가 소유는 아주 부유한 몇 사람의 소유보다 낫고, 심지어 부자 몇 사람에게 휘둘리는 다수 소액 주주의 소유보다 낫습니다. 부자들은 영국의 회사법 같은 것을 이용해 다수의 소액 주주를 제멋대로 주무르지요. 하지만 국가 소유에는 항상 위험이 도사리고 있습니다. 국가가 소유한 도구로 일하는 사람들은 상전인 국가가 제공하는 주급 이외에 다른 지원을 제공받지 않는다면 임금 노예로 전락합니다. 아직 아니라면 조만간 그렇게 되겠지요.

대체로 결과가 그렇게 나타나지만 반드시 그렇다는 것은 아닙니다. 예를 들어 벨기에와 이탈리아의 철도 체계를 보면 벨기에 철도는 예전에 국가 소유였고 이탈리아 철도는 지금도 국가 소유지만, 두 나라 모두 국가 소유일 때 잘 굴러갔고 공동체에 아주 유익했으며 이른바 '대의 제도'가 항상 야기하는 부패로부터 신기하게도 자유로웠습니다. 두 나라의 의원들은 제가 보기에는 깨끗하고 효율적으로 작동하는 관료제에 경영을 맡겼습니다. 물론 독점과 연결된 요직에는 자기들이 앉거나 자기들의 측근을 앉힐 때가 왕왕 있었지만요. '국가 소유'가 비효율과 부패로 흐르는 경향이 있긴 하지만 언제나 나쁘다는 원칙에서 출발해서는 안 됩니다. 그보다는 인가받은 '국가 보호'가 무책임한 독점을 막는 데는 필수적이지만 명백한 수탈을 보일 때는 어디서든지 가급적 피해야 한다는 조건에서 출발해야 합니다. 이 체계에서 노동자들로 구성된 인가 동업조합은 재부의 더 좋은 분산을 확보하는 공동 소유제의 한 형태가 될 것입니다. 우리가 앞으로 검토하려는 규칙들을(모든 주식회사에 적용되고 주식 재산을 잘 나누기 위해 설계된 규칙입니다) 적용하게 될 인가 주식회사도 마찬가지입니다.

하지만 이 모든 부문에서 잊지 말아야 할 점은 불가피하게 큰 단위가 차지하는 영역은 흔히 사람들이 상상하는 것보다 훨씬 작다는 사실입니다. 철도가 있습니다. 전화와 전보를 포함해서 우체국이 있습니다. 나라의 도로망도 있습니다. 하지만 생산, 유통, 수송의 태반은 이 범주 안에 들어가지 않습니다. 부득이하게 독점으로 흐르지 않습니다. 개선의 여지가 있는 부실한 인적 제도로 인해 그렇게 될 따름입니다.

독점을 허무는 쪽으로 작용하는 새로운 발견이라든가 기존 발견의 새로운 적용은 무조건 키워주어야 합니다. 예를 들어 잘 나뉜 도로 수송보다 철도를 키우는 것은 우리 정책에 역행합니다. 반대로 철도보다 새로운 도로 수송을 육성하는 것은 우리 정책에 적합합니다. 도로 수송은 작은 단위들로 가능하지만 철도는 안 그러니까요.

지방 수송을 지원할 때 지켜야 할 원칙은 작은 소유자는 밀어주되 특히 무거운 물품을 실어 나르는 큰 단위들이 도로를 이용하기 어렵도록 강력한 차등 정책을 내걸어야 한다는 점입니다. 철도 재산은 최소한 대부분의 대자본가 집단의 재산보다 더 잘 분산되었습니다. 반면에 공공이 부담하는 도로 수송망으로 이득을 보는 일부 독점 업체의 재산은 사실상 대여섯 사람의 손 안에 있고 석유의 경우처럼 외국 재산일 때가 많습니다.

2. 사용되는 도구의 성격과는 무관하게 경쟁과 인적 제도로 인해 생겨난 큰 단위들, 곧 합병에 관해서는 체인점 문제에서 제안했던 것과 똑같은 조치를 취할 수 있습니다. 우리는 큰 단위에 벌금을 물리고 모든 면에서 작은 단위에 지원금을 주고 이익을 안길 수 있습니다.

물론 일의 성격상 일정한 크기는 되어야 하는 단위들을 쪼갤 수 있다는 뜻은 아닙니다. 어떤 종류의 생산은 조직이 필요해서 일정한 크기 이상의 단위와 연결돼야 하고, 어떤 종류의 생산은 크기가 더 커야 해서 모두 재산을 잘 분산하려면 재산을 주식회사 형태로 조직해야 할 것입니다. 하지만 핵심은 그 특정 부문의 실제 생산이 요구하는 최대 크기 이상으로 단위들이 합병되지 못하도록 하는 것입니다.

가령 누군가는 이렇게 말할지도 모르지요. "우리는 얼마쯤의 최소 자본 없이는 현대식으로 백열등을 만들지 못한다. 백

열등을 만들자면 그런 단위들이 꽤 많이 존재해야 한다." 맞습니다. 하지만 많은 공장이 꼭 하나로 통합될 필요는 없습니다. 그렇게 하면 생산과 유통 비용이 조금 더 싸질지도 모르고 작업이 조금 더 효율적일지도 모릅니다. 하지만 자유의 상실로 치러야 하는 값은 이만저만 크지 않습니다.

또 하나 놀라운 예는 양조장입니다. 오늘날 양조장은 수가 적어지고 집중화되는 추세지요. 큰 양조장에 벌금을 물리고 그 돈으로 가내 양조장을 포함한 작은 양조장에 지원금을 주면, 우리는 선택의 폭이 늘어나고 맥주 맛이 좋아지는 결과를 얻습니다.

둘이 섞여 있다면 큰 단위보다 작은 단위에 이익을 주어야 합니다. 훌륭한 예가 현대의 신발 생산입니다. 신발은 기계를 이용해 대규모로 생산할 수 있습니다. 수작업으로 하는 공인보다 훨씬 싸게 말입니다. 기계로 생산한 신발은 공인이 만든 신발보다 훨씬 조악하기도 합니다. 하지만 현대의 도시 인구를 생각할 때 기계식 신발 생산을 포기할 수는 없습니다. 그렇지만 수작업으로 일하는 공인을 북돋아서 불가피하게 적어진 수를 어떻게든 가능한 한 늘리려고 노력할 수 있습니다. 기계식 생산에 세금을 물려야 하고 특히 공장들이 합병되지 않게 신경 써야 하고 효율성을 아주 많이 잃지 않고도 작은 공장이 생산할 수 있는 분야에서는 아주 큰 공장이 설립되지 않도록 주의해야 합니다.

바꿔 말해서 어디서나 마찬가지이지만 여기서도 현대 세계의 산업화 과정을 시작했던 사람들이 했던 것과는 정반대로 해야 합니다. 그 사람들이 반동적이라고 불렀을 방식으로 움직여야 합니다. **그 반동의 정신으로 조금이라도 성공할 가능성이 보이는 곳에서는 재산 복구에 모든 노력을 기울여야 합니다.**

3. 작은 단위의 주식회사를 세워서 동업조합이나 동업조합이 불가피한 경우 독점 기업이 통제하는 방식은 주식이 잘 분산되지 않으면 재산을 복구하려는 노력에 전혀 도움이 되지 않을 것입니다.

좋은 분산 효과를 거두려면 세 가지 방식으로 차등 과세를 적용해야 합니다.

첫째, 개별 주식회사 집단의 크기별로 적용해야 합니다. 큰 집단이 작은 집단을 사들이기 어렵도록 만들어야 합니다. 큰 집단이 작은 집단을 파괴하려고 애써도 작은 집단이 어느 정도까지 클 수 있도록 만들어야 합니다.

둘째, 개인별 주식 보유량을 제한해야 합니다. (한 사람이 어느 정도 이상을 보유해선 안 된다고 그저 말만 내던지는) 자의적 입법에 의해서가 아니라 이번에도 차등 과세를 써서 제한해야 합니다. 어느 정도의 주식을 가진 사람이 보유량을 늘리고 싶으면 세금을 내야 하고 세금이 가파르게 올라서 주식 매입은 곧 중단되어야 하고 그렇게 걷은 세금은 작은 주식 보유자의 주식 매입을 지원하는 데 써야 합니다. 우리에게 아주 낯선 원칙이지만 이것 없이는 재산 복구의 첫 발조차 내딛지 못할 겁니다.

셋째, (범주가 전혀 다른 토지와는 별개로) 산업 주식에 자본세를 물려야 합니다. 자본세를 늘리고 소득세를 줄여야 합니다. 그렇게 해야만 대주주에게 제대로 차등 과세를 할 수 있습니다.

비슷한 것으로 상속세가 이미 있지 않느냐고 주장할지도 모르겠습니다. 이런 주장에 대해 저는 비슷하지 않다고 답하겠습니다. 상속세는 한번 만들어진 축재를 막지도 못하고 재분배하지도 못합니다. 그저 개인의 축재 중 일부를 가져와서 이런저런 국가 공무원을 먹여 살리고 비생산적인 국가 부채의 고리대금을 (주로 은행에) 갚을 뿐입니다. 하지만 보유한 주식의 가치에 대해 보유한 양만큼 계속 부과하는 자본세는 우리가 원하는 결과를 저절로 낳을 것입니다.

이런 방식들이 같이 작용하면 주식 보유가 널리 분산되는 결과가 필연적으로 뒤따릅니다.

4. 마지막으로, 주식 보유 문제에서 현대의 가장 고약한 병폐라 할 만한 무책임한 지배에 관해서도 대비책을 마련해야 합니다. 현재 우리가 놓인 상황은 이렇습니다.

A 회사의 주식 51퍼센트를 보유한 한 사기꾼(말은 분명히 해야 하니까요)이 A 회사를 앞세워서 B 회사의 주식 51퍼센트를 사들입니다. 바꿔 말해서 이 사람은 A 회사의 나머지 주주들의 재산, 곧 49퍼센트의 주식을 이용해서 A 회사를 B 회사의 모회사로 만듭니다. 그들에게 아무런 책임도 지지 않고 말이죠. 그

다음에 B 회사에 대한 지배력을 이용해서 C 회사의 주식 51퍼센트를 매입하지요. 이런 식으로 계속 나갑니다. 결국 한 사람 (또는 작은 집단)이 책임도 지지 않으면서 헤아릴 수 없이 많은 주주를 지배하는 겁니다.

물론 실제 과정은 비교도 안 될 만큼 복잡하고 수법도 기기묘묘하겠지만 기본 작동 원리는 같을 것입니다.

이런 상황을 깨려면 원칙을 뚜렷이 세워야 합니다.

(1) 지배력의 기준을 51퍼센트보다 확실히 높게 차라리 90퍼센트 이상까지 끌어올려서 만만히 지배력을 행사할 수 없게 만들어야 합니다. (주식의 '가치'가 아니라) 개별 주주들의 작은 비율만으로도 어떤 정책이나 변화에 충분히 거부권을 행사할 수 있도록 만들어야 합니다.

(2) 기업들의 제휴도, 회사가 법인으로 주식을 매입하는 것도 허용하지 말아야 합니다.

사실 통제가 안 되는 기계적 투표로 인해서 무책임한 지배는 '불가피해'집니다. 주주 총회는 정말이지 전혀 통제가 안 됩니다. 이것은 모든 사회가 지금과는 다르게, 더 작고 훨씬 단순하게 조직되었던 시절에 고안되었습니다. 기업이 꽤 작다면 주주들의 투표 권한이 거추장스러울 이유가 없고, 모든 주요 사안에 대한 표결을 우편으로 하지 않을 이유가 없습니다. 그런데 어떤 제안이 그토록 중요하길래 주주들의 의견을 모아야 할까요? 재산이 훌륭히 분산되고 주식 보유도 잘 분산된 틀을 유지하고 작은 단위들이 성장하면, 핵심 노선에 따라 금세 상식적으로 판단할 수 있을 겁니다.

가령 (제 기억으로는) 주요 노선에 문제가 있던 회사가 있었습니다. 몇 해 전 주주가 아주 많은 회사가 한 '운영자'(본인이 그럴싸하게 붙인 명칭입니다)에게 장악된 적이 있습니다. 많은 호텔을 거느린 회사였지요. 제가 정확히 기억하는 게 맞다면 그 사람은 제가 앞에서 간단히 설명했던 방법으로 회사를 '지배'했습니다. 자신이 직접 보유한 호텔의 재산은 없었습니다. 간접적으로 지배하기도 했지만 지분이 아주 작았습니다. 그런데도 전체에 대한 그 사람의 지배력은 절대적이었습니다. 그 사람의 본업은 공교롭게도 가구 판매였습니다. 가구를 직접 제작하는 사업가였는지 아니면 또 다른 운영들을 거치면서 손에 넣은 것이었는지는 잊어버렸습니다만, 아무튼 그 사람은 필요하지도 않은 가구를 호텔이 적정 가격보다 높은 값에 구입하도록 만들면서 가구 판매상으로서 자기 호주머니를 채우느라 호텔들을 완전히 벗겨 먹었습니다. '운영자'가 이런저런 업무상 과오를 범하는 바람에 피해자들이 소송을 걸면서 이 사건이 탄로나서 입길에 오르게 되었지요. 이런 일이 온갖 변종을 낳으며 사방에서 기승을 부립니다. 이걸 견제하지 않고 내버려두면 주식 보유의 안전성과 건강한 분산은 불가능해집니다.

이런 지적을 하면 앞에서도 그랬지만 현실을 몰라서 하는 소리 아니냐는 반론이 나올 겁니다. 현대 세계의 구조 전체가 그렇게 되어 있다는 것이죠. 산업 자본주의의 병폐는 이제 무르익었다, 뿌리를 완전히 내렸다, 갈 때까지 가서 이제는 온갖 합병증이 '자리를 잡았다', 아무리 막강한 독재 권력이 있더라도 일부라도 원래대로 되돌려 놓으려 했다간 폭삭 무너진다, 하물며 독재 권력조차 없이 감히 그런 일을 할 생각은 꿈에도 하지 마라, 여론의 호응도 절대로 없을 거다, 지금의 여론이란 게 바로 당신이 파괴하려고 애쓰는 그런 풍토 자체에서 생겨난 거다.

이런 반론에 맞서 저는 재산을 복구하려는 우리의 노력은 완전함을 추구하지 않고 기존 체제 전반을 상당히 뒤흔들 변화조차 추구하지 않는다는 답변을 먼저 드립니다. 우리가 추구하는 것은 물꼬를 트는 것입니다. 공인의 경우에서도 보았지만 우리는 추하고 불완전한 물건들이 기계적으로 쏟아져 나와서 공인이 만든 한결 나은 생산물을 몰아내기 시작하기 이전으로 되돌아 갈 수 없음을 압니다. 우리가 살아 있는 동안 대형 매장이 사라지고 더 작고 훨씬 유용한 점포들이 자리 잡는 모습을 볼 수 있다는 희망을 품기 어렵다는 것도 압니다. 상당한 시간이 지나도 치명적인 복합 점포 체계를 크게 줄일 수 있으리라는 희망도 품기 어렵고 그래서 주식을 뒤섞는 폐해도 대대적으로 빠르게 바로잡기 어렵다는 것도 압니다. 하지만 유통업자와 공인의 경우에서처럼 우리는 단초를 마련할 수 있습니다. 미심쩍더라도 씨앗을 심어서 그 씨앗이 자랄 것이라는 희망을 품어볼 수 있습니다.

산업체의 주식 보유 문제나 단위의 크기를 줄이고 무책임한 기업 지배를 없애는 문제에서 우리의 지향점은 그런 식이어야 합니다.

그리고 전체 과정을 성공으로 이끄는 아주 강력한 요소는 많은 국민이 누가 얼마나 많은 것을 가졌는지 아는 것이고 지금 눈앞에 펼쳐진 병폐의 절반을 차지하는 은폐주의를 줄기차게 공격하는 것입니다.

둘째, (앞에서 이미 말씀드린 대로) 제가 두려워하는 것 자체가 이율배반일지도 모르지만, 노력을 기울여도 아주 제한된 영역에서조차 완전해지기는 어렵고 처음부터 만족스럽기도 어렵고 심지어 실패할 가능성이 아주 높다는 답변을 드립니다. 그런 시도가 일부라도 성공하는 것을 막으려는 세력은 곳곳에 존재하고 잘 조직화되어 있으며 설상가상으로 동물적인 감각이 발달했습니다. 오늘날 영국에서 자본주의와 사회주의라는 쌍둥이는 마치 자연의 공기처럼 당연하게 여겨집니다.

작은 규모로도 치유를 모색하면서 대응하기란 쉽지 않겠지만 그래도 그런 시도라도 해야 하는 이유는 다시 한번 말씀드리지만 안 그랬을 때 나타나는 결과가 뻔하기 때문입니다. 재산을 복구하지 않으면 우리는 노예제를 복구하게 됩니다. 우리 산업 사회는 이미 절반 이상 그리로 넘어갔습니다. (아주 부유한 한 사람이든 사람들 집단이든 국가든 누군가에게 예속되는) 노예제가 나쁜 것인지 좋은 것인지 여기서는 논하지는 않겠습니다. 다만 잘 분산된 재산이 없으면 재산도 없으며 지금 이대로 내버려두면 노예제가 반드시 찾아든다는 사실만 말씀드립니다.

많은 이들이 대기업의 주식이 아무리 잘 분산되더라도 경제적 자유를 실현하기에는 아주 불완전한 방법이라고 말합니다. 정말로 완전한 경제적 자유는 사람이 자기 생업에 필요한 생산 도구를 직접 소유했을 때만 존재한다는 것입니다. 목수가 자신이 소유한 연장으로 식탁을 만들 때와 철도 주식, 회사채, 국채, 지방채 따위를 보유했을 때는 역할이 아주 다르다는 것입니다. 목수는 공인으로서 자기 일을 완전히 장악하고 인격이 살아 있지만, 주주로서 지닌 장악력은 멀고 간접적이고 대체로 비인격적이니까요.

이 비판은 지극히 정당합니다. 현대의 주식과 채권 보유 구조는 완전한 경제적 자유를 적대시하는 풍토에서 조성되었으며 그 열매는 그런 자유와 어울리지 않습니다.

그러나 복원 정책은 현실도 고려하지 않으면 안 됩니다. 공채로 연간 30파운드를 벌고(분산을 칼같이 정확히 하면 한 가정에 평균 이 정도가 돌아갑니다) 회사채, 주식으로 다시 가령 연간 30파운드를 버는 목수가 있습니다. 금융 자본가 계급이 사회 생산물의 노른자를 자기네만 누리려고 싹 걷어가는 사회에서 본인의 생업에만 의존하는 목수도 있습니다. 전자가 후자보다 훨씬 더 독립적인 지위를 누립니다. 여분이 있으니까요.

5장

경제 개혁의 본질
- 토지 재산의 복구

　재산의 복구는 역사상 거의 언제나 어디서나 일차적으로
'땅'이라는 재산의 복구를 뜻합니다.

　임금 노예가 되면 소득으로만 생각합니다. 경제적으로 자유
로우면 재산으로만 생각합니다. 산업 사회에서 살아가는 대부
분의 현대인은 경제 개혁의 본질을 소득 재분배로 봅니다. 그
들에게 재산은 일정한 소득을 확보하기 위한 제도를 뜻할 뿐
입니다. 자유인은 정반대로 생각합니다. 소득은 재산의 열매라
고 생각합니다. 그리고 재산의 대표적이고 근본적 형태는 바로
'땅'이라고 여깁니다. 동방의 전제 사회나 야만적 유목 사회에
서 땅은 이론으로도 부정되고 현실에서도 부재하지만, 서양 세
계에서는 세계가 발전하는 동안 내내 땅이 시민 의식의 수호자
였고 시민 의식의 토대였습니다.

　사정이 이렇다 보니 서양 세계 어디서나 (다시 말해서 기독교

세계 어디서나) 널리 분산된 토지 재산을 지키려 하고, 상실했을 때는 복구하려는 본능이 있습니다. 서양 문명이 안정되었던 시기에는 언제나, 적어도 자유인 사이에서는 그런 광범위한 재산의 분산이 지배적이었습니다. 예외적인 상황이 되었을 때는 사회가 힘들어졌습니다. 그리고 정치적으로는 자유롭지만 경제적으로는 자유롭지 않은 사람들이 존재하는 부자연스러운 상황에서 위험한 갈등이 생겨나 때로는 폭력으로 사회를 변모시키는 결과를 초래했습니다.

로마 제국의 전성기가 끝나갈 무렵 제국의 심장부에서 바로 그런 일이 벌어졌습니다. 암흑기 중세 시기에 잘 분산된 토지 재산이 차츰 다시 나타났습니다. 중세에는 그것이 보편적 규칙이었습니다. 중세 초기에는 영주를 위해 일해야 했던 농노가 여전히 있었지만 자기가 태어난 땅 일부의 소유권만큼은 보장받았고, 관례에 따라 이용료를 치르는 한 땅을 안 빼앗겼고 소작료에 허리가 휘지도 않았습니다. 대부분의 나라에서 이런 상황은 중세를 거치면서 발전해 자유로운 자영농, 다시 말해서 자기 땅이 있고 정치적 자유와 경제적 자유를 모두 누리는 시민의 수가 사회의 성격을 규정할 만큼 충분히 많아졌습니다.

그렇지만 유럽에는 시계가 거꾸로 돌아간 곳들도 있었습니다. 단적인 예가 영국입니다. 영국에서 자영농은 큰 지주들에게 먹혀서 프롤레타리아가 되었습니다. 영국 역사에서 벌어진 이런 일들이 이제는 많이 알려졌고 배운 사람들은 대부분 알지 않을까 싶습니다. 강단 역사학에서는 오랫동안 침묵을 지켰지만요. 먼저 16세기에 대토지 소유자들이 교회를 약탈해서 세력을 키웠습니다. 이어서 17세기에는 이 책에서 누누이 말씀드립니다만 찰스 2세 때 의회가, 다시 말해서 대토지 소유자들이 역설적이게도 사기방지법이라는 이름으로 통과시킨 법을 이용해 소자영농을 먹어치우는 일이 벌어졌습니다. 지금의 영국은 다수의 국민이 땅을 가지려는 욕망과 땅을 소유한다는 의식이 가장 낮은 대표적 나라입니다.

따라서 영국의 상황은 토지 복구 정책의 '시금석'이 될 만합니다. 오늘날 영국 같은 여건에서 토지 재산을 잘 분산해 복구하는 것이 가능하다면 어디서나 가능할 테니까요. 하지만 머리말에서 말씀드렸던 원칙을 여기서 반복해야겠습니다. 땅을 소유해야겠다는 욕망이 어느 정도 공동체 안에 존재하지 않는다면 땅이 되었건 뭐가 되었건 잘 분산된 재산은 어떤 형태로도 얻지 못하리라는 사실입니다. 타다 남은 잉걸불 안에 불씨가 남아 있어야 그걸 어르고 달래서 불길로 키울 수 있는 법입니다. 경제적 자유를 전혀 원하지 않는 사람들의 등을 억지로 떠밀어서 경제적으로 자유롭게 만들 수는 없습니다. 사람들이 경제적 자유에 대한 본능을 깡그리 잃어서 안정적으로 들어오는 수입을 자유와 혼동한다면 그때는 방법이 없습니다. 안정된 수입은 어떤 노예제에서도, 국가 노예제에서도 민간 노예제에서도 얼마든지 보장될 수 있습니다. 하지만 그런 안정은 경제적 자유와 똑같지 않을뿐더러 이상으로서는 경제적 자유에 역행합니다.

이 대목에서 너무나 자주 간과되지만 아주 중요한 구분을 소개해야겠습니다.

⑴ 농지와 택지를 구분해야 합니다. 더 정확히 정의하자면 농지는 주로 농산물을 생산하기 위해 점유되는 땅이고 택지는 기계로 물건을 생산하는 사람이나 공인이 점유하는 땅입니다.

⑵ 소유자가 점유하는 땅과 소유자에게 지대를 치르는 사람이 점유하는 땅을 구분해야 합니다. 그리고 이 모든 논의에서 말하는 '땅'은 건물처럼 땅에 부속된 부동산을 포함한다는 사실을 잊지 맙시다.

토지 재산을 복구할 때 지켜야 할 첫 번째 원칙은 농지를 택지와 다르게 취급해야 하고 소유자가 점유하는 땅에 매기는 세금은 남에게 세를 주는 땅에 매기는 세금보다 훨씬 적어야 한다는 점입니다. 이 두 가지 구분을 지금 우리가 살아가는 사회에 적용하면 혁명적입니다. 둘 다 토지 재산 복구에 본질적인 조치입니다.

주인이 쓰는 땅과 주인이 안 쓰는 땅을 구분하는 두 번째 원칙이 사회 법률이나 관습으로 표현되고 구체화되고 관철되지 않으면 토지 재산을 잘 분산해서 복구하려는 노력은 실패합니다. 오늘날 영국에서는 가령 임대료가 연간 100파운드 하는 집을 아버지한테 물려받은 사람이 이 집을 다른 사람에게 임대해서 1년에 100파운드를 벌 때와 똑같이 세금을 뭅니다. 이런 사회적 오류는 워낙 근본적이라서 전체 상황을 뒤흔듭니다. (상식적으로 보면) 땅이란 것은 어차피 점유되어야 하니 자기 땅에서 살아가는 한 가정이 점유하는 땅과 소유자한테 집세를 바치는 타인이 점유하는 땅에 부과되는 부담은 크게 달라야 합니다. 서양 문명의 역사에서 지금까지 줄곧 이 둘을 같게 여기는 바람에 사회가 망가졌습니다. 사회를 복구하고 싶으면 우리는 자기 지붕 밑, 자기 땅 위에서 사는 사람이 남들을 수탈하는 데 자기 재산을 쓰는 사람보다 이익을 봐야 한다는 간단한 원칙을 복구해야 합니다.

농지와 택지를 구분하는 문제, 그러니까 주로 농업 생산용으로 점유하는 땅과 정원이 있건 없건 간에 공인이나 임금 노예가 점유하는 집을 구분하는 것은 다른 문제입니다. 현대의 조건에서는 둘을 분리하기가 어렵거든요.

아주 간단하게는 어떤 사람이 살림집에서 살려고 남에게 집세를 내는지 안 내는지 직접 물어봐서 결정하는 방법도 있겠지만 지금은 농지와 택지를 구별하기가 그리 쉽지 않습니다.

13세기에는 뚜렷이 구별되었습니다. 지금도 공업에 기반을 두고 있지만 자영농이 강한 사회에서는 뚜렷이 구별됩니다. 심지어 영국에서도 잠정적 구분선을 긋는 것이 가능합니다. 등기된 토지를 조사해서 주로 농사 목적으로 쓰는지 주거 목적으로 쓰는지 판정하는 방법인데, 이때 항상 주거용보다 농사용을 더 승인하는 경향의 정책, 즉 미심쩍은 땅이 있으면 주거용이 아니라 농사용이라고 결정하는 정책을 곁들여야 합니다.

주거형 토지의 경우 간단한 규칙이 있어야 합니다. 모든 임대는 나눠서 돈을 낼 수 있는 권한 조항을 담아야 합니다. 그런 조항이 없는 임대는 일정한 기간이 지나면 무효로 취급해야 합니다. 만일 이런 법령으로 인해 장기 임대가 감소하면 임대 연장 선택권을 보장하지 않는 단기 임대를 금지해서 맞대응해야 합니다.

지금의 산업 체계에서 임금 노예는 유목민처럼 떠돌아다녀야 하고 워낙 가진 것도 없어서 임차인의 태반은 내 집 마련을 엄두도 낼 수 없다는 반론이 당연히 있겠지요. 하지만 그런 반론은 우리의 목표를 오해하는 겁니다. 우리는 단시간에 토지 재산을 복원하려는 것이 아닙니다. 유리한 조건이 있다면 어디서든지 시작을 하려는 겁니다. 심지어 도시 땅에서도 유리한 조건이 눈에 들어오면 바로 시작해야 합니다.

이제 사안의 핵심이라 할 수 있는 농지를 살펴보겠습니다. 우리 같은 나라에서도(여기서 우리는 잉글랜드, 스코틀랜드, 웨일스, 아일랜드를 말합니다) 농지 문제는 나름의 특성이 있습니다.

오늘날 영국에 땅을 이용하는 전통을 아는 사람이 충분히 남아 있다고 가정합시다. 이 사람들이 힘을 얻고 커나갈 수 있는 조건은 무엇일까요? 우리가 지금의 섬나라 영국에서 이 조건을 확실히 알아낼 수 있다면 땅을 가지려는 욕망이 더 넓게 퍼져 있는 다른 나라들에서는 이런 원칙들을 더 잘 적용할 수 있습니다.

이 문제에 적용할 수 있어 보이는 원칙들을 중요도와 관계 없이 적어보겠습니다. 하나하나 모두 핵심적입니다.

(1) 도시인을 바로 농부로 만들 수는 없습니다. 도시인을 농부한테 접목할 수 있을지는 모르지요. 기존의 자영농이 적당한 수의 도시인을 농부로 훈련하고 교육할 수는 있겠지만 아무리 우호적인 조건이더라도 도시인을 데려와서 땅에 들여앉히면 농부로 살아갈 거라고 기대하는 건 무리입니다. 실패할 테니까요. 속된 말로 '입에 풀칠하기'도 어려울 테니까요. 도시인은 넌더리를 내면서 농사를 금세 때려치울 겁니다.

자기 변신을 할 줄 아는 사람도 드물게 여기저기서 눈에 띄긴 합니다. 아직도 땅에 대한 본능이 몸에 박힌 사람도 도시에 있습니다. 겪어보지 않고서도 땅에 대한 이해를 넓혀 가는 사람도 있습니다. 하지만 도시 환경에서 자라난 다수의 대중은 잘못된 생각을 하고 왔다가 금세 손을 들고 맙니다. 보통 전원생활의 겉면을 보고 끌리지만 그 내면의 현실은 전혀 감을 못 잡지요. 이 사람들의 사고방식, 더 중요하게는 이 사람들이 일하는 방식은 제한된 시간 동안 압박을 받으면서 행하는 기계적 반복입니다.

농사는 정반대입니다. 농사는 반복적이라기보다는 복합적입니다. 대체로 혹독하지 않습니다. 시간이 제한되어 있지 않고 얼마든지 융통성이 있습니다. 근본적으로 대하는 마음가짐이 다릅니다. 농사는 농사 그 자체만을 위해서 할 때 흥미롭지만 현대의 기계적 노동은 가급적 빨리 벗어나고픈 고역입니다. 농부는 긴 여름날 하루 온종일 아주 변화무쌍한 일을 느릿느릿 해나갑니다. 그리고 해야 할 일이 차고 넘칩니다. 하지만 농부는 자발성을 잃지 않으며 자기가 원하는 시간에 즐길 줄 알고 밖에서 일하지 못하는 시간은 이런저런 소일거리로 채웁니다.

(2) 둘째 원칙은 이렇습니다. 재산이 잘 분산되었을 경우 땅은 정상적 조건에서는 그런 대로 먹고 사는 것 이상은 제공하지 않을 것입니다. 가족과 함께 자기 소유의 아담한 땅을 경작하는 사람은 잘살 거라 생각해서는 안 되고 대개는 현금 가치로 따졌을 때 사회에서 그만한 위치에 있는 임금 노예의 벌이보다 못 미칠 거라 생각해야 합니다.

산업 사회의 임금 노예가 농부들 속에서 살려고 와서는 대뜸 하는 첫마디가 농부들은 '거지 같다'는 것입니다. 물론 여기에는 땅에서 적당히 먹고 사는 것 이상을 기대해서는 안 되는 현실 말고도 다른 이유가 있습니다. 바로 농부의 뜨거운 자립심이지요. 자립심이 워낙 강하기에 농부는 아주 적은 돈이라도 안 놓치려고 애쓰고 아낄 수만 있다면 쓰기를 아주 망설이고 으리으리한 것, 호사스러운 것, 뭐가 되었든 낭비다 싶은 것을 굉장히 꺼립니다.

제가 '현금 가치로 따졌을 때'라는 말을 했지만, 여기 한 가지 중대한 예외 사항이 있습니다. 돼지 한 마리, 어쩌면 젖소 두어 마리, 그리고 자기 소유의 제한된 목초지와 경작지 외에 공유지 사용권을 가진 윌리엄 코빗*의 소자영농은 자신의 노동으로 거둔 모든 것의 시장 가치를 더해도 도시에서 꼬박꼬박 임금을 받는 노동자의 수입에는 못 미칠 것입니다. 하지만 이 소자영농에게는 두 가지 이점이 있습니다. 자유, 다시 말해서 남의 눈치 안 보고 혼자서 해내는 자급입니다. 또 하나는 질, 다시 말해서 물질에서, 시간에서, 선택에서, 현장에서, 모든 면에서 더 나은 자급입니다. 농부는 자기 농산물을 먹을 뿐 아니라 자기 식탁에서 가장 편한 시간에 먹습니다. 더 나은 음식을 먹고 더 나은 술을 빚습니다.

(3) 셋째 원칙은 가급적 자기 손으로 기른 농산물을 먹고 살아야 한다는 것입니다. 완전히 그렇게 하기가 실제로는 거의 어렵다는 건 맞습니다. 분업은 언제나 있을 터이고 자립을 지키기 위해 최대한 성과물을 얻으려고 단단히 마음먹은 자영농은 그런 분업을 극한까지 밀어붙일 때가 자주 있겠지요. 유럽 대륙을 다녀보면 아주 작은 포도원 하나로 먹고 사는 사람

윌리엄 코빗(William Cobbett, 1763~1835) 영국의 농부, 정치평론가, 언론인. 대지주의 농간에 땅을 잃고 농업 노동자로 전락하는 자영농, 대외 전쟁으로 늘어나는 나랏빚과 전쟁을 축재의 수단으로 여기는 은행, 정부 비판을 반역으로 매도하는 국가 권력 등 당시 영국 사회의 핵심 문제들을 비평하는 글을 썼다. 자영농이 진정한 자유인의 길이라고 믿고 농사와 시골 자급 생활에 대한 책도 여러 권 썼다.

들을 많이 볼 겁니다. 이 사람들이 실제로 자급하는 것은 자신과 딸린 식구들이 먹는 일주일에 포도주 10여 리터가 전부입니다. 남는 것을 팔아서 빵, 고기, 옷도 얻어야 하고 집도 창고도 고쳐야 합니다. 포도주 질이 특별히 좋다면 자기들이 빚어낸 술을 안 마시고 다 팔겠지요. 여러 농산물을 섞어서 기르더라도 선진 문명에서 살다 보면 집에서 못 얻는 생필품을 사들여야 하니 집에서 거둔 농산물 태반을 팔 겁니다. 하지만 바탕에 깔린 원칙, '내 것으로 살라'에 충실할수록 입지가 더 탄탄해질 것입니다.

(4) 넷째 원칙을 말씀드리면 터무니없게 생각하실지도 모르지만 그래도 핵심입니다. 작은 소유자의 땅에 지우는 부담은 가벼워야 하고 작은 소유자가 바쳐야 하는 공물은 최소라야 합니다. 제가 공물이라고 말하는 것에는 온갖 형태의 고리대금이 다 들어갑니다. 다시 말해서 소농을 악조건 속으로 다시 들여앉히려면 그 소농을 둘러싼 병든 사회에 맞서 '특혜'를 주어야 합니다.

오늘날 영국 땅 덩어리의 상당 부분을 거기서 밭 가는 사람들이 차지하고 있는 것처럼 보여주는 가짜 통계는 얼마든지 준비될 수 있습니다. 사실 관계를 말씀드리면 실제로는 돈놀이꾼, 주로 은행이 차지하고 있습니다. 소유자는 실소유주가 아닙니다. 실소유주는 공물을 뜯어낼 힘이 있는 돈놀이꾼입니다. 흙을 가는 농부의 피땀을 빨아들이는 고리대금이 작동하는 체제를 갈아엎고 새 출발할 각오가 되어 있지 않으면 우리의 노력은 실패합니다. 나중에 말씀드리겠지만 신용협동조합 은행도 주역이 아니라 조역일 수밖에 없습니다. 소규모로 땅을 갈아서 먹고 사는 사람에게 고리대금으로 부담을 주는 것은 그 사람의 상처에 또 상처를 내서 나중에는 피를 흘리며 죽게 만드는 길입니다. 고리대금뿐 아니라 다른 모든 형태의 공물도 마찬가지입니다.

지금 저는 이 글을 쓰면서 어떤 땅뙈기를, 제가 속속들이 잘 아는 구체적 사례를 머리에 떠올립니다. 그 일대가 전부 농지고 토질은 보통인 12만 제곱미터가 넘는 땅입니다. 이 작은 농장이 짊어지는 과세 부담을 따져보면 현재로서는 먼저 임대료에 붙는 소득세가 있습니다. 땅과 땅에 딸린 집은 경작자가 점유하고 집세는 내지 않는데 말입니다. 소득세는 정도에 따라 매겨지는데 작은 소유자는 작겠지만 있기는 있습니다. 제가 예로 드는 이 12만 제곱미터의 땅은 다른 재부를 지닌 소유자에게 속하는데, 소득세는 4천 제곱미터당 4파운드 123펜스*입니

---

* 1971년 2월 15일 10진법 체계를 도입하여 1파운드를 100펜스로 정하기 전까지 영국에서 1파운드는 240펜스였다. 파운드와 펜스 사이에 실링이라는 단위가 있어서 1파운드는 20실링이었고 1실링은 12펜스였지만 여기서는 실링은 쓰지 않고 현재의 화폐 단위대로 파운드와 펜스만 쓰기로 한다. 1936년의 1파운드는 현재 원화 가치로 약 10만 원의 구매력을 가졌다. 따라서 4천 제곱미터당 소득세 4파운드 123펜스는 현재 원화 가치로 약 45만 원이고 12만 제곱미터 땅의 소득세는 1,350만 원에 해당한다.

다. 교회에 내는 십일조는 4천 제곱미터당 72펜스**이니 솔직히 무겁습니다. 농지세가 사라졌기 때문에 땅은 이미 어느 정도는 지원금을 받는 셈이지만 집에 붙는 세금이 있습니다. 추정 임대 가치로 따져서 1파운드당 0.2파운드입니다. 출입문 따위를 유지한다든가 하는 일정한 사회적 기준으로 말미암아 떠안는 부담에 관해서는 말씀드리지 않겠습니다. 자유로운 농민이 건재하다면 이른바 '맵시'는 좀 떨어질지 몰라도 그런 부담은 크게 낮아질 것입니다. 십일조를 포함해서 요금이나 세금으로 인해 발생하는 금전적 부담만도 감내하기 어려운 수준입니다. 이것이 소농에게 끼치는 영향은 겨우 먹고 살 만큼의 임금을 받는 도시 노동자에게 1년에 15파운드***를 내라고 요구하는 것이나 다름없습니다. 고리대금 같은 문제를 떠나서 이것은 정말로 감당하기 어려운 부담입니다.

저는 이 네 가지 기본 원칙에다 덧붙이고 싶은 것이 두어 가지 더 있습니다. 하나는 작은 소유자들끼리 판촉이라든가 생산비 절감 차원에서 서로 도울 필요가 있다는 것입니다. 가령 낙농업에서는 협력이 필요합니다. 둘째는 소유권 양도의 허용입니다.

제가 이 둘을 네 가지 기본 원칙에서 뺀 이유는 농촌이 자리를 잡으면 농민들이 알아서 이 문제를 해결할 것이라서 그렇습

** 현재 원화 가치로 약 3만 원이다.
*** 현재 원화 가치로 150만 원에 해당한다.

니다. 협력은 자연스럽게 생겨납니다. 소유권 양도 금지 규정에 의한 절대적 소유권 제한은 노력을 죽입니다. 그것은 예속과 통합니다. 자유로운 농촌이 자리를 잡으면 문제를 알아서 해결할 것입니다. 무슨 관료주의를 앞세우며 너무 바짝 붙어 감시해서 부자유스럽게 만들면 뭔가를 해보겠다는 의욕이 꺾이고 말 것입니다.

마지막 원칙이 또 하나 있습니다. 핵심은 아니지만 그 효력은 영원하며 당장 우리 손에 놓인 원칙입니다. 작은 소유자가 큰 소유자한테 땅 사는 걸 쉽게 만들고 큰 소유자가 작은 소유자한테 땅 사는 걸 어렵게 만드는 데 법을 비롯한 장치를 총동원한다는 것입니다. 유럽 대륙에서 이른바 '토지 대장'이라 부르는 걸 만들어야 합니다. (소득세 산정할 때 이미 마련한) 토지 등기를 통해 차등 과세를 해야 합니다. 아일랜드에서 만들어진 윈덤 토지법*의 원칙이 그렇습니다. 작은 소유자가 큰 소유자한테 사고 큰 소유자가 작은 소유자한테 파는 흐름으로 나아가도록 말이지요.

이런 원칙들이 바탕에 깔린 상태에서 지금 땅에서 이미 밭을 갈고 있는 사람들한테 우리의 노력을 들인다고 생각해보세요. 지금까지는 땅과 인연이 없었지만 기존의 농민과 접목될 수 있

윈덤 토지법(Wyndham Land Purchase Act) 1903년 영국의 보수당 정치인 조지 윈덤(George Wyndham)이 발의하여 제정된 법으로 소작인들이 지주한테 땅을 살 수 있도록 정부가 지원금을 제공했다. 이 법이 생기면서 아일랜드에서 자영농이 크게 늘었다.

는 역량을 가진 새로운 사람들이 체제 안으로 자유롭게 들어올 수 있는 여유가 생길 것이고, 농촌은 힘차게 커 나갈 것입니다. 천천히 말이지요. 산업주의로 인해 이미 도덕적으로 망가진 사회에서 농촌은 아주 오랫동안 지배적 흐름으로 자리잡지 못할 겁니다. 하지만 그런 사회가 건강을 되찾는 데 핵심이 될 겁니다.

지금까지 살펴본 사실에 비추어볼 때, 농촌 개념이 거의 사라진 사회에서 농촌을 다시 일으켜 세우려는 시도는 지원금, 다시 말해서 선물에 기초를 두어야 한다는 것이 분명합니다. 새로운 성장을 북돋워야 하며 그것은 새로운 성장을 둘러싼 다른 형태의 재부를 희생해야만 가능합니다. 이를테면 영국에서 작은 소유자의 십일조를 폐지하면 (큰 소유자에게 물리는 십일조는 무슨 일이 있어도 유지해야겠지만) 누군가는 차이를 메워야지 안 그러면 십일조 수혜자를 강탈하는 셈입니다. 세금과 요금도 마찬가지입니다. 바꿔 말하자면 새로운 농촌을 일으키려면 새로운 농촌을 둘러싼 병든 사회에 부담을 넘겨야 합니다. 그런 희생을 떠넘길 마음이 안 되어 있다면 농촌은 절대로 일어서지 못합니다. 농촌은 사회적 사치로 시작되어야 하며 그것이 초반에 '사치'로 남아 있는 동안 모든 사치품과 마찬가지로 아낌없이 퍼 넣어야 합니다. 우리가 판단해야 하는 것은 농촌을 다시 일으킬 만한 전통, 빈약한 뿌리라도 내릴 만한 묘목이 우리 안에 충분히 있는가 여부입니다. 만약 있다면 그런 경제적 노력을 기울이는 것이 공동체의 건강과 윤리를 되찾는 데 가치가 있는지 판단해야 합니다.

　기계를 이용한 대규모 농업이 작은 소유자와 작은 경작자를 어쩔 수 없이 파괴하므로 이제 농촌은 복구할 수 없다는 생각을 고수하는 사람들에 관해 저는 지금까지 한마디도 언급하지 않았습니다. 괜히 지면을 낭비하지 않은 데는 그럴 만한 이유가 두 가지 있습니다. 첫째는 세조업에서도 그랬시만 그런 추정은 거짓이라서 그렇습니다. 기계와 큰 연합은 작은 재산을 배제하지 않습니다. 작은 재산은 항상 연합할 수 있습니다. 둘째는 강단의 문자 세계와 달리 현실 세계에는 자기 땅을 지키면서 땅을 수탈하는 자본주의를 넘어서는 농민들이 아직 존재합니다.

6장

세금과 분산 소유 경제

높은 세금은 재산 제도 전반과 양립하지 않습니다. 높은 세금은 재산 제도를 파괴합니다. 재산이 잘 분산된 곳에서는 높은 세금에 대한 저항이 격렬하고 효과적이라서 높은 세금이 무너집니다. 재산을 잘 나누어 복구하려는 노력이 이루어지는 곳에서 높은 세금이 부과되면 노력의 효과는 파괴됩니다.

정상적 세금은 뭐고 높은 세금은 뭐다 정의하며 질질 끌 필요는 없습니다. 계급에 따라 차이가 나는 곳에서는 다 그렇지만 어떤 정의를 내리더라도 다툼의 여지는 있기 마련이고 어떤 정의도 결국 정도의 문제라서 그렇습니다. 하지만 우린 그게 뭔지를 너무 잘 압니다. 높은 세금은 생산자를 간섭하고 불안하게 만들면서 계속 부담을 주는 그런 수준의 세금입니다.

존 스튜어트 밀은 10퍼센트가 대략의 상한선이라고 과감히 규정했습니다. 한 사람의 벌이나 여타 소득에서 10퍼센트를 넘게 가져가면 경제 생활을 간섭하고 왜곡하는 그 상한선을 넘기 시작한다는 것이지요. 하지만 산술적 잣대를 곧이곧대로 적용하기는 어려운 게 사실입니다. 국채 이자에 더해 1년에 5000파운드의 수입을 내는 사람과 1년에 200파운드의 이익을 내면서 근근이 살아가는 구멍가게 주인에게 매겨지는 10퍼센트의 세금은 같을 수가 없습니다. 한 해의 한 시점에 요구되는 10퍼센트의 직접세는 많은 수의 자잘한 사치품에 분산되어 매겨지는 10퍼센트의 간접세와 심리적으로 같을 수가 없습니다. 하지만 우리는 현실에서 언제 세금이 높았고 높지 않았는지 아주 잘 알고, 제1차 세계 대전 이후로 서구 문명 국가들, 특히 영국이 터무니없이 높은 세금을 견뎌야 했고 지금도 그렇다는 것을 잘 압니다.

높은 세금이 잘 분산된 재산의 적이라는 사실은 두 가지 점에서 분명합니다. 첫째, 높은 세금은 잘 분산된 재산이 사라진 때만 효과적으로 부과된다는 점입니다. 둘째, 높은 세금은 잘 분산된 재산이 축적되는 과정을 파괴하는 효과를 가져온다는 점입니다.

지금 우리가 영국에서 경험하는 압수라고 할 정도의 높은 세금은 재산이 잘 분산된 곳에서는 불가능합니다. 실제로 재산이 잘 분산된 곳에서 좀 높은 세금을 물릴 수야 있겠지만 그렇게 되면 재산 제도가 큰 피해를 볼 것이고 분산을 점점 훼손할 것입니다. 반면에 훨씬 높은 세금이 먹혀들면서 최대한의 세수를 얻으려면 작은 재산이 파괴된 우리 같은 사회가 필요합니다.

이유는 간단합니다. 쉽게 말해서 1년에 2000파운드를 버는 사람보다는 1년에 2만 파운드를 버는 사람한테 상대적으로 중세를 더 쉽게 물릴 수 있으니까요. 아주 잘사는 사람의 연간 수입 중 절반을 가져가도 그 사람은 여전히 잘살지만 작은 사람의 수입 중 절반을 가져가면 그 사람은 쪽박을 찹니다. 이 평범한 산술적 진리는 세금이 비정상적일 때면 어김없이 나타나는 차등의 존재에서도 확인됩니다. 세금이 정상이고 낮아서 일반 시민의 경제 생활을 어지럽히지 않을 때는 일정한 최소선 이상의 고정 세율을 물릴 수 있고, 또 이것이 아주 최근에 와서 재앙 수준의 변화가 시작되기 전까지 실제로 영국에서 소득세를 부과하던 방식이었습니다. 우리가 1파운드당 4펜스의 소득세를 물린다면 이것은 2퍼센트도 못 미치는 수준이고 이렇게 되면 아주 적은 소득에 면세 혜택을 주면서 나머지 공동체에 갈등 없이 공평하게 세금을 물릴 수 있습니다. 1년에 소득이 200파운드인 사람도 4파운드 미만을 낸다고 해서 심하게 타격을 받지는 않습니다. 고정 세율을 시행할 때는 가진 것이 많을수록 거기에 가해지는 실제 부담은 줄어들지만 부담이 어디서나 작기에 병폐는 생겨나지 않습니다.

숨 막히게 높은 세금을 물리려면 마치 물리 법칙처럼 등급화를 받아들일 수밖에 없습니다. 가진 것이 적은 사람보다 가진 것이 많은 사람에게, 소득이 적은 사람보다 소득이 많은 사람에게 훨씬 큰 부담을 안겨야지 안 그러면 세금을 아예 못 거둘 수도 있습니다. 그럼 어떻게 되느냐, 인구의 절대다수가 임금이나 봉급으로 살아가는 나라에서, 그리고 거대한 축적(축적이라기보다는 '재산의 부정'이라고 해야 제대로 된 표현이겠지만)이 사회의 주된 특징인 나라에서, 아주 높은 세금을 성공적으로 물릴 수 있고 재산이 더 잘 분산되어 공평한 재산을 누리는 사회보다 상대적으로 훨씬 많은 세수를 올릴 수 있습니다.

구체적으로 설명해보겠습니다. 총 잉여(다시 말해서 지대, 고리대, 수익)가 연간 2백만 파운드에 달하는 공동체에서 이 2백만 파운드 중 절반이 열 가구에 배분되고 나머지 절반이 1만 가구에 배분된다고 가정합시다. 그럼 공동체 성원의 절대다수(가난한 사람들)는 자기들 벌이 이상으로 1년에 100파운드씩 얻게 되는 셈입니다. 가난한 가정이 1년에 평균 100파운드를 번다고 가정하면 가난한 가정의 평균 수입은 1년에 200파운드가 되겠지요. 이렇게 수입이 적은 사람들한테서 세금으로 절반을 가져가기는 현실적으로 어렵습니다. 하지만 수입이 많은 사람한테서는 절반을 가져갈 수 있습니다. 1년에 10만 파운드를 버는 사람한테서 5만 파운드를 받아내면 그 사람은 아주 툴툴거리겠지만 그래도 5만 파운드로 생활을 꾸려갈 수 있습니다. 1년 수입이 200파운드인 사람은 100파운드만으로는 정상적인 생활을 꾸려갈 수 없습니다.

그렇다면 재산이 잘 분산되지 않은 경우에 비례해서 높은 세금을 더 성공적으로 거둘 수 있다는 일반론을 그릴 수 있겠습니다. 높은 세금은 골고루 넓게 분산된 소유권과 양립하지 않습니다.

하지만 우리가 제일 관심을 두어야 하는 것은 그 역명제, 다시 말해서 높은 세금은 잘 분산된 재산에 적대적이기에 이제막 재산을 복구하려는 모든 시도에 본질적으로 적대적이라는 점입니다. 잘 분산된 재산이 존재하는 사회에서 높은 세금을 도입하면 세금을 쉽사리 거두지 못할 것입니다. 그래도 건겠다고 하면 그 사회의 훌륭하게 분산된 재산을 망쳐 나가는 셈이겠지만 실패할 가능성이 다분합니다. 그렇지만 높은 세금이 이미 일상화된 곳에서는 과세 규정을 획기적으로 고치지 않는 이상 재산을 분산시키는 단초라도 마련하려는 시도가 수포로 돌아갈 것입니다. 이것이 병든 현대 자본주의 국가에서 재산을 (가능하다면) 복구하려고 열망하는 사람들이 맞닥뜨리는 상황입니다. 그래서 이 사람들은 높은 과세가 자기들 노력을 물거품으로 만든다고 볼 수밖에 없습니다. 어마어마한 과세의 흐름이 계속된다면 작은 재산을 재생하려는 새로운 노력은 날개를 펴기 어렵습니다.

프롤레타리아 사회 한복판에서 재산이 어떤 과정을 거쳐서 서서히 생겨나는지 들여다보면 이유가 분명해집니다. 재산은 점진적 누적을 통해 생겨납니다. 절약을 통해서, 건물에 점유한 땅의 가치에 손 안의 유동 자본에 투자분에 뭘 더해서 생겨납니다. 산업 자본주의의 저주를 받는 사회에서는 작은 재산을 재생하려면 많은 조건이 필요합니다. 안전성이 있어야 하고 가급적 금이나 은 (혹은 둘 다) 같은 물질에 기반을 둔 건전한 통화가 있어야 합니다. 정부나 '관리자'가 장난을 치지 않는 통화가 있어야 합니다. 큰 소유자를 홀대하고 작은 소유자를 특별히 우대해야 하고 과도한 축적에 간섭하는 특별법 같은 것이 있어야 합니다. 하지만 적절한 과세도 필요합니다. 프롤레타리아의 벌이와 총 생산량 사이의 차이 곧 이윤을 유지하는 데 모든 것이 달려 있는 자본주의 체제에서는, 단순한 임금은 가급적 적게 과세하고 가능한 한 재산에 과세해야 합니다. 과세는 작은 재산이 축적되는 순간 그 축적에 제동을 걸기 시작합니다.

작은 소유자는 모아 둔 돈으로 자기 땅 위에 뭘 좀 지을까 고려할 때 세율이 75퍼센트면 망설입니다. 작은 소유자는 투자금을 축적했고 그 투자금은 1년에 얼마를 가져다줍니다. 이 사람은 일정한 한도를 넘어서면 점점 가파르게 오르는 세금이 부담스러워진다는 사실을 압니다. 전문직 종사자는 가령 수입의 3분의 1을 아껴서 미래의 재산으로 쌓아 나갑니다. 하지만 이 사람이 아주 성공하거나 열심히 일해서 수입의 꼬박 4분의 1이 세금으로 날아가는 순간이 오면 더 아긴다는 게 무의미해지므로 더는 돈을 안 모을 것입니다.

높은 세금이 가장 악영향을 끼치는 것은 작은 재산이 막 쌓이려는 초반이 아니라 축적이 웬만한 크기로 이루어졌을 때,

이른바 '중산층 수준'으로 막 올라서려 할 때라는 말은 맞습니다. **중산층 수준을 만들어내고 지켜 나가는 것이 국가의 재산을 만들어내고 지켜 나가는 데서 첫 번째로 가장 중요합니다.**

단순히 과세의 효과라는 측면뿐 아니라 다른 모든 영역에서도 어쩌면 이것이 이 모든 논의에서 가장 중요합니다. 재산의 평등은 꼭 우리가 추구하는 재산의 이상이 아니라는 사실은 아무리 강조하고 반복해도 지나치지 않습니다. 그런 기계적 이상은 재산에 따라오는 개개인의 특성과 모순됩니다. 집세, 거주하는 집, 투자 수입 같은 것을 재는 저울이 다양하다는 것은 나쁜 일이 아니라 좋은 일입니다. 그런 다양성이 인간 사회의 복잡한 현실에 부응하니까요. 나쁜 것은 궁핍한 임금 노예 곧 프롤레타리아가 사회의 지배적 성원을 이룬다는 것이지요. 정말로 생산하고 절약하고 성실하게 노력하는 것, 다시 말해서 노동과 시민 정신을 살려주어야 합니다. 세금이 높은 곳에서는 도박꾼은 빠져나가고 검약가는 죽어 나갑니다.

우리 사회에서 누구나 흔히 접할 수 있는 두 인간 유형이 있습니다. 한 유형은 가령 작은 유통업 곧 가게를 꾸준히 운영합니다. 이 사람의 포부는 중산층에서 흥하는 것입니다. 1년 수익이 200~300파운드에서 400~600파운드쯤으로 올라서는 것입니다. 그리고 나중에는 사업에서 번 돈과 모아 놓은 돈을 합해서 1년에 1000파운드를 벌고 결국 한 2000파운드쯤 되는 집을 남겨 놓고 죽는 것입니다. 세금이 낮은 곳에서 이런 유형의 사람들은 본인의 근면과 지혜와 무관하지 않은 보상을 얻으면서 골고루 번창합니다. 전문직 종사자도 이런 식으로 비슷하게 성공합니다. 그런데 세금이 어느 정도 수준으로 높아지면 이런 사람들의 노력은 중단됩니다. 추가로 공을 들일 이유가 없어지니까요.

이제 다른 유형을 살펴봅시다. 투기와 도박을 일삼는 사람입니다. 이 사람의 포부는 노력 끝에 탄탄한 중산층으로 올라서는 것이 아니라 왕창 흥하느냐 망하느냐입니다. 자, 그럼 이 사람은 어떻게 움직일까요?

이 사람은 처음 모아 놓은 돈을 몽땅 잃는 위험을 감수합니다. 십중팔구는 몽땅 잃습니다. 그런데 만약 (보통은 판단을 잘해서가 아니라 순전히 재수가 좋아서) 도박이 대박을 터뜨리면 하루아침에 엄청난 부자가 됩니다. 그리고 도박의 성격상 그렇게 벌어들인 돈은 십중팔구 국고로 귀속되지 않습니다. 도박으로 벌어들인 돈이라서 정기적 수입의 일부로 세금이 부과되지도 않습니다.

이 사람은 다시 도박에 나섭니다. 역시 흥하느냐 망하느냐 둘 중 하나지요. (대개는 망합니다.) 그런데 두 번째 도박에서도 돈을 벌고 이제는 대단한 갑부가 됩니다. 우리 산업 사회의 특성상 이제 이 사람은 갑부가 되었을 때보다 다섯 배 열 배 또는 백 배로 재산을 불리면서 전보다 덜 위험하고 더 확실하게 돈을 법니다.

그 정도로 재산이 많아지면 높은 세금이 슬슬 이 사람에게 강제력을 발동하기 시작합니다. 이 사람의 수입은 거의 전부가 과세 대상이며 이런저런 방법으로 빠져나가려고 해도 이 사람이 쌓아 올린 재산은 대체로 상속세의 대상이 됩니다. 그래도 이 사람은 여전히 아주 부자입니다.

이 사람은 생전에 자신의 성격에도, 공동체에도 피해만 주었지 아무것도 한 일이 없습니다. 자신은 물론 남들의 시민 정신까지도 파괴한 삶이었지만 나라의 곳간지기들은 망해서 아마도 감방에 가느냐 아니면 크게 흥하느냐 사이에서 양자택일하도록 적극 부추겼습니다. 그런데 반대 유형의 경우에 나라의 곳간지기들은 웬만큼 재산이 모여도 제동을 걸었습니다. 다시 말해서 높은 세금은 중산층을 파괴합니다. 중산층을 이끌어내고 지켜주는 물줄기가 말라붙게 만듭니다. 금권 정치를 낳습니다.

지금은 아주 갑부라야만 그런 대로 안전하다는 사실 탓에 현대 세계에서 중산층 문제는 악화일로를 걷고 있습니다. 산업 자본주의라는 병이 진행될수록 투자자가 미래를 확신하지 못하는 수준도 더 커집니다. 그래서 도박과는 거리가 멀었던 사람들도 도박을 강요당할지도 모르고 본능적으로 느리게 차곡차곡 쌓아 나가기를 좋아하는 사람들은 환멸을 맛봅니다.

세금이 높아서 중산층이 파괴되는 병폐에는 또 다른 문제가 있습니다. 재산의 대변자라고 할 수 있는 존재가 중산층인

데, 중산층이 무너지면 재산이 무방비 상태에 놓인다는 사실입니다. 재산은 중산층을 통해서 하나의 제도로서 목소리를 냅니다. 재산은 경작과 여가의 토대 위에서만 스스로를 표현하니까요. 과거를 돌아보면 중산층이 약해지거나 파괴되었을 때는 재산이 아주 작은 단위에 폭넓게 분산되어 있던 경우에도 아주 작은 소유자들은 자기들 위에 있는 굉장한 재산가들에게 농락당했습니다. 사회를 주무르는 것은 굉장한 재산가들이니까요. 기독교가 나타나기 전 고대의 이교도 문명이 무너졌을 때 정확히 그런 일이 벌어졌습니다. 자본주의가 최악에 달한 오늘날에도 우리 눈앞에서 벌어지는 일입니다.

높은 세금이 잘 분산된 재산에 치명적일 뿐만 아니라 중산층이라는 '구심점'이 원활한 기능을 하는 데 특히 치명적이라는 걸 알아도 우리는 여전히 세금이 높은 그런 현실 세계와 마주해야 합니다.

현대 세계에서 높은 세금은 두 가지 원인에서 비롯되었습니다. 하나는 전쟁을 벌이면서 자본에 세금을 매겨 군자금을 조달하지 않고 은행에 전무후무한 규모로 이자를 물면서 융자로 조달했다는 것입니다. 다른 하나는 프롤레타리아의 봉기로부터 자본주의를 지켜내기 위해 국가 사회주의가 커졌다는 것입니다. 전자를 '전쟁 융자에 붙는 이자' 또는 '국가 부채'라 부르고 후자를 '사회 서비스'라고 부릅니다.

지금으로서는 이런 공공 지출 범주들은 불가피해 보이기도 합니다. 따라서 우리 노력에 으뜸가는 걸림돌로 작용하는 높은 세금은 적어도 국민 다수가 이미 프롤레타리아인 나라에서는 지속될 것입니다. 다시 말해서 당연히 영국이 좋은 본보기지만 공업화가 보편화된 나라들에서는 계속 남아 있을 것이고, 우리의 노력은 헛수고가 될 것처럼 보이기도 합니다. 영국 같은 사회는 강국들 중에서도 국민 대다수가 철저히 재산을 빼앗긴 그런 나라입니다. 그리고 바로 그렇기 때문에 가장 높은 세금을 가장 힘을 안 들이고도 걷을 수 있는 나라이기도 합니다.

그럼 이런 상황에서 어떻게 대응해야 할까요? 우리가 이른바 '사회 서비스'를 일정선 이하로 줄이면 자본주의는 프롤레타리아의 저항이나 (이쪽이 더 가능성이 높은데) 점증하는 무력감으로 무너질 것입니다. 우리가 공공 부채에 지급하는 이자를 일정선 이하로 줄이면 국가 신용은 훼손당하거나 파괴될 것입니다. 달리 말해서 우리 사회는 턱없이 높은 세금이 부득이 항구적으로 자리 잡은 상황에 이른 것처럼 보입니다. 이런 상황에서 빠져나가는 길이 있을까요?

막 가는 길은 분명히 있습니다. 이미 지난 14년 동안 잇따른 막무가내 조치들로 도저히 감당하기 어려웠을 부담을 줄였습니다. 독일은 지급 거절로 공공 부채를 전부 없앴습니다. 프랑스는 5분의 4를 없앴고 이탈리아는 3분의 2를 없앴고 영국은 금본위제를 포기하고 (악화를 발행해서) 통화 가치를 떨어뜨리는 사실상의 지급 거절 방식으로 부채를 절반 이상 줄였습니다. 그렇지만 아직도 남은 빚은 심각한 수준이라서 적어도 영국에서는 재산이 재건되는 데 걸림돌로 작용하고 있습니다.

이렇게 막 나가는 길을 더 가면 개개인의 근검과 노동으로 사적 부문에서 다시 웬만큼 재산이 쌓일 가능성이 열릴까요? 그럴지도 모르지만 불확실합니다. 확실한 것은 세금이 지금처럼 계속 높으면 이쪽에는 소수의 아주 잘사는 사람들이 있고 저쪽에는 다수의 프롤레타리아가 있는 내립 구조가 계속될 것이고 재산 재건의 희망은 모두 포기되리라는 점입니다.

7장

작은 묘목으로 숲을 이루다

아직도 따져봐야 할 세 가지가 있습니다. 재산 복구를 추구하는 사람들이 대규모 유통을 어떻게 다루어야 하는지, 최초의 실험을 유지하려면 어떻게 해 나가야 하는지, 그리고 두 번째와 직결된 문제인데 신용의 기능을 어떻게 다루어야 하는지 하는 문제입니다.

1. 대형 유통업의 문제입니다. (소매업자와 대비되는) 도매 거래는 '큰 사업'이 되어 소매 거래와 규모도 성격도 달라졌습니다.

백화점도 체인점도 소매 거래에 들어갑니다만 아직까지는 국내의 작은 사업자들이 소매 거래의 다수를 차지합니다. 아직 작은 독립 사업체를 시작하려는 것을 적극적으로 막는 법은 없습니다. 작은 사업자는 대형 매장이나 체인점보다 굉장히 불리하지만 그래도 어떻게 어떻게 버텨 나가겠지요. 하지만 도매 거래와 여기에 결부된 모든 조직은 고도로 집중화된 자본주의에 장악당했습니다. 가령 범포를 영국으로 보내는 사업은 손가락으로 꼽을 만큼 몇 안 되는 사람들이 완전히 장악하고 있습니다. 영국이 수입하는 여타 주요 품목들도 마찬가지입니다. 영국 내에서 이루어지는 도매 거래도 마찬가지입니다. 물론 아주 많은 소규모 도매업자가 다양한 방식의 유통업에 종사하고 있지만 진체적으로 보면 시장은 소수가 지배하고 있고 앞으로 점점 더 그럴 것입니다.

이제 우리가 노력을 기울일 이 분야에서 명심해야 할 규칙은 이 책에서 누구이 강조했습니다만 지금 당장 전방위적 혁명에 나서려는 것이 아니라는 점입니다. 그건 말이 안 되는 소리지요. 공산주의자들은 기존의 자본주의 노선을 따르기만 하면 됩니다. 자본주의는 공산주의자들을 잉태했고 공산주의자들이 표방하는 강령의 모든 세부 실천 항목에 공감하는 정서를 지니고 있으니까요. 훨씬 더 실현 가능성이 높고 코앞에 닥친 현실입니다만 노예 국가를 세우려는 사람들은 전적으로 자본주의에서 출발하며 본질상 자본주의 노선을 따릅니다. 자유가 없는 한 무리의 러시아인들과 아침에 공장으로 쏟아져 들어가는 자유로운 한 무리의 영국인들이 경제적으로 유일하게 다른 점은 영국인은 사적 이익을 위해 수탈되고 러시아인은 국가에 의해 공적인 방식으로 수탈된다는 것입니다. 러시아에서 상전으로 군림하는 사람들은 프롤레타리아의 노동을 통해 자신과 친구들을 위한 편안한 관료주의를 세우려고 합니다. 하지만 '우리'는 공산주의와도 자본주의와도 다른 길을 원합니다.

우리는 근본적인 변화를 도모합니다. 우리는 어쩌면 불가능한 반동적 혁명을 도모하는 셈입니다. 그래서 우리는 집중화된 권력을 받아들이더라도 이윤이 아주 많은 시민에게 지급되도록 노력할 것이고, 그 권력이 작은 산업에 의해서 행사되도록 애쓸 것이며 큰 단위들을 위해 집중화되는 것을 막으려고 있는 힘을 다할 것입니다.

이미 오래 전에 뿌리를 내려 깊이 자리를 잡아서 거의 돌이키기 어려운 흐름을 뒤집으려고 하지만 우선은 작은 실마리만 마련해보려고 할 따름입니다. 앞에서 이미 들었던 비유로 돌아가자면 마구잡이로 나무를 벤 탓에 사막이 된 드넓은 지역에 다시 숲을 조성하려면 구역별로 차근차근 다시 묘목을 심어서 어린 묘목을 인위적으로 보호해야 합니다. 그렇게 해서 특정한 지역에서 숲이 조성되면 거기서부터 나무들이 퍼져나갈 수 있습니다.

대자본이 이미 도매 거래를 공고히 지배하고 있는 터라 정면에서 공격하기도 어렵고 바짝 붙어서 공격하기도 어렵습니다. 일말의 가능성은 소매 거래에서 시작하는 것이고 거기서부터 차근차근 쌓아 나가는 것입니다.

도매 거래의 큰 부분에 영향을 미칠 수 있을 만큼 충분히 힘이 세질 때까지 우리가 도매 거래 문제에서 할 수 있는 일은 대형 도매업자의 압력으로부터 소매업자들을 열심히 지켜주는 것이 전부입니다. 우리는 소매업자가 대형 도매업자의 한낱 머슴으로 굴러 떨어지지 않도록 더더욱 지켜주어야 합니다. 소매업자를 지켜주는 역할은 소매업자에게 유리한 특별법에만 맡겨서는 안 되고 이제 설명 드리겠습니다만 동업조합의 조례로도 뒷받침해야 합니다.

2. 작은 단위를 재건하고 새로 숲을 소성하기 위한 묘목을 가꾸고 재산을 재건하는 복잡미묘한 실험을 지키는 일은 동업조합의 형식이어야 하는데, 그것은 자생적으로 생겨나는 보호받지 않는 동업조합이 아니라(보호받지 않는 동업조합은 주위의 야수 같은 자본주의에게 곧 살해당할 테니까요) '적극적인 법으로 인가받고' 설립된 동업조합이라야 합니다.

작은 자본을 지키는 데 핵심적 역할을 하는 동업조합 제도를 특히 공인들 사이에 세우고 그다음에는 소매업자들 사이에 세우고 세 번째로는 자본주의의 노예로 살아가는 빈곤층, 임금 노동자 사이에 세워야 합니다.

물론 이것은 기존 질서와 완전히 반대입니다. 지금은 임금 노동자가 주축을 이룬 노동조합이 힘이 제일 세고 공인 조합이 그다음이고 소도매업자들의 상호 부조는 제일 약합니다. 하지만 이것은 자본주의에서 생겨난 구조입니다. 우리는 자본주의와 싸우므로 공인의 동업조합, 소점포의 동업조합에서 출발해야 합니다.

그런 동업조합은 처음에는 소규모로 시작할 수도 있겠지요. 경제적 자유를 잃었을지언정 아직 정치적 자유를 지닌 사람들의 자연스러운 본능은 방어를 위해 결속하는 것입니다. 종교개혁이 몰고 온 종교적 혼란의 광풍 속으로 유럽의 공동 윤리가 내던져졌을 때, 경제적 자위 조직도 파괴되었습니다. 지금 영국에는 살아남은 동업조합이 두 개뿐인데 법률가와 의사의 조직입니다. 하지만 자기 보존 본능이 워낙 강해서 불행한 임금 노예들도 기준 임금을 지키려고 단합하기 시작했습니다. 영국인이 임금 노예제에서 더없이 잔인한 탄압을 받으면서도, 오래전 자유로운 선조들이 유지했던 동업조합 체계의 아련한 메아리가 담긴 조직들을 천신만고 끝에 만들어낸 것은 영국인의 위업 중 하나입니다. 프롤레타리아 영국이 이루어낸 노동조합 중 일부는 소수 집단을 부분적으로 지켜내는 데 제 몫을 톡톡히 해냈습니다.

그렇지만 재산을 그런 식으로 안전하게 지켜내려는 시도는 이루어지지 않았습니다. 조직된 마을 공동체는 사라졌습니다. 작은 점포주는 부분적으로 없어졌고, 작은 공인은 거의 완전히 사라졌습니다. 경쟁의 격랑으로부터 작은 재산을 지켜주는 제방은 철저히 무너졌습니다.

이제 그 제방을 다시 쌓아 올리는 것이 오늘날 우리가 해야 할 일입니다. 물론 우리는 대규모로 그런 일을 시도할 수는 없습니다. 가령 가구 제작이라든가 이런저런 특정한 업종에서 동업조합을 만들어낼 수는 있겠지요. 가령 주점이나 담뱃가게라든가 신발 제조업자, 수선업자, 판매업자처럼 이런저런 특정한 소매업에서도 동업조합을 만들어낼 수 있을지 모릅니다. 인가제를 제안할 수도 있을 것입니다. 인가제를 거쳐 적절한 제약을 지닌 동업조합이 만들어지면 특정 업종의 영업을 허가하고 업무 환경을 감독하고 작은 공인이나 작은 점포주의 희생 속에서 한 단위만 성장하는 일이 없도록 막는 역할을 맡길 수 있을 것입니다. 제대로 된 정치 기구가 있다면 실현할 수도 있을 것입니다. 하지만 처음에는 욕심을 부려선 안 됩니다. 소규모 실험들을 통해 본보기를 제시하고 전파하는 데 희망을 두어야 합니다. 아주 충분히 시간이 흐른 다음이라면 또 모를까 아직은 이런 본보기가 지역 사회에 기본 색깔을 입힐 것이라는 희망을 품어서는 안 됩니다.

여기서 아주 중요한 질문이 나옵니다. 이런 개혁을, 아니 인간의 모든 개혁을 이끌어 나갈 수 있는 정치 기구가 공동체 안에 세워질 수 있을까요? 그 공동체의 법들은 적어도 이론적으로는 의회에서 만들어지는 경우에도 말입니다.

의회는 어쩔 수 없이 금권 집단의 기관지 노릇을 하게 됩니다. 작은 소유자가 의회를 통해 경제 영역에서 제 소리를 낼 수 있는 길은 없습니다. 정치 권력이 분산되고 경제 계급과 이익에 따라 재편되기 전까지는 아무리 빈약하게라도 아무리 부분적으로라도 동업조합 체제 실험에 나설 수 있는 길은 없습니다. 의회제가 쇠락하면서(유럽 전역에서 의회제는 아주 빠르게 파탄 날 것입니다) 군주제라든가 미처 예상하지 못한 여론의 부활이 인가제의 복원을 밀어붙일지도 모릅니다. 하지만 지금 우리가 아는 의회는 분명히 그렇게는 안 할 겁니다. 의원들을 움직이는 원동력은 돈과 주목뿐입니다. 동업조합이라는 발상은 의원들을 끌어당길 만한 돈도 주목도 보여주지 않습니다.

동업조합의 재수립 문제와 함께 등장하는 것이 바로 프롤레타리아 노동조합의 인가(다시 말해서 법적 안전 장치의 수립)입니다.

확실히 그건 우리가 추구하는 이상에 들어가지 않습니다. 노동조합은 임금 노예제에서 기능하기 위해 존재하게 된 것이니까요. 노동조합은 전적으로 프롤레타리아의 제도이고 프롤레타리아와 프롤레타리아 정신은 바로 우리가 파괴하려는 것이니까요. 하지만 재산 소유 중심 국가로 나아가는 길에서 노동조합의 인가는 좋은 본보기가 되어줄 것입니다. 지금 큰 노동조합 중에는 비록 공식적으로 인가를 받지는 않았지만 공식 인가가 안겨줄 많은 힘을 실질적으로 얻은 곳들이 있습니다. 이런 노동조합들은 실질적으로 임금을 규정하고 취업 기회를 고려하고 다수의 사람한테 휩쓸려서 기능을 다하지 못하는 걸 막으려 하고 대체로 혼란스러운 경쟁을 질서, 신분과 바꾸려고 합니다.

이런 몇 개의 성공한 실험들을 공식화하고 그것에 법적 토대를 주고 다른 영역들로 확산하기 위한 본보기로 삼아서 시작할 수도 있을 테지요. 아무튼 경제적 자유와 함께 경제적 안전을 재수립하려는 모든 노력에서 우리가 영감을 얻어야 하는 것은 바로 동업조합이라는 발상입니다. 아무리 작게 시작하더라도 우리는 곧 성공의 시험대에 올라설 수 있을 것입니다. 동업조합의 일원으로서 동업조합의 규칙에 따르는 사람을 통하지 않고서는 공인이 만든 제대로 된 가구를 얻지 못하게 될 때 우리는 그 작은 부문에서 성공했음을 알게 되겠지요. 이때 누군가 명의를 도용하여 연쇄 소매점을 세우려다가 벌금을 물거나 형무소에 갇힌다면 그 사람이 성공의 시험대가 되겠지요. 부실하게 작업한 공인을 상대로 동업조합에서 낸 호소나 도매 유통업자의 횡포에 맞서 작은 유통업자가 낸 호소가 처음에 어떻게 처리되는지도 성공의 시험대가 될 것입니다. 아무리 예외적이고 처음에는 소규모 생산과 유통에서 몇 개 안 되는 범주에만 적용된다 하더라도 한번 심는다면 뿌리를 내릴지도 모릅니다.

3. 신용의 기능을 다루는 것은 재산의 복구와 유지에서 근본적이지 않습니다. 어느 사회에서나 신용은 핵심 요소가 아닙니다. 항구적 문제도 아니고 전반적인 사회적, 경제적, 정치적 문제도 아닙니다. 현대 사회에서 신용이 맡게 된 기능은 비교적 최근에 와서 생겼습니다. 하지만 벌써 심각하게 잘못되어서 파국으로 치닫는 것처럼 보입니다. 그렇다면 신용은 국지적이고 일시적인 주제입니다. 그런데도 이것을 다루어야 하는 이유는

지금 당장은 시민의 생활에서 괴물처럼 군림하기 때문입니다.

(현대적 의미에서) 신용의 기능을 굵직굵직하게 추려보면 이렇습니다.

생산수단과 교환 수단, 그리고 통화 자체는 은행을 통해서만 움직입니다. 현대의 고도 산업 사회에서 특히 영국에서 은행들은 독점을 결성해서, 어떤 방법을 이용해 어떤 재부가 누구에 의해 어느 만큼 생산되게 할지 정합니다. 이 신용 기관들의 손에 자연력과 비축된 물자가 자꾸만 더 많이 넘어갑니다. 자연력과 비축된 물자가 없으면 아무것도 만들 수가 없는데 말이지요. 그리고 구매력도 은행의 재량으로 적선하듯 주어집니다.

겨우 몇 세대 만에 그리고 특히 지난 100년 만에 들어선 지금의 이 체제는 특히 영국 같은 고도 산업 사회에서 보편화되고 막강해졌습니다. 영국에서 웬만한 액수의 결제는 이제 모두 수표로 이루어지며 무슨 일을 좀 하려면 수표를 받아주겠다는 약속을 하거나 약속을 거부하는 은행의 독점에 거의 언제나 기대야 합니다. 실제 예금액의 열 배에 달하는 시중의 은행 신용은 경제 전체의 숨통을 조이고 푸는 밸브입니다. 이런 전방위적 상전에 맞서서 작은 소유자의 대응력을 키우기 전까지는 여기 영국에서 재산 제도를 아무리 복구하려고 해봤자 소용이 없습니다.

다른 모든 문제에서도 마찬가지였지만 이 문제에서도 기본 원칙은 같습니다. 우리는 정면 공격을 할 수도 없고 당장 전방위적 변화를 이끌어낼 수도 없습니다. 조금씩 조금씩 초라하게 시작할 수 있을 뿐입니다.

우리가 추구하는 이상에 공감하지 않더라도 다른 많은 사람들이 하고 있는 훌륭한 일을 알게 모르게 도울 수 있습니다. 현대의 은행들이 소유한 자의적 권력에 대한 지식을 퍼뜨리고 (이걸 퍼뜨리는 것은 양식 있는 시민 모두의 책임입니다) 이걸 통제할 책임이 있다고 선언할 수 있습니다. 우리는 그런 전반적 행동을 할 수 있고 그것은 대단히 유익합니다. 하지만 잘 나뉜 신용의 통제를 단시간에 끌어낼 수도 없고 그다지 오래 전에 생겨나지 않았는데도 벌써 사회를 목 조르다시피 하는 거대한 신용 통제망을 잘 마련된 계획에 따라 공격할 수도 없습니다. 우리가 할 수 있는 것은 적절하게 인가되고 법적으로 보호받는 작은 신용협동조합들을 세우는 것입니다.

동업조합 체제가 커 나가면 은행의 입지도 달라지고 은행의 독점도 약화될 것입니다.

작은 재산이 커 나가면서 금융 독점도 서서히 힘을 잃어 갈 것입니다. 가령 은행 신용은 성격상 큰 자본가를 우대하면서 작은 자본가를 차별하지만 작은 자본가들이 만든 조직체들의 힘에 직면하고 차등 과세가 효력을 발휘하기 시작해서, 제 아무리 은행 신용의 뒷받침을 잘 받더라도 큰 단위가 작은 단위를 집어삼키기가 점점 어려워진다면, 그때는 분위기가 달라지기 시작할 것입니다.

국가의 중앙은행이라면 모를까 정부의 중앙 권력이 금융 독점을 공적 통제 아래 두자는 제안은 현실적이지 않습니다. 중앙은행은 국가적으로 중요한 기능을 하므로 당연히 국민을 위해서 발언하고 행동할 책임이 있습니다. 모든 사회적 직무 중에서 가장 고도로 집중화된 직무이므로 중앙은행은 중앙 권력의 직접 지시를 받아야 합니다. 하지만 기존의 나머지 금융 제도를 내몰 수는 없습니다. 기존의 금융 기관 활동은 잘 분산된 소유권이 조금씩 커 가야만 달라질 수 있습니다.

지금 있는 금융 독점과 나란히, 적절히 인가된 협동조합 은행들이 각 분야의 동업조합들과 연계해서 퍼져나갈 수 있도록 뒷받침해야 합니다. 그런 서민 신용 기관들은 특혜를 받지 않으면, 다시 말해서 이 기관들을 보호하는 적극적 법률과 자체 인가 절차가 없으면 (지금은 국가보다 더 강력해진) 독립 금융 독점체의 적대적 공세를 한순간도 이겨내기 어렵습니다. 인가와 법률로 서민 신용 기관들을 공격과 살해로부터 안전하게 지켜낸다면 서민 협동조합 은행들은 역할이 커질지도 모릅니다. 그리고 나중에 가서는 필연적이라기보다는 어쩌면 신용 제도 전반을 바꿔서 동업조합을 이루는 그 작은 단위들을 섬기게 될지도 모릅니다.

이상으로 자본주의에 맞서고 자본주의의 산물인 공산주의에 맞서는 일련의 짧은 제안들을 마칩니다. 이 제안들은 몇 개 안 될뿐더러 확실히 불완전합니다. 다른 분들이 더해서 완전하게 만들어주시겠지요. 하지만 기본 과제는 같습니다. 재산이 무엇이고 거기에 따르는 자유가 무엇인지 거의 망각한 사회에서는, 올바른 삶으로 나아가는 행동을 만들어내는 방법을 공들여 설명할 것이 아니라 그런 행동을 하고 싶다는 정신을 먼저 일깨워야 합니다.

1908년은 애스퀴스 집안에 경사가 겹친 날이었다. 그해 봄 허버트 애스퀴스는 영국 총리로 임명되었다. 가을에는 맏손녀 가 태어났다. 애스퀴스 총리의 맏아들 레이먼드는 아기의 이름 을 헬렌으로 지었다. 헬렌은 레이먼드가 사랑한 어머니의 이름 이기도 했다.

그러나 어린 헬렌은 일곱 살 때 아빠를 잃는다. 헬렌의 아빠 레이먼드 애스퀴스는 아버지의 뒤를 이어 옥스퍼드대학 베일리 얼칼리지를 졸업한 뒤 역시 아버지처럼 변호사가 되었다가 정 치에 막 입문한 참이었다. 두 딸의 아빠였고 셋째 아이를 기다 리던 단란한 가정의 30대 가장이었지만 레이먼드는 제1차 세계 대전이 터지자 자원병으로 입대했다. 세 아우까지 네 형제가 모두 참전했다. 군 지휘부는 레이먼드를 비교적 안전한 참모부 에 앉혔지만 레이먼드는 전방 배치를 요구해 관철시켰고 결국 작전 도중 가슴에 총상을 입고 죽었다.

레이먼드는 옥스퍼드대학 시절 잘 따르던 선배가 있었다. 레이먼드보다 여덟 살 위였으나 똑똑할 뿐 아니라 사람과 대화를 좋아해 따르는 후배가 많은 사람이었다. 그의 이름은 힐레어 벨록이었다. 벨록은 아끼던 후배가 죽은 뒤에도 그의 자식들을 자기 자식처럼 아끼며 학문적으로 도움을 주었다. 《헬렌을 위한 경제학》은 벨록이 아깝게 요절한 후배 레이먼드 애스퀴스의 딸 헬렌에게 경제학의 기본 원리를 최대한 알기 쉽게 풀어서 설명한 내용을 1924년에 책으로 낸 것이다. 벨록의 가르침이 주효했는지 헬렌은 아버지의 뒤를 이어 옥스퍼드대학에 무난히 합격했다.

힐레어 벨록은 거구에 호방하고 활달했다. 잉글랜드의 농부나 노동자처럼 털털하고 억센 인상을 주었지만 벨록은 프랑스인 아버지와 아일랜드계 영국인 어머니 사이에서 1870년 파리 근교에서 태어났다. 벨록의 아버지는 변호사였고 친할아버지는 화가였다. 벨록의 친할머니는 찰스 디킨스를 비롯한 영국 작가를 프랑스어로 옮긴 번역가였고 벨록의 어머니 베시 레이너 파크스는 영국의 저명한 여성 운동가이자 작가였다. 벨록은 말 솜씨와 글 솜씨와 그림 솜씨를 친가와 외가에서 고루 물려받았다.

벨록은 프랑스에서 태어났지만 병약한 아버지가 일찍 죽자 어머니가 어린 남매를 데리고 영국으로 돌아오는 바람에 어릴 때부터 영국에서 자랐다. 벨록은 작가이기에 앞서 독실한 가톨릭교도였다. 벨록을 신앙으로 이끈 것은 어머니였다. 어머니는 원래 개신교도였지만 사회 운동가로 활동하면서 수녀들의 헌신적인 봉사에 감화받고 가톨릭교로 개종했다. 벨록은 어머니의 배려로 줄곧 가톨릭교 전통의 학교에 다녔다.

벨록은 평생 153권의 책을 썼다. 시집도 냈고 에세이집도 냈고 전기도 썼고 역사서도 썼고 여행기도 썼다. 벨록이 책을 많이 낸 이유는 사람들에게 알리고 싶은 내용이 머릿속에 워낙 많아서였기도 했지만 글을 써서 가족을 부양해야 했던 생활인이라서였다. 강연료도 받고 원고료도 받았지만 벨록의 주수입원은 인세였다. 아내가 죽고 나서는 자식들 말고도 사위와 네 손주들까지 혼자서 부양해야 했기에 벨록은 늘 경제 문제에 신경을 곤두세웠다. 일찍이 36세에 런던을 등지고 어렵게 마련한 목돈으로 영국 남부의 웨스트서식스 지방에 2만 제곱미터의 농장을 사서 이주했던 것도 값비싼 런던의 생활비 부담에서 조금이라도 벗어나고픈 마음에서였다. 벨록은 죽을 때까지 50년 가까이 소, 돼지, 닭도 치고 과일나무와 채소를 기르면서 이 킹스랜드 농장에서 자유롭게 살았다.

벨록이 경제 문제에 예민했던 더 중요한 이유가 있다. 독실한 가톨릭교도라서였다. 산업혁명으로 농촌이 해체되고 도시 빈민이 급증하자 현실을 우려하는 목소리가 높아졌다. 가톨릭교는 더 그랬다. 1891년 교황 레오 13세는 전 세계의 가톨릭교도와 성직자에게 보낸 회칙 〈새로운 사태〉에서 사유 재산, 자유로운 경제 활동을 옹호하면서 동시에 공정한 임금, 안전한 작업 환경, 노조 결성의 자유를 지지했다. 교황이 되기 전부터 크고 작은 교황령을 다스리고 부패한 범죄 조직을 뿌리 뽑으면서 다수 가톨릭교도의 안전한 삶을 도모해온 레오 13세의 적극적인 경제 혁신 요청은 기독교민주당 같은 중도우파 정당의 설립을 자극하면서 유럽의 정치 풍토에 새 바람을 일으켰다. 레오 13세가 제시한 사회 혁신 원칙은 자본주의와 사회주의를 동시에 수용하는 것처럼 보였지만 사실은 둘 다 거부한 것이었다. 그렇다면 자본주의와도 사회주의와도 선을 그으면서 다수가 안전하고 자유롭게 살 수 있는 사회를 어떻게 만들 수 있을까? 그 기본 틀을 영국에서 가장 먼저 제시한 사람이 바로 힐레어 벨록이었다. 《헬렌을 위한 경제학》에는 벨록의 그런 경제관이 고스란히 담겨 있다.

벨록에 따르면 역사에서 실제로 존재한 경제 체제는 세 가지다. 첫째는 노예제 국가다. 노예제 국가에서는 노예라는 다수의 생산 주체와 땅과 농기구 따위의 생산수단을 소수의 노예주가 모두 갖는다. 둘째는 자본제 국가다. 자본제 국가에서는 생산 주체인 다수의 노동자는 자유인이지만 공장과 기계 같은 생산수단을 소수의 자본가가 갖는다. 노동자는 억지로 노동을 강요받지는 않지만 생산수단이 없어 자본가에게 고용되어 일할 수밖에 없으므로 사실은 자유롭지 않다. 셋째는 땅과 점포 같은 생산수단이 다수의 작은 생산자에게 고루 퍼져 있어 다수가 생산 주체로서 자유롭게 살아가는 분산제 국가다. 소유자와 생산자가 한몸이므로 가장 행복한 삶이고 수천 년 동안 땅을 일구며 살아온 인류에게는 가장 익숙한 삶의 방식이기도 하다. 그런데도 분산이라는 괴상한 말을 써야 하는 까닭은 벨록에 따르면 마치 '난쟁이'와 '거인'이라는 말은 있어도 몸집이 보통인 사람을 나타내는 쉽고 간단한 말은 없는 이치와 비슷하다. 생산수단이 골고루 나뉜 사회가 워낙 자연스러운 상태이다 보니 굳이 그걸 나타내는 특별한 말을 지어낼 이유가 없었다는 뜻이다.

벨록이 《헬렌을 위한 경제학》을 낸 1924년만 하더라도 현실 사회주의 체제는 소련이 유일했으므로 벨록은 사회주의 국가는 아직 검증되지 않은 가상의 경제 체제로 분류했다. 그래도 유럽 대부분의 국가에서는 이윤 추구에만 몰두하는 몰인정한 자본주의의 대안으로서 사회주의에 기대를 거는 사람이 아주 많았다. 하지만 벨록은 사회주의를 진정한 대안으로 여기지 않았다. 개인이 생산수단을 갖지 못하고 국가를 빙자한 관료 집단이 생산수단을 독차지할 수밖에 없다고 보아서였다. 사회주의 체제도 자본주의 체제도 사람이 생산의 진정한 주체가 못 되고 생산수단을 독점한 관료와 자본가의 명령에 따르는 예속 국가, 곧 노예 국가로 귀결될 수밖에 없다고 벨록은 생각했다.

19세기 후반 이후 영국 같은 선진 공업국에서 노동운동이 고개를 들었을 때 조직을 만들어 투쟁을 주도했던 사람은 노동자가 아니라 기술자였다. 노동조합을 영어로는 'labor union'이라고 하지 않고 'trade union'이라고 한다. 원래 'trade'는 '길, 경로, 방식'을 뜻하는 네덜란드어로 14세기에 영어에 들어왔다. 배관공이나 전기공 같은 기술사를 총칭해서 영어에서는 지금도 'tradesman'이라고 부른다. 'trade union'은 '노동조합'이 아니라 '장인조합'으로 출발했다. 장인은 단순히 기술뿐 아니라 생산수단까지 지닌 기술자다. 비인간적인 자본주의에 맞서 처음에 싸웠던 사람들은 생산된 재부 중에서 노동자의 몫을 더 얻어내려고 싸운 것이 아니라 만인을 대체 가능한 존재로 만드는 극단적 분업 방식에 맞서 싸웠다. 그들이 보기에 대량생산 체제에 대한 저항을 포기하고 임금 인상을 투쟁의 지향점으로 삼은 노동자들은 '임금 노예'였을 것이다.

노예의 반대는 자유인이다. 벨록이 가장 중요하게 생각한 가치는 '자유'였다. 자유인은 재산이 있는 사람이다. 재산과 재물은 다르다. 쌀이나 닭처럼 사람에게 유용한 재부를 생산해주는 땅은 재산이지 재물이 아니다. 돈이나 보석 같은 재물은 재부를 교환하는 데 도움이 되는 가치 표현의 방편일 뿐이지 재산이 아니다. 생산은 생명을 품어주는 땅만이 할 수 있다. 노예는 재물을 추구하고 자유인은 재산을 추구한다. 재산은 생산수단이지만 재물은 생산수단이 아니다. 자유는 생산수단을 소유한 생산자만이 누릴 수 있고 그런 생산수단이 골고루 분산된 사회가 좋은 사회라는 것이 벨록의 믿음이었다.

마르크스 경제학에서는 노동의 몫만 강조하고 자유주의 경제학에서는 자본의 몫만 강조하는 경향이 있지만 벨록이 들려주는 분산의 경제학에서는 자본의 몫도 노동의 몫도 똑같이 존중한다. 농부는 봄에 씨를 뿌려서 가을에 곡식을 거두지만 농사를 짓는 동안 살 집이 있어야 하고 먹을 양식이 있어야 하고 땅을 갈고 잡초를 솎아낼 농기구도 있어야 한다. 이렇게 생산에 필요한 기본 자원이 자본이다. 농부가 무일푼이어서 이런 기본 자원을 모두 남에게 빌렸다면, 다시 말해서 남의 투자를 받았다면 가을에 거둔 곡식에서 투자 원금에 보태어 이자를 내야 한다. 생산된 잉여 재부 중에서 자본에 돌아가는 몫이 '이자'다. 농부도 힘들여 일했으니 가족을 충분히 먹여 살릴 수 있을 만큼의 몫을 챙겨야 한다. 안 그러면 노동의 의미가 없다. 생산된 잉여 재부 중에서 노동에 돌아가는 몫이 '임금(생계)'이다.

그런데 적어도 농사의 경우에는 자본도 노동도 생산의 조역에 불과하다. 생명에게 유용한 생명이 깃든 재부를 생산하는 주역은 땅 곧 자연이다. 땅의 몫은 지대다. 자본도 생산에 기여했고 노동도 생산에 기여했고 땅도 생산에 기여했다. 모든 생산 활동에서 생겨난 잉여 생산물에는 이자라는 자본의 몫, 임금이라는 노동의 몫, 지대라는 자연의 몫이 있었다. 농촌이 해체되기 전의 전통 유럽 사회에서는 자작농이 생산의 주역이었고 자작농은 자기 땅에서 자기 자본과 노동으로 농사를 지었기에 지대, 이자, 임금을 온전히 한 사람이 누릴 수 있었다. 이해 충돌이 없었다. 그런데 땅을 소수가 독점하면서 대지주는 본인의 노동을 전혀 투입하지 않았건만 땅을 가졌다는 이유만으로 잉여 생산물을 지대라는 명목으로 독차지했다. 이런 부조리를 바로잡으려면 땅 같은 생산수단을 소수가 독점하지 않고 다수가 고루 분점하는 체제를 만들어야 한다고 벨록은 생각했다.

벨록은 1906년부터 1910년까지 몸소 대의원으로 활동하면서 의회민주주의에도 환멸을 맛본 사람이었다. 영국 의회를 움직이는 것은 이념과 토론이 아니라 돈이었다. 금권 세력은 돈을 뿌려 정치인을 요리했고 언론을 주물러 유권자를 조종했다. 벨록이 정치와 결별하고 작가로 나선 것도 시간은 걸리더라도 의회제로 싸우기보다는 글로 금권 세력과 싸우는 것이 더 효과적이리라는 판단에서였다.

자본지상주의를 믿는 사람들은 현실을 모르는 공상주의자로 힐레어 벨록을 몰아가기도 했지만 벨록은 철저한 현실주의자였다. 분산주의 경제의 복구 가능성을 찬찬히 짚어낸 《재산복구론》에서 벨록은 임금 노예를 부끄러워하기는커녕 자력으로 살아가려는 자급농을 한심하게 여기는 당대의 영국 세태에서 지난날의 분산 경제를 복구하는 것은 거의 불가능함을 인정한다. 그렇지만 말로가 뻔히 보이는데 가만히 손 놓고 있을 수만은 없어서 아주 작은 영역에서라도 변화의 단초나마 만들고 싶어서 책을 쓴다고 고백했다.

벨록에 따르면 구체적 해법보다 중요한 것은 지금 이대로는 안 된다고, 재산이 어떤 식으로든 분산되어야 이 사회가 나아질 수 있다고 절감하는 사람이 한 명이라도 늘어나는 것이다. 그런데 조금만 현실을 헤아리면 벨록이 고민했던 한 세기 전보다 지금은 상황이 더 절박하다. 벨록이 살았던 시대에는 생산 수단이 없는 사람은 임금 노예라도 될 수 있었지만 앞으로는 임금 노예도 어려워질 가능성이 높다. 전방위적으로 가속화되는 자동화 탓이다. 《헬렌을 위한 경제학》이 소수의 금권 세력을 제외하고는 만인이 소모품이 되고 대체 가능한 존재가 되는 암울한 시대에 '우리를 위한 경제학'으로 실존적으로 다가와야 하는 이유다.

옮긴이_이희재

1961년 서울에서 태어났다. 서울대 심리학과를 졸업하고 성균관대 독문학과 대학원에서 공부했다. 현재 런던대학 SOAS(아시아아프리카대학)에서 영한 번역을 가르치고 있다. 지은 책으로 《번역의 탄생》《번역전쟁》이 있으며 옮긴 책으로 《혁명 극장》《히틀러》《反자본 발전사전》《새벽에서 황혼까지》《산티아고 가는 길》《진보의 착각》《리오리엔트》《세상에서 가장 재미있는 세계사》《예고된 붕괴》《번역사 산책》《몰입의 즐거움》《소유의 종말》 등이 있다.

헬렌을 위한 경제학

2019년 6월 10일 초판 1쇄 발행

- ■ 지은이 ─────── 힐레어 벨록
- ■ 옮긴이 ─────── 이희재
- ■ 펴낸이 ─────── 한예원
- ■ 편집 ───────── 이승희, 윤슬기, 양경아, 유리슬아
- ■ 본문 조판 ───── 성인기획
- ■ 펴낸곳 교양인

　　　우 04020 서울 마포구 포은로 29 신성빌딩 202호

　　　전화 : 02)2266-2776 팩스 : 02)2266-2771

　　　e-mail : gyoyangin@naver.com

　　　출판등록 : 2003년 10월 13일 제2003-0060

ⓒ 이희재, 2019

ISBN 979-11-87064-38-1　　03300

이 도서의 국립중앙도서관 출판예정도서목록(CIP)은 서지정보유통지원시스템 홈페이지(http://seoji.nl.go.kr)와 국가자료종합목록 구축시스템(http://kolis-net.nl.go.kr)에서 이용하실 수 있습니다.(CIP제어번호: CIP2019020914)